COMO SER UM CONSERVADOR

ROGER SCRUTON

COMO SER UM CONSERVADOR

TRADUÇÃO DE
Bruno Garschagen

REVISÃO TÉCNICA DE
Márcia Xavier de Brito

18ª edição

EDITORA RECORD
RIO DE JANEIRO • SÃO PAULO
2023

CIP-BRASIL. CATALOGAÇÃO NA FONTE
SINDICATO NACIONAL DOS EDITORES DE LIVROS, RJ

S441c
18ª ed.
Scruton, Roger, 1944-
   Como ser um conservador / Roger Scruton; tradução de Bruno Garschagen; revisão técnica de Márcia Xavier de Brito. – 18ª ed. – Rio de Janeiro: Record, 2023.

   Tradução de: How to be a conservative
   Inclui índice
   ISBN 978-85-01-10371-0

   1. Conservadorismo – Conservadorismo inglês. 2. Política e governo. 3. Economia e sociedade. 4. Liberalismo – Capitalismo. 3. Grã-Bretanha – Estados Unidos. I. Título.

15-22523
CDD: 320.52
CDU: 329.11

Título original em inglês:
How to be a conservative

Copyright © Roger Scruton, 2014
Publicado em acordo com a Bloomsbury Publishing Plc.

Editoração eletrônica:
FA Studio

Todos os direitos reservados. Proibida a reprodução, armazenamento ou transmissão de partes deste livro, através de quaisquer meios, sem prévia autorização por escrito.

Texto revisado segundo o novo Acordo Ortográfico da Língua Portuguesa.

Direitos exclusivos de publicação em língua portuguesa para o Brasil adquiridos pela
EDITORA RECORD LTDA.
Rua Argentina, 171 – 20921-380 – Rio de Janeiro, RJ – Tel.: (21) 2585-2000, que se reserva a propriedade literária desta tradução.

Impresso no Brasil

ISBN 978-85-01-10371-0

Seja um leitor preferencial Record.
Cadastre-se em www.record.com.br e receba informações sobre nossos lançamentos e nossas promoções.

Atendimento direto ao leitor:
sac@record.com.br

Sumário

	Prefácio	7
1	Minha trajetória	11
2	Começando de casa	37
3	A verdade no nacionalismo	55
4	A verdade no socialismo	69
5	A verdade no capitalismo	89
6	A verdade no liberalismo	105
7	A verdade no multiculturalismo	125
8	A verdade no ambientalismo	145
9	A verdade no internacionalismo	161
10	A verdade no conservadorismo	181
11	Esferas de valor	203
12	Questões práticas	247
13	Uma despedida: impedir o pranto, mas admitir a perda	259
	Índice	277

Prefácio

O temperamento conservador é uma característica reconhecida das sociedades humanas em toda parte. Mas é, de forma mais ampla, nos países de língua inglesa que os partidos políticos e os movimentos sociais se autodenominam conservadores. Esse fato interessante nos recorda a enorme e inadmitida diferença que existe entre aqueles lugares que herdaram as tradições do regime inglês do *common law* e os que receberam legado diverso. A Grã-Bretanha e os Estados Unidos ingressaram no mundo moderno intensamente conscientes de sua história comum. Posteriormente, findos os eventos traumáticos do século XX, os dois países permaneceram juntos em defesa da civilização que os unia, e, mesmo hoje, quando a Grã-Bretanha, para descontentamento geral de seu povo, ingressou na União Europeia, a Aliança Atlântica manteve o seu posto no sentimento popular, como um sinal de que representamos algo mais grandioso do que comodidades e bem-estar. E o que é exatamente isso? Na época de Thatcher e Reagan a resposta foi dada em uma palavra: liberdade. A palavra, todavia, exige um contexto. Como essa liberdade é exercida, limitada e definida?

Um livro escrito nos Estados Unidos foi dedicado ao mandado medieval do *habeas corpus* — uma ordem expedida em nome do rei que ordenava a quem quer que estivesse encarcerando um de seus súditos a libertá-lo ou trazê-lo a julgamento perante o tribunal real. A validade contínua dessa ordem, afirma o autor, alicerça a liberdade americana ao fazer do governo o servo, não o senhor, do cidadão.[1] Em nenhum outro lugar fora do mundo anglófono há o equivalente ao *habeas corpus*,* e todas as tentativas de reduzir o seu alcance ou efeito são recebidas com desconfiança. A ordem expressa, nos termos mais simples possíveis, uma relação singular entre o governo e os governados que se desenvolveu a partir do *common law* inglês. Essa relação é uma parte daquilo que os conservadores preservam em nome da liberdade.

Por essa razão, ao explicar e defender o conservadorismo, estou direcionando as minhas observações, primeiramente, ao mundo de língua inglesa. Pressuponho um público leitor para o qual a justiça do *common law*, a democracia parlamentar, a caridade privada, o espírito público e os "pequenos pelotões" de voluntários definem a postura padrão da sociedade civil, e que ainda não se acostumou completamente à autoridade de cima para baixo do moderno Estado de bem-estar, menos ainda às burocracias transnacionais que se empenham para engoli-lo.

Há dois tipos de conservadorismo: um, metafísico, e outro, empírico. O primeiro consiste na crença nas coisas sagradas e no desejo de defendê-las da profanação. Essa convicção foi exemplificada a cada momento da história e sempre será uma poderosa influência nas relações humanas. Por isso, retornarei ao conservadorismo metafísico nos capítulos finais deste livro. Entretanto, na maioria dos capítulos anteriores, dedicar-me-ei a questões mais práticas e terrenas. Pois, na sua manifestação empírica, o conservadorismo é um fenômeno mais especificamente moderno, uma reação às vastas mudanças desencadeadas pela Reforma e pelo Iluminismo.

O conservadorismo que defenderei nos mostra que herdamos coletivamente coisas admiráveis que devemos nos empenhar para

---

[1] Anthony Gregory. *The Power of Habeas Corpus in America*. Cambridge: Cambridge University Press, 2013.

* Scruton disse-me, em uma conversa pessoal em Londres, que se referia especificamente ao espírito original do *habeas corpus* que, segundo ele, foi preservado no mundo anglófono. (*N. do T.*)

PREFÁCIO

preservar. Na situação em que nos encontramos, nós, herdeiros tanto da civilização ocidental quanto dos países de língua inglesa que dela fazem parte, estamos bem conscientes do que são tais coisas admiráveis. A oportunidade de viver nossas vidas como desejamos; a segurança da lei imparcial mediante a qual nossas queixas são solucionadas e os danos, reparados; a proteção do nosso meio ambiente como um recurso natural compartilhado e que não pode ser apoderado ou destruído de acordo com o capricho de interesses poderosos; uma cultura aberta e questionadora que moldou nossas escolas e universidades; os procedimentos democráticos que nos permitem eleger nossos representantes e aprovar as próprias leis — estas e muitas outras coisas nos são familiares e tidas como certas. Todas elas, no entanto, estão sob ameaça. E o conservadorismo é a resposta racional para essa ameaça. Talvez seja uma resposta que exija mais discernimento do que uma pessoa comum está disposta a dedicar para isso. Mas o conservadorismo é a única resposta àquelas realidades emergentes, e neste livro tentarei explicar, tão sucintamente quanto possa, por que seria irracional adotar qualquer outra réplica.

O conservadorismo advém de um sentimento que toda pessoa madura compartilha com facilidade: a consciência de que as coisas admiráveis são facilmente destruídas, mas não são facilmente criadas. Isso é verdade, sobretudo, em relação às boas coisas que nos chegam como bens coletivos: paz, liberdade, lei, civilidade, espírito público, a segurança da propriedade e da vida familiar, tudo o que depende da cooperação com os demais, visto não termos meios de obtê-las isoladamente. Em relação a tais coisas, o trabalho de destruição é rápido, fácil e recreativo; o labor da criação é lento, árduo e maçante. Esta é uma das lições do século XX. Também é uma razão pela qual os conservadores sofrem desvantagem quando se trata da opinião pública. Sua posição é verdadeira, mas enfadonha; a de seus oponentes é excitante, mas falsa.

COMO SER UM CONSERVADOR

Por conta da desvantagem teórica, os conservadores muitas vezes apresentam o próprio argumento em uma linguagem lamuriosa. Lamentações podem arrasar com tudo, como as Lamentações de Jeremias, como a literatura da revolução que elimina sem deixar rastro a totalidade de nossas frágeis conquistas. E o pranto às vezes é necessário; sem o "trabalho do luto", como Freud o concebeu, o coração não pode passar da coisa perdida para a que a substituirá. No entanto, o argumento em defesa do conservadorismo não tem de ser apresentado em tons elegíacos.[2] Não se trata do que perdemos, mas do que preservamos e de como o mantemos. Este é o argumento principal que apresento neste livro. Contudo, encerro com uma nota mais pessoal, com uma despedida proibindo o pranto.[*]

Fui enormemente beneficiado pelos comentários críticos feitos por Bob Grant, Alicja Gescinska e Sam Hughes. E não teria sido possível progredir com as minhas reflexões nestas páginas sem a inspiração, o ceticismo e a sátira casual de minha esposa Sophie. Dedico a ela e aos nossos filhos o resultado.

Malmesbury, janeiro de 2014

---

[2] Para os interessados no aspecto elegíaco da minha posição, leiam *England: an Elegy*. Londres: Pimlico, 2001.

[*] Referência ao poema "A Valediction: Forbidding Mourning", do poeta inglês John Donne (1572-1631). Usei aqui a tradução feita por Augusto de Campos do poema "Em despedida: proibindo o pranto" no livro *O anticristo*. São Paulo: Companhia das Letras, 1986. p. 51. (*N. do T.*)

1

Minha trajetória

Não é incomum ser um conservador. É invulgar, no entanto, ser um intelectual conservador. Tanto na Grã-Bretanha quanto nos Estados Unidos cerca de 70% dos acadêmicos se identificam "à esquerda", ao passo que o ambiente cultural é cada vez mais hostil aos valores tradicionais ou a qualquer referência que possa ser feita às elevadas conquistas da civilização ocidental.[1] Conservadores comuns — e muitas pessoas, possivelmente a maioria, se enquadram nessa categoria — são constantemente informados de que suas ideias e sentimentos são reacionários, preconceituosos, sexistas ou racistas. Apenas por serem o que são, atentam contra as novas normas de inclusão e de não discriminação. As tentativas honestas de viver de acordo com as próprias ideias, cuidando de suas famílias, apreciando as comunidades, cultuando os seus deuses e adotando uma cultura determinada e confirmada — essas tentativas são desprezadas e ridicularizadas pela casta dos *Guardian*.* Por isso, nos círculos intelectuais, os conservadores se movem calma e silenciosamente, cruzando olhares pelo cômodo, assim como os homossexuais na obra de Proust, comparados por esse grande escritor aos deuses de

---

[1] Leia Scott Jaschik. "Moving Further to the Left". Disponível em: <www.insidehighered.com/news/2012/10/24/survey-finds-professors-already-liberal-have-moved-further-left> (acessado no dia 24 de outubro de 2012).

* Scruton faz troça dos intelectuais, jornalistas e demais indivíduos que rezam pela cartilha de esquerda do jornal inglês *The Guardian*. (*N. do T.*)

12 COMO SER UM CONSERVADOR

Homero, conhecidos apenas pelos pares ao se movimentarem, disfarçados, no mundo dos mortais.

Portanto, nós, os que supostamente excluem, vivemos sob pressão para esconder o que somos, por medo de sermos excluídos. Resisti à intimidação e, como consequência, a minha vida tem sido muito mais interessante do que pretendia que fosse.

Nasci perto do fim da Segunda Guerra Mundial e cresci no lar de uma família de classe média. Meu pai era membro de um sindicato e do Partido Trabalhista, e sempre se questionou se havia traído as suas origens operárias ao tornar-se professor em uma escola primária. Pois a política, na visão de Jack Scruton, era a busca da luta de classes por outros meios. Ele acreditava que graças aos sindicatos e ao Partido Trabalhista a luta de classes começou a colocar contra a parede as classes mais altas, que seriam forçadas a entregar as propriedades roubadas. O maior obstáculo para esse acalentado desenlace era o Partido Conservador, uma instituição de grandes empresários, de incorporadores imobiliários, de aristocratas fundiários que esperavam vender a herança do povo britânico pelo maior lance para depois se mudarem para as Bahamas. Jack via-se atado a uma luta perpétua contra essa instituição em nome do campesinato anglo-saxão cujo direito nato fora roubado milhares de anos antes pelos cavaleiros normandos.

Tratava-se de uma narrativa que ele vira ser confirmada nas histórias ensinadas nas nossas escolas, nos escritos socialistas de William Morris e de H. J. Massingham, e em sua própria experiência de infância nos bairros miseráveis de Manchester, de onde escapou para um dos poucos lugares remanescentes da antiga Inglaterra, no entorno do rio Tâmisa. Lá, graças ao curso intensivo de treinamento para professor, conseguiu estabelecer-se com minha mãe, a quem conheceu quando ambos serviram no Comando de Bombardeio da Força Aérea Real (RAF) durante a guerra. E o amor pela antiga Inglaterra cresceu dentro dele, lado a lado com o ressentimento em relação aos aristocratas que a roubaram. Ele acreditava

MINHA TRAJETÓRIA

no socialismo, não como uma doutrina econômica, mas como uma restituição ao povo das terras que lhe pertenciam.

Era difícil conviver com esse homem, principalmente depois que entrei na *grammar school** e construí o meu caminho para Cambridge para lá ser recrutado pela classe inimiga. Contudo, entendi, a partir do meu pai, como o sentimento de classe foi profundamente insculpido na experiência de sua geração e na das comunidades industriais do Norte, de onde ele veio. Também aprendi em uma idade muito precoce que essa profunda experiência foi embelezada com uma galeria de livros de ficção estimulantes. A luta de classes para o meu pai era o verdadeiro épico nacional soando como música de fundo de sua vida assim como os sons da Guerra de Troia o são na literatura grega. Não compreendi as teorias econômicas do socialismo que estudei no livro *Guia da mulher inteligente para o socialismo e o capitalismo*, de George Bernard Shaw.** Já sabia, no entanto, que as teorias tinham pouca importância concreta. Os livros de ficção eram muito mais persuasivos do que os fatos, e mais convincente do que ambos era o desejo de ser arrastado em um movimento de massa dedicado à solidariedade com a promessa final de emancipação. As queixas de meu pai eram reais e bem fundamentadas, mas as suas soluções eram fantasiosas.

Havia outro lado da personalidade do meu pai, entretanto, que muito me influenciou. Robert Conquest certa vez proclamou as três leis da política. A primeira delas dizia que todo mundo é de direita

---

* Um dos tipos de escola do sistema inglês de ensino, originalmente criada para o ensino do latim, mas atualmente orientada para o ensino médio. (*N. do T.*)

** Segundo Archie Brown em *Ascensão e queda do comunismo* (Editora Record, 2011), o livro de Shaw, publicado em 1928, teve uma influência marcante e decisiva na sedução da juventude britânica para o socialismo e o comunismo. (*N. do T.*)

nos assuntos que conhece.[2] Meu pai ilustra perfeitamente esta lei. Conhecia a zona rural, a história local, os antigos modos de vida, de trabalho e de edificação. Estudou as vilas nas cercanias de High Wycombe, onde vivíamos, e a história e a arquitetura da cidade. E, ao conhecer esses assuntos, tornou-se, em relação a eles, um ardoroso conservador. Aqui estavam as coisas admiráveis que ele desejava conservar. Persuadiu outras pessoas a juntar-se à sua campanha para proteger High Wycombe e suas vilas da destruição, ameaçadas por táticas inescrupulosas conduzidas por incorporadores imobiliários e pelos fanáticos por autoestradas. Fundou a Society High Wycombe, coletou assinaturas para petições e, pouco a pouco, aumentou a consciência de nossa cidade sobre a situação para a qual havia se esforçado de maneira séria e persistente. Eu compartilhava o seu amor pelo campo e pelos antigos modos de construção; acreditava, como ele, que os estilos modernistas de arquitetura que profanavam a nossa cidade também estavam destruindo o seu tecido social; vi, pela primeira vez em minha vida, que é sempre correto conservar quando algo pior é proposto em substituição. Essa lei *a priori* da razão prática também é a verdade no conservadorismo.

No âmago do socialismo de meu pai, portanto, residia um profundo instinto conservador. E, na época, vim a entender que a luta de classes que definia a sua aproximação com a política era menos importante para ele do que o amor que se ocultava por trás daquele impulso interior. Meu pai amava profundamente o seu país — não o "Reino Unido" dos documentos oficiais, mas a Inglaterra de suas caminhadas e reflexões. A exemplo dos demais de sua geração, viu a Inglaterra em perigo e foi intimado a defendê-la. Foi inspirado pelos programas sobre agricultura de A. G. Street transmitidos pela

---

[2] As outras duas leis são: 1) toda organização que não é declaradamente de direita se transforma, no fim das contas, em uma organização de esquerda; 2) a forma mais simples de explicar o funcionamento de qualquer organização burocrática é presumir que ela é controlada por um conluio de seus inimigos.

MINHA TRAJETÓRIA

BBC Home Service, pelas telas evocatórias da paisagem inglesa do pintor Paul Nash, pelos textos de H. J. Massingham na revista *The Countryman* e pela poesia de John Clare. Tinha um amor profundo pela liberdade inglesa: acreditava que ser livre para dizer o que se pensa e viver como quiser é algo que nós, ingleses, defendemos ao longo dos séculos, e o que sempre nos unirá contra os tiranos. O *habeas corpus* estava gravado em seu coração. Ele corrobora a imagem da classe trabalhadora inglesa pintada por George Orwell no livro *The Lion and the Unicorn* [O leão e o unicórnio]. Quando a situação aperta, afirma Orwell, nossos trabalhadores não defendem a sua classe, mas o seu país, e associam o país com um modo de vida honrado no qual hábitos incomuns e excêntricos — tais como não matar uns aos outros — são aceitos como normais. Nesses aspectos, também pondera Orwell, os intelectuais esquerdistas sempre interpretarão mal os trabalhadores, que não querem ter nenhuma relação com a deslealdade autoproclamada que só os intelectuais podem se permitir.

Mas eu também era um intelectual, ou estava rapidamente me transformando em um deles. Na escola e na universidade rebelei-me contra a autoridade. As instituições, eu acreditava, existiam para serem subvertidas, e nenhum código ou normas deveriam impedir o trabalho da imaginação. Assim como meu pai, eu também era um exemplo da lei de Conquest. O que mais prezava, e que estava determinado a transformar no meu mote, era a cultura — e incluí a Filosofia, assim como a Arte, a Literatura e a Música nessa classificação. Em relação à cultura, era de "direita": em outras palavras, reverente à ordem e à disciplina, apreciador da necessidade de juízo e desejoso de conservar a grande tradição dos mestres e trabalhar para sua perenidade. Esse conservadorismo cultural foi-me apresentado pelo crítico literário F. R. Leavis, pelo escritor T. S. Eliot, cujo poema "Os quatro quartetos" e seus ensaios literários adentravam em nossos corações na escola, e pela música clássica. Estava profundamente perplexo com a afirmação de Schoenberg de que as suas experimentações atonais não foram criadas para substituírem a grande tradição da música alemã, mas para expandi-la. A linguagem tonal havia se tornado clichê e popularesca, e era necessário, portanto, "purificar o dialeto da tribo", para usar a expressão com a qual Eliot (tomando de empréstimo de Stéphane Mallarmé) expôs o tema em "Os quatro quartetos". Essa ideia de que devemos ser modernos na defesa do passado e criativos na defesa da tradição teve um impacto profundo em mim e, no devido tempo, moldou as minhas inclinações políticas.

Ao deixar Cambridge e passar um ano como *lecteur* em uma faculdade francesa, apaixonei-me pela França, assim como, outrora, T. S. Eliot. E isso levou a uma mudança decisiva de foco no meu pensamento, da cultura para a política. Maio de 1968 levou-me a entender o que valorizo nos costumes, nas instituições e na cultura da Europa. Por estar em Paris naquela época, li os ataques contra a civilização "burguesa" com uma sensação crescente de que, caso existisse algo minimamente decente no modo de vida tão francamente praticado na maior cidade do mundo, a palavra "burguesia" seria o nome adequado para tal. Os *soixante-huitards** eram herdeiros desse modo de vida burguês e desfrutavam da liberdade, da segurança e da vasta cultura que o Estado francês outorgava a todos os cidadãos. Tinham inúmeros motivos para apreciar o que a França havia se tornado sob a liderança do general De Gaulle, que fez com que o Partido Comunista francês se tornasse ridículo aos olhos do povo assim como também deveria ter acontecido aos olhos dos intelectuais.

Para minha perplexidade, no entanto, os *soixante-huitards* estavam ocupados reciclando a velha promessa marxista de uma liberdade radical que virá quando a propriedade privada e o império "burguês" da lei forem abolidos. A liberdade imperfeita que a propriedade e a lei tornam possível, e da qual os *soixante-huitards*

---

* Expressão francesa que designa os participantes dos eventos ocorridos em maio de 1968 em Paris e os seus simpatizantes ideológicos. (*N. do T.*)

MINHA TRAJETÓRIA

dependem para seu conforto e irritação, não era suficiente. Aquela liberdade concreta, mas relativa, devia ser destruída em nome de sua possibilidade ilusória, mas absoluta. As novas "teorias" que jorravam das canetas dos intelectuais parisienses na batalha contra as "estruturas" da sociedade burguesa não eram, em nenhuma hipótese, teorias, mas um monte de paradoxos esboçados para tranquilizar os estudantes revolucionários que, uma vez que a lei, a ordem, a ciência e a verdade são meras máscaras da dominação burguesa, não mais importa o que é pensado, contanto que esteja do lado dos trabalhadores em sua "luta". Os genocidas influenciados por tal luta não receberam qualquer menção nos escritos de Louis Althusser, Gilles Deleuze, Michel Foucault e Jacques Lacan, apesar de um desses genocídios ter se iniciado naquele exato momento no Camboja comandado por Pol Pot, um membro do Partido Comunista francês educado em Paris.

É verdade que só alguém criado no mundo anglófono poderia acreditar, como eu acreditei em decorrência de 1968, que a alternativa política para o socialismo revolucionário é o conservadorismo. Mas quando eu estava lecionando na Universidade de Londres descobri que os meus colegas se opunham a um homem que definiam com essa mesma palavra. O conservadorismo, diziam-me, é o inimigo não apenas dos intelectuais, mas também de todo o mundo que trabalha para uma divisão justa da renda social e de todos que "lutam pela paz" contra o imperialismo americano. Meus colegas eram complacentes com a União Soviética, cujas dificuldades, provocadas pelo "cerco capitalista", ainda não tinham sido superadas, apesar das necessárias eliminações dos elementos contrarrevolucionários. Havia, contudo, uma alternativa ao socialismo revolucionário de Lenin que acreditavam ser capaz de remediar as deficiências do modelo soviético: o humanismo marxista da *New Left Review*.[*]

---

[*] Revista marxista fundada em 1960 em Londres e que se tornou a porta-voz da "nova esquerda" europeia. Ver *Pensadores da nova esquerda*, de Roger Scruton. São Paulo: É Realizações, 2014. (*N. do T.*)

O Birkbeck College, onde eu lecionava, iniciou as atividades no início do século XIX como Instituto de Mecânica e respeitou o desejo do fundador George Birkbeck de oferecer aulas noturnas para pessoas que trabalhavam o dia inteiro. Por isso, eu tinha tempo livre durante o dia e o utilizava estudando para o exame de admissão na advocacia, imaginando que era questão de tempo até que necessitasse de uma nova carreira. Birkbeck era um bastião seguro para o *establishment* de esquerda. Seu guru de destaque era o comunista Eric Hobsbawm, cujas histórias sobre a revolução industrial permanecem como o trivial das escolas. Seu método era o da "longa marcha pelas instituições", o que significava reconstruir a Grã-Bretanha de acordo com um modelo socialista.

Ao preparar-me para a advocacia e ao estudar a lei inglesa tal como era antes da contaminação inoculada pelas Cortes Europeias e anterior às mudanças constitucionais introduzidas a esmo por Tony Blair, obtive uma visão completamente diferente de nossa sociedade. A justiça do *common law* destinava-se a uma comunidade construída a partir do nível mais inferior, mediante a garantia oferecida pelos tribunais para todos os que viessem a se apresentar de mãos limpas. Essa percepção permaneceu comigo, desde então, como uma narrativa de origem. No direito inglês, há normas jurídicas e casos de precedentes que datam do século XIII, e os progressistas considerariam isso um absurdo. Para mim, era a prova de que o direito inglês é propriedade do povo inglês, não uma arma dos governantes. Essa reflexão é do tipo que encontramos nos livros de história de Hobsbawm.

As realidades políticas atuais tinham pouquíssima relação com a comunidade instituída, evocada por Lord Denning em seus precedentes jurídicos ou tão claramente visível no direito fundiário e em nossa lei de trustes. Recordo-me vividamente da surpresa que senti ao aprender que, de acordo com a nossa lei de sociedades anônimas, as empresas são obrigadas a gerar lucro. Como esse lucro, na "Ingsoc"* da década de 1970, foi permitido e, para bem dizer, exigido? Naquela época, toda a administração estatal do país parecia estar dedicada a manter o ritmo constante do declínio cultural e econômico na esperança de alcançar a sociedade nova e igualitária em que todos teriam o mesmo, visto que ninguém teria coisa alguma.

De fato, para muitas pessoas de temperamento conservador, no final dos anos de 1970 parecia que a Grã-Bretanha estava pronta a renunciar a tudo o que era importante: o orgulho, a iniciativa, os ideais de liberdade e de cidadania e até mesmo suas fronteiras e a defesa nacional. Era a época da Campanha pelo Desarmamento Nuclear, e a "paz ofensiva" soviética que pretendia desarmar a Aliança Ocidental com o trabalho dos "idiotas úteis", como Lenin celebremente os descreveu. O país parecia estar chafurdando em um sentimento de culpa coletiva, reforçado por uma crescente cultura de dependência. Para os políticos de esquerda, "patriotismo" se tornara um palavrão. Para os políticos da direita, nada parecia importar, salvo o ímpeto de fazer parte da nova Europa, cujos mercados nos protegeriam das piores consequências da estagnação do pós-guerra. O *interesse* nacional foi substituído por interesses *escusos*: dos sindicatos, das autoridades políticas e dos "capitães da indústria".

A situação era especialmente desencorajadora para os conservadores. Edward Heath, líder só no nome, acreditava que governar era capitular: estávamos entregando a economia para os gestores, o sistema educacional para os socialistas e a soberania para a Europa. A velha guarda do Partido Conservador concordava amplamente com ele e se uniu na escolha de Enoch Powell como bode

---

* Sigla que, no romance *1984*, de George Orwell, significava socialismo inglês e definia, na "novilíngua" do partido, a ideologia e o sistema político autoritário de Oceânia. (*N. do T.*)

expiatório,* o único entre eles que divergia publicamente do consenso do pós-guerra. Nos anos sombrios da década de 1970, quando a cultura de repúdio se espalhou pelas universidades e pelas elites formadoras de opinião, parecia que não havia caminho de volta para o grande país que defendeu a nossa civilização com êxito em duas guerras mundiais.

Assim, em meio ao desânimo, Margaret Thatcher surgiu à frente do partido como que por um milagre. Lembro-me bem do júbilo que se disseminou pela Universidade de Londres. Afinal, havia alguém para odiar! Após todos aqueles anos lúgubres de consenso socialista, esquadrinhando os cantos insípidos da sociedade britânica, visto que os sombrios fascistas eram o que de melhor se poderia encontrar como inimigo, um demônio real entrava em cena: uma líder do Partido Conservador, não menos, que tinha o topete de declarar o seu compromisso com a economia de mercado, com a iniciativa privada, com a liberdade do indivíduo, com a soberania nacional e com o estado de direito — em suma, com tudo aquilo que Marx tinha repudiado como uma "ideologia burguesa". E a surpresa foi que ela não se importava em ser odiada pela esquerda, deu o melhor do que tinha para isso, e era capaz de trazer o povo com ela.

Nunca engoli totalmente a retórica de livre mercado dos thatcheristas, mas simpatizava profundamente com as razões de Thatcher. Ela queria que o eleitorado reconhecesse que a vida

---

* Intelectual erudito, acadêmico e escritor, Enoch Powell foi um dos mais brilhantes políticos do Partido Conservador e teve a sua carreira política arruinada após um discurso proferido em uma reunião da Associação Conservadora em Birmingham, em 20 de abril de 1968. Em sua fala, Powell fez uma crítica contundente contra a crescente imigração de pessoas negras no Reino Unido e a legislação antidiscriminatória que estava sendo proposta no Parlamento. O discurso provocou enorme polêmica por ter sido considerado racista — posição reforçada pela conhecida, e nada politicamente correta, opinião racial de Powell, que acabou sendo demitido do Governo Paralelo (*shadow cabinet*) pelo então líder do Partido Conservador, Edward Heath. (*N. do T.*)

MINHA TRAJETÓRIA

individual pertencia a cada um e que a responsabilidade de vivê-la não poderia ser exercida por qualquer outra pessoa, menos ainda pelo Estado. Thatcher esperava libertar o talento e a iniciativa que acreditava ainda existirem na sociedade britânica, apesar das décadas de conversa fiada igualitária. A situação que herdou era simbolizada pelo Conselho de Desenvolvimento Econômico Nacional (CDEN), criado em 1962 por um governo conservador* fraco, para gerir a decadência econômica do país. Composto por figurões da indústria e do serviço público, o "Neddy", como era conhecido o CDEN, dedicou-se a perpetuar a ilusão de que o país estava em "mãos seguras", de que havia um plano, de que os administradores, políticos e líderes sindicais estavam nisso juntos e trabalhando para o bem comum. Foi o exemplo perfeito do sistema político britânico do pós-guerra, que tratou dos problemas nacionais nomeando comitês compostos pelas pessoas que os causaram.

A ideia que regia o Neddy era a de que a vida econômica consistia na gestão das indústrias em funcionamento, e não na criação de novas empresas. Harold Wilson, Edward Heath e James Callaghan fiavam-se no Neddy para confirmar a crença que compartilhavam de que, caso a situação fosse mantida por tempo suficiente, as coisas dariam certo e qualquer culpa recairia sobre o sucessor. Por outro lado, Margaret Thatcher acreditava que, tanto nos negócios quanto na política, a responsabilidade terminava por aqui. Em uma economia livre, a pessoa importante não é o administrador, mas o empreendedor — aquele que assume e enfrenta os riscos do negócio. Se Thatcher fosse bem-sucedida em substituir uma economia de administração estatal e de interesses escusos por uma de empreendedorismo e risco poderia, naturalmente, colocar a primeira em xeque. Ao liberar o mercado de trabalho, poria a economia em

---

* O primeiro-ministro do Partido Conservador na época era Harold Macmillan, cujo governo durou de janeiro de 1957 a outubro de 1963. (*N. do T.*)

uma escalada ascendente. O resultado de longo prazo, contudo, foi a emergência de uma nova classe gerencial, visto que as multinacionais agiam com as ofertas públicas de aquisição, os privilégios legais e seus lobistas transnacionais, de quem os pequenos empresários e empreendedores são os inimigos. Aqueles que contestavam esse novo modelo gerencial (sou um deles), não obstante, deveriam reconhecer que aquilo que é ruim nesse modelo é precisamente o que era ruim na velha economia corporativista que Thatcher pretendia destruir. Quando ela afirmou que os empreendedores criavam coisas, ao passo que os gestores públicos as sepultavam, logo ficou evidente que ela estava certa, uma vez que todas as consequências da cultura de gestão estatal estavam ao nosso redor.

Digo que isso logo havia ficado evidente, mas não para a classe intelectual, que continua até hoje muitíssimo devotada ao consenso do pós-guerra. A ideia do Estado como uma figura paterna benigna, que aloca os ativos coletivos da sociedade para o lugar onde são necessários, e que está sempre presente para nos retirar da pobreza, da doença ou do desemprego, manteve-se no primeiro plano da ciência política acadêmica na Grã-Bretanha. No dia da morte de Margaret Thatcher, eu estava preparando uma aula de Filosofia Política na Universidade de St. Andrews. Estava interessado em identificar o que o texto recomendado identificava como algo chamado de a Nova Direita, associado pelo autor a Thatcher e Reagan, como uma investida radical sobre os membros vulneráveis da sociedade. O autor supunha que a principal incumbência do governo é a de distribuir a riqueza coletiva da sociedade entre seus membros e que, em matéria de distribuição, o governo é deveras competente. O fato de que a riqueza só pode ser distribuída caso antes tenha sido criada parecia escapar à sua observação.

Naturalmente, Thatcher não era uma intelectual, e tinha por motivação mais o instinto do que uma filosofia elaborada. Pressionada por argumentos, ela pendia muito rapidamente para a economia de mercado e ignorava as raízes mais profundas do conservadorismo na teoria e na prática da sociedade civil. Seu comentário breve de que "essa coisa de sociedade não existe" foi alegremente apoderado pelos meus colegas de universidade como prova de seu individualismo crasso, de sua ignorância sobre filosofia social, e de sua fidelidade aos valores da nova geração de empresários que poderiam ser resumidos em três palavras: dinheiro, dinheiro, dinheiro.

Efetivamente, o que Thatcher quis dizer naquela ocasião era bastante verdadeiro, embora seja o oposto do que disse. Quis dizer que a sociedade *existia*, mas que não era equivalente ao Estado. A sociedade é formada por indivíduos que se associam livremente e formam comunidades de interesse que os socialistas não têm o direito de controlar nem qualquer autoridade legal para proibir. No entanto, expressar-se dessa forma não era o estilo de Thatcher, nem era o que os correligionários esperavam dela. O que o público britânico queria, e tinha, era o tipo de político instintivo que as pessoas poderiam ver dirigindo-se à nação, não importando se tivesse ou não um cabedal adequado de argumentos abstratos.

Há de se entender que Thatcher sentira os ventos do escárnio intelectual que sopraram ao seu redor e se protegeu atrás de uma guarda pretoriana de conselheiros econômicos versados em "soluções de mercado", "economia pelo lado da oferta", "soberania do consumidor" e assim por diante. Entretanto, aqueles slogans da moda não apreendiam o núcleo de suas crenças. Todos os seus discursos mais importantes, assim como as suas políticas imperecíveis, provinham de uma consciência de lealdade nacional. Ela acreditava no país e nas instituições, e as via como a personificação dos afetos sociais cultivados e acumulados ao longo dos séculos. Família, associação civil, a religião cristã e o *common law* estavam integrados em seu ideal de liberdade sob a lei. A desvantagem é que ela não tinha uma filosofia com que pudesse articular esse ideal, de modo que o "thatcherismo" veio a simbolizar um tipo de caricatura do

24 COMO SER UM CONSERVADOR

pensamento conservador criado pela esquerda com o objetivo de ridicularizar a direita.

Não que Thatcher não tivesse influência sobre os seus críticos esquerdistas. Ela mudou tanto as coisas que foi impossível ao Partido Trabalhista enroscar-se novamente nas teias de aranha vitorianas: a Cláusula IV (o compromisso com uma economia socialista) foi retirada do estatuto e emergiu uma nova classe média do partido, sem nada preservar da antiga ordem do dia além do desejo de punir a classe alta e a crença de que o modo de fazê-lo seria proibir a caça à raposa, o que consumiu 220 horas no Parlamento durante o governo de Tony Blair (que se permitiu apenas dezoito horas de discussão antes de decidir pela entrada na guerra no Iraque).

Na época, porém, o que era percebido mais intensamente não era o impacto de Thatcher na política interna, mas a sua presença no cenário internacional. O compromisso com a Aliança Atlântica e a prontidão para estar lado a lado com o presidente Reagan em oposição à ameaça soviética alteraram completamente a atmosfera no Leste Europeu. De repente, pessoas que tinham sido humilhadas e subjugadas pela rotina totalitária ficaram sabendo que havia líderes ocidentais preparados para pressionar por sua libertação. John O'Sullivan argumenta vigorosamente que a presença simultânea de Reagan, Thatcher e do papa João Paulo II nos mais altos cargos políticos foi a causa do colapso soviético.[3] Minha própria experiência confirma essa tese.

Foi nessa época que experimentei um novo despertar político. Durante os anos de 1970, trabalhei com um grupo de amigos para criar o "Grupo de Filosofia Conservadora", com a intenção de reunir parlamentares, jornalistas conservadores e acadêmicos para discutir os fundamentos da cosmovisão que partilhavam. Em seguida, em 1979, escrevi *The Meaning of Conservatism* [O significado do

---

[3] Ver John O'Sullivan. *The President, the Pope and the Prime Minister: Three Who Changed the World*. Washington, DC: Regnery, 2006.

conservadorismo] — uma tentativa impetuosa de contrariar a ideologia de livre mercado dos *think tanks* thatcheristas.* Queria recordar aos conservadores que *existe* essa tal sociedade, e que sociedade é a razão de ser do conservadorismo. Acreditava que "liberdade" não era uma resposta clara ou adequada para a pergunta a respeito do que os conservadores acreditavam. Assim como Matthew Arnold, considerava que a "liberdade é um cavalo muito bom para cavalgar, mas para levar *algures*".**

Não havia me preocupado em imaginar, durante os anos de ascensão de Thatcher, o que aconteceria com o nosso mundo, ainda confortável e seguro, caso todas as liberdades básicas fossem suprimidas. Estava encasulado na falsa segurança de uma ilha introspectiva sem conhecimento a respeito do império do medo e da negação que os comunistas implantaram muito perto de nós, a Leste. Uma visita à Polônia e à Tchecoslováquia em 1979 despertou-me para a realidade. Encontrei em primeira mão aquilo que Orwell percebeu quando combateu ao lado dos comunistas na Guerra Civil Espanhola e que retratou em imagens reveladoras no livro *1984*. Vi tornarem-se realidade as obras de ficção que inundavam as mentes de meus colegas marxistas. Entrei em Hobsbawmia*** e senti o feitiço maligno de um mundo totalmente desiludido.

---

* Institutos cujo objetivo é discutir, divulgar e defender determinadas ideias e ideologias. Um dos mais conhecidos da Inglaterra na época, e que poderia ser qualificado como "thatcherista", era o Institute of Economic Affairs (IEA), que teve uma importância fundamental na formação do pensamento econômico de Thatcher, além do Centre for Policy Studies, criado em 1974 por ela e por Sir Keith Joseph. (*N. do T.*)

** No original: "Freedom is a very good horse to ride; but to ride *somewhere*". Matthew Arnold. *Friendship's Garland*. Londres: Smith, Elder & Co.,1903. p. 141. (*N. do T.*)

*** O neologismo é a fusão do sobrenome do historiador Eric Hobsbawm e de Oceânia, o lugar onde se passa o livro *1984*, de George Orwell. (*N. do T.*)

Fui convidado para proferir uma palestra em um seminário particular em Praga. Esse seminário foi organizado por Julius Tomin, um filósofo local que tirou partido dos Acordos de Helsinque de 1975, que supostamente obrigava o governo tchecoslovaco a apoiar a liberdade de informação e os direitos básicos estabelecidos pela Carta das Nações Unidas. Os Acordos de Helsinque eram uma farsa usada pelos comunistas para identificar potenciais desordeiros, ao passo que apresentavam uma fachada de governo civilizado para os intelectuais crédulos do Ocidente. Entretanto, fui informado de que o seminário do dr. Tomin era realizado com regularidade, que minha participação seria bem-vinda e que estavam realmente me aguardando.

Cheguei ao local, após caminhar por aquelas ruas silenciosas e desertas nas quais os poucos transeuntes pareciam ocupados com algum negócio oficial obscuro e onde slogans partidários e símbolos desfiguravam cada edificação. A escada do prédio também estava deserta. Por toda parte o mesmo silêncio expectante pairava no ar, como se fora anunciado um ataque aéreo e a cidade se protegesse da destruição iminente. No lado de fora do apartamento, porém, encontrei dois policiais, que me abordaram ao tocar a campainha e exigiram documentos. Dr. Tomin apareceu e houve um desentendimento, no decorrer do qual fui empurrado escada abaixo. Entretanto, a discussão prosseguiu e consegui abrir caminho novamente, passar pelos guardas e entrar no apartamento. Encontrei a sala repleta de pessoas e o mesmo silêncio expectante. Percebi que teríamos, sem dúvida, um ataque aéreo, e que eu era esse ataque aéreo.

Naquela sala estavam os exauridos remanescentes da intelectualidade de Praga — velhos professores de coletes surrados; poetas de cabelos longos; estudantes com cara de calouros que tiveram negada a entrada na universidade em virtude dos "crimes" políticos cometidos por seus pais; padres e religiosos à paisana; romancistas e teólogos; um aspirante a rabino; até um psicanalista. Em todos vi as mesmas marcas de sofrimento abrandado pela esperança e a

MINHA TRAJETÓRIA

mesma avidez desejosa por um sinal de que alguém se importasse o bastante para ajudá-los. Todos pertenciam, descobri, à mesma profissão: fornalheiro. Alguns alimentavam fornalhas em hospitais; outros em blocos de apartamentos; um na estação ferroviária, outro em uma escola. Alguns trabalhavam onde não havia caldeira para alimentar a fornalha e essas caldeiras imaginárias passaram a ser para mim um símbolo apropriado da economia comunista.

Era o meu primeiro encontro com "dissidentes": pessoas que, para meu espanto posterior, seriam os primeiros líderes democraticamente eleitos da Tchecoslováquia pós-comunista. Senti uma afinidade imediata em relação a essas pessoas. Nada tinha maior importância do que a sobrevivência da cultura nacional. Privadas do progresso material e profissional, os dias eram preenchidos com uma meditação forçada sobre o seu país e o passado, e sobre a grande "Questão da História Tcheca" que preocupava os tchecos desde o movimento de renascimento nacional no século XIX. Eles eram proibidos de publicar; as autoridades ocultaram a sua existência para o mundo e decidiram remover os seus vestígios dos livros de história. Por essa razão, os dissidentes eram acentuadamente conscientes do valor da memória. Suas vidas eram um exercício daquilo que Platão definiu como *anamnesis*: trazer à consciência as coisas esquecidas. Algo em mim reagiu imediatamente a essa ambição pungente, e estava ao mesmo tempo ansioso para unir-me a eles e fazer com que o mundo conhecesse a sua situação. Reconheci que *anamnesis* também descrevia o significado da minha vida.

Assim começou uma grande ligação com a rede de contatos extraoficial na Polônia, Tchecoslováquia e Hungria pela qual eu aprendi a ver o socialismo de outra maneira — não como um sonho de idealistas, mas como um sistema real de governo imposto de alto a baixo e mantido pela força. Despertei para a fraude cometida em nome do socialismo e senti a obrigação imediata de fazer algo a respeito. Todas as leis elaboradas pelo Partido Trabalhista britânico, que propunham organizar a sociedade para o bem maior de todos ao controlar, marginalizar ou proibir algumas atividades humanas naturais, ganharam outro significado para mim. Fui bruscamente tomado de surpresa pela impertinência de um partido político que se propunha confiscar todas as indústrias daqueles que as criaram, abolir as gramáticas escolares às quais devia a minha educação, forçar a fusão das escolas, controlar as relações nos locais de trabalho, regular as jornadas de trabalho, constranger os trabalhadores a se filiarem ao sindicato, proibir a caça, expropriar a propriedade de seus donos e outorgá-la ao inquilino, coagir as empresas a se venderem para o governo por um preço imposto, policiar todas as nossas atividades mediante o trabalho de órgãos paraestatais projetados para nos fiscalizar para o politicamente correto. E vi que esse desejo de controlar a sociedade em nome da igualdade expressava exatamente o mesmo desprezo pela liberdade humana que encontrei no Leste Europeu. Havia, de fato, essa coisa chamada "sociedade", mas era formada por indivíduos. Indivíduos devem ser livres, o que quer dizer livres das pretensões insolentes daqueles que desejam reprogramá-los.

Minhas aventuras no mundo comunista coincidiram com outra peripécia em casa — a criação de uma revista dedicada ao pensamento conservador, a *Salisbury Review*, nome que era uma referência ao grande primeiro-ministro cuja grandiosidade está no fato de ninguém saber nada a seu respeito, apesar de ele ter ocupado tal cargo por quase vinte anos. A *Salisbury Review* era administrada quase sem capital e, durante certo período, tive grande dificuldade em convencer alguns conservadores acerca da minha capacidade para fazer a revista. Minha intenção original era estimular o debate intelectual em relação aos conceitos do pensamento político moderno e, desse modo, afastar o conservadorismo da economia de livre mercado. Contudo, as coisas tomaram um rumo explosivo quando Ray Honeyford, diretor de uma escola em Bradford, enviou-me um artigo defendendo a integração das novas minorias via sistema de ensino e lamentando o isolamento das famílias paquistanesas cujos

MINHA TRAJETÓRIA

filhos ele se esforçava para ensinar. Publiquei o texto e imediatamente a polícia do pensamento ficou sabendo.

Ray Honeyford era um professor justo e consciente que acreditava ser o seu dever preparar as crianças para uma vida responsável na sociedade. Foi confrontado com a questão de como fazê-lo quando as crianças são descendentes de camponeses muçulmanos do Paquistão e a sociedade, inglesa. O artigo de Honeyford tornou público o problema, assim como a solução que propunha, de forma honesta: integrar as crianças no ambiente cultural secular, protegendo-as das punições aplicadas nas aulas da pré-escola no madraçal local; entrementes, isso contrariava os planos de seus pais de mandá-los para o Paquistão sempre que lhes convinha. Honeyford não via sentido na doutrina do multiculturalismo e acreditava que o futuro do nosso país dependeria da habilidade para integrar as minorias recentemente chegadas mediante um currículo comum nas escolas e um estado de direito secular que pudesse proteger mulheres e meninas de um tipo de violência do qual era uma testemunha aflita.

Tudo o que Ray Honeyford disse é, agora, a doutrina oficial dos principais partidos políticos: tarde demais, naturalmente, para atingir os resultados que esperava, mas, apesar disso, não tão tarde para mostrar que aqueles que o perseguiram e que cercaram a sua escola com falatórios vazios de "Ray-cista" nunca sofreram, como ele sofreu, por sua participação no conflito. Não obstante o seu tom frequentemente exasperado, Ray Honeyford era um homem profundamente gentil que estava preparado a pagar o preço da verdade em uma época de mentiras. Foi demitido e o magistério perdeu um dos representantes mais humanos do espírito público. Esse foi um exemplo de um expurgo stalinista contínuo executado pela autoridade de ensino criada para remover todos os sinais de patriotismo de nossas escolas e apagar a memória da Inglaterra do registro cultural. Dali em diante, a *Salisbury Review* foi rotulada como uma publicação "racista" e a minha própria carreira acadêmica foi posta em xeque.

Os conflitos em que me envolvi nos anos seguintes deixaram bem claro para mim quanto havia deteriorado o nível do debate público na Grã-Bretanha. Na esquerda, não parecia haver qualquer resposta às enormes mudanças introduzidas pela imigração em massa, exceto para pintar como "racista" qualquer um que tentasse debater o problema. Esse crime se assemelhava ao delito de ser um *emigré* na França Revolucionária ou um burguês na Rússia de Lenin: a acusação era a prova da culpa. E, ainda assim, ninguém nos dizia qual era o crime. Lembrei-me do comentário do escritor Daniel Defoe, na época da Lei do Papismo de 1698, de que "as ruas de Londres estão repletas de homens robustos preparados para lutar até a morte contra o papismo, sem saber se era um homem ou um cavalo".

Fiquei ainda mais surpreso ao descobrir que esse defeito intelectual elementar tinha invadido completamente os departamentos de Ciência Política das universidades e que o mundo intelectual estava agitado diante da presença, em nosso meio, de "racistas", cuja conspiração jamais poderia ser descoberta e cuja natureza jamais poderia ser claramente definida. Ser qualificado como racista me deu uma vaga ideia do que teria sido, noutros tempos, pertencer a uma minoria desprezada e perseguida. Após um episódio particularmente assustador em que fui perseguido depois de uma palestra pública na Universidade de York, e as subsequentes calúnias da BBC e do jornal *The Observer*, decidi deixar o mundo acadêmico e viver dos meus escritos.

Nessa época, 1989, o muro de Berlim caíra e eu poderia retornar para a Tchecoslováquia, onde fui preso e de onde fui expulso em 1985. Junto com amigos e colegas, abri uma empresa de relações governamentais que, ao longo de alguns anos funcionando aos solavancos, garantiu uma pequena renda. Observando a natureza volátil das novas democracias, vim a perceber vividamente quão

MINHA TRAJETÓRIA

desimportantes são as eleições como parte da democracia, se comparadas às instituições permanentes e ao espírito público que responsabiliza os políticos eleitos. A regra no Leste Europeu, logo após o colapso do comunismo, era a de um grupo de aventureiros formar um partido político, vencer uma eleição baseada na força de promessas grandiosas e, depois, privatizar para eles mesmos tudo o que fosse possível, antes de serem varridos do poder na eleição seguinte. Para meu espanto, porém, a União Europeia decidiu ampliar o alcance dentro dessas novas democracias. A ordem jurídica baseada no mercado da burocracia de Bruxelas ajudou a preencher o vácuo legal criado pelo comunismo e, por causa disso, foi calorosamente recebida. Nesse meio tempo, em virtude das cláusulas imprudentes do Tratado de Roma em relação à liberdade de circulação de pessoas, houve uma maciça emigração de categorias profissionais e a perda de jovens qualificados oriundos de países que deles precisavam desesperadamente. Por esse motivo, a pauta política de "ampliação" tornou-se controversa em toda a Europa e voltei à polêmica naquilo que se sucedeu.

Aquelas experiências ajudaram a convencer-me de que a civilização europeia dependia da manutenção das nossas fronteiras nacionais e de que a União Europeia, uma conspiração para remover as fronteiras, tornou-se uma ameaça para a democracia na Europa. Mediante o trabalho dos tribunais europeus e a configuração de sua legislação, a União Europeia criou uma classe política que não é mais responsável pelo povo — uma classe simbolizada pela baronesa Ashton, uma ex-*apparatchik** da Campanha pelo Desarmamento Nuclear que nunca se candidatou a qualquer eleição na vida e ascendeu politicamente atuando em órgãos paraestatais por indicação do Partido Trabalhista e em organizações não governamentais de esquerda até se tornar a encarregada responsável pelas

---

* Em russo, *apparatchik* designa o membro do Partido Comunista que atuava em cargo burocrático no antigo Estado soviético. (*N. do T.*)

relações internacionais; em outras palavras, a ministra das Relações Exteriores do nosso continente. A própria Comissão Europeia aprovou leis que não podem ser anuladas pelos parlamentos nacionais, após discussões a portas fechadas entre burocratas que nunca precisam responder por suas decisões.

A tentativa cômica de redigir uma constituição para a Europa produziu um documento muito extenso e, como não poderia deixar de ser, complicado e totalmente ininteligível. O preâmbulo conseguiu excluir a religião cristã da ideia de Europa, enquanto o resto do documento — que visava muito mais a ampliar os poderes das instituições europeias do que estabelecer os limites — foi calculado para eliminar a democracia. Visto que o legado da Europa para o mundo consiste em dois grandes bens, o cristianismo e a democracia, não causa espanto que a União Europeia não possua mais o aval do povo europeu, mesmo que tenha criado uma rede de clientes, cujo suporte sempre pode contar.

Em um certo momento da década de 1980, encontrava-me no Líbano visitando as comunidades que estavam se esforçando para sobreviver diante da tentativa brutal de Hafiz al-Assad de criar uma Grande Síria. As experiências lá obtidas me despertaram para duas verdades vitais sobre o mundo no qual vivemos. A primeira é que fronteiras não são estabelecidas ao desenhar linhas sobre um mapa, como fizeram franceses e britânicos ao término da Primeira Guerra Mundial. As fronteiras surgem do aparecimento das identidades nacionais, que, por sua vez, requerem que a obediência religiosa venha depois do afeto pela pátria, pelo território e por fixar uma comunidade. Além disso, como o exemplo do Líbano ilustra de várias maneiras, a democracia sempre correrá perigo em lugares onde as identidades são confessionais e não territoriais.

A segunda verdade gravada em mim era que, pela mesma razão pela qual o islã põe a religião acima da nacionalidade como teste de filiação, o islamismo representa uma ameaça à ordem política. Isso é particularmente verdade em relação ao islamismo da Irmandade

MINHA TRAJETÓRIA

Muçulmana e de seu antigo líder Sayyid Qutb, para quem, na disputa entre a *sharia* e o mundo moderno, é o mundo moderno que deve sucumbir. Em resposta à tragédia libanesa, escrevi um pequeno livro — *A Land Held Hostage* [Uma terra mantida refém] — em que defendo a antiga ordem libanesa. Defendi a constituição libanesa elaborada para fomentar uma identidade nacional localizada acima das identidades confessionais que separavam as aldeias entre si, e uns aos outros, ao longo de todo o território que compartilham. Adverti a respeito das ambições do Hezbollah, o "Partido de Deus", que tentava estabelecer uma rede regional de poder xiita sob a égide da Síria e do Irã.

O conflito entre sunitas e xiitas passou a dominar a região e o meu fútil apelo em defesa da antiga ordem libanesa não serviu para nada. Essa experiência, todavia, ensinou-me que a civilização não pode sobreviver se continuarmos a nos curvar aos islamitas. Posteriormente, defendi essa posição em *The West and the Rest* [O Ocidente e o resto], um livro publicado em 2002 em resposta às atrocidades do 11 de Setembro; ao escrevê-lo, passei a ver que, por mais preciosas que sejam as fronteiras, ainda mais valiosa é a civilização que nos permitiu perceber as fronteiras nacionais.

Essa civilização está fundada no cristianismo, e é por ver o nosso mundo sob uma perspectiva cristã que sou capaz de aceitar as vastas mudanças que o abalam. Aceitação vem do sacrifício: esta é a mensagem transmitida por tantas obras memoráveis de nossa cultura. Na tradição cristã, os principais atos de sacrifício são a confissão e o perdão. Aqueles que confessam, sacrificam o orgulho, visto que aqueles que perdoam, sacrificam o próprio ressentimento, renunciando pelo perdão algo que era caro aos seus corações. Confissão e perdão são hábitos que tornaram possível a nossa civilização.

O perdão só pode ser oferecido sob certas condições, e uma cultura de perdão é a que introduz tais requisitos na alma individual. Podemos perdoar àqueles que nos ofenderam somente se eles reconhecerem a própria culpa. Não chegamos a esse reconhecimento

34 COMO SER UM CONSERVADOR

por dizer "sim, é verdade, fiz isso mesmo". O perdão exige penitência e remissão. Por intermédio de tais atos de auto-humilhação, o autor de uma injustiça aniquila-se para a vítima e restabelece a igualdade moral que permite o perdão. Na tradição judaico-cristã, tudo isso é bem conhecido e incorporado nos sacramentos da Igreja Católica Romana, bem como os rituais e a liturgia do *Yom Kippur*. Herdamos dessas fontes religiosas a cultura que nos permite confessar as faltas, compensar as vítimas e sustentarmos uns aos outros em todas as questões em que a livre conduta pode prejudicar os que em nós depositam confiança.

A responsabilidade de um cargo público é apenas uma manifestação dessa herança cultural e não devemos nos surpreender que essa seja a primeira coisa a desaparecer quando os utópicos e os planejadores assumem o controle. Nem devemos ficar surpresos com a sua inexistência no mundo dos islamitas, muito embora o perdão ocupe um lugar importante na prática do islã e na moralidade do Alcorão.[4] O que vimos no despertar da "Primavera Árabe" são as entranhas de governos em que a responsabilidade não tinha vez — governos para os quais o poder era a única mercadoria. A experiência nos recorda uma verdade importante: um governo responsável não surge por meio das eleições. Surge do respeito à lei, do espírito público e de uma cultura de confissão. Pensar que existe uma conexão meramente acidental entre essas virtudes e a herança judaico-cristã é viver no mundo da lua. É deixar de ver que a cultura se concentrou, ao longo dos séculos, na prática do arrependimento. Compreender isso na minha vida me permitiu perceber tudo com mais clareza no contexto da política. Precisamente esse aspecto da

---

[4] Ver, por exemplo, o Alcorão, 13:22. Isso não quer dizer que a mensagem do Alcorão seja idêntica nesse aspecto com a contida na tradição judaico-cristã. Jesus e o rabino Hillel situaram o amor e o perdão no centro da moralidade; para o Alcorão, o lugar central é ocupado pela submissão. Amor e perdão podem ser sinais de submissão, mas não são, essencialmente, o que a submissão é.

condição humana foi renegado pelos sistemas totalitários do século XIX; e o desejo de negá-lo subjaz à inclinação anticristã da União Europeia e à ditadura ladina de suas elites.

Destarte, reconheço que a filosofia conservadora que sintetizo nos capítulos a seguir não depende de modo algum da fé cristã. Sugiro que a relação entre ambas é sutil e mais pessoal. O argumento deste livro é destinado ao leitor, não obstante suas convicções religiosas, já que se trata da vida no mundo empírico, não da crença no transcendental. Quaisquer que sejam as nossas religiões e convicções particulares, somos herdeiros coletivos de coisas excelentes e raras, e a vida política, para nós, deveria ter como objetivo primordial trazê-las bem firmes, no intuito de transmiti-las aos nossos filhos.

2

Começando de casa

Vivemos em grandes sociedades e dependemos, de milhares de maneiras, das ações e dos desejos de desconhecidos. Estamos ligados a esses desconhecidos pela cidadania, pela lei, pela nacionalidade e pela vizinhança. Tais vínculos entre nós não são, sozinhos, suficientes para solucionar o grande problema que compartilhamos, o problema da coordenação. Como podemos seguir com nossas vidas em relativa harmonia, desfrutar de um ambiente de liberdade e buscar nossos objetivos por conta própria? Em *A riqueza das nações*, Adam Smith argumenta que o interesse individual pode resolver esse problema. Instituídos uma economia livre e um estado de direito imparcial, o interesse individual conduz a uma distribuição ótima dos recursos. Smith não considera a liberdade econômica a essência da política nem acreditava que o interesse individual era o único motivo, nem mesmo o mais importante, que comandava o nosso comportamento econômico. Um mercado pode fazer a alocação racional dos bens e serviços somente onde há confiança entre os integrantes, e a confiança só existe onde as pessoas assumem a responsabilidade por seus atos e se tornam responsáveis por aqueles com quem negociam. Em outras palavras, a ordem econômica depende de uma ordem moral.

Na *Teoria dos sentimentos morais*, Smith enfatiza que confiança, responsabilidade e compromisso só existem em uma sociedade que os respeita e apenas onde é permitido amadurecer o fruto espontâneo da solidariedade humana. É onde a solidariedade, o dever e a virtude alcançam o lugar apropriado, guiados pelo interesse individual, por uma mão invisível, para um resultado que beneficia a todos. E isso significa que as pessoas podem satisfazer melhor os interesses apenas em um contexto em que também possam, ocasionalmente, renunciá-los. Na base de toda sociedade em que o interesse individual é bem-sucedido, existe um fundamento de autossacrifício.

Não somos feitos segundo o modelo do *homo oeconomicus* — o que escolhe agir sempre de forma racional para maximizar a própria utilidade a qualquer custo, sem preocupar-se com os outros. Estamos sujeitos a razões que necessariamente não entendemos e que podem ser apresentadas em termos de ordens de utilidades e de preferências apenas para desvirtuá-las. Esses motivos declaram guerra aos desejos circunstanciais. Alguns deles — o medo do escuro, a repulsa quanto ao incesto, o impulso de apegar-se à mãe — são adaptações mais profundas do que a razão. Outros — culpa, vergonha, o amor pela beleza, o senso de justiça — emergem da própria razão e refletem a rede de relações interpessoais e de discernimentos pelos quais nos situamos como sujeitos livres em uma comunidade composta por outros como nós. Em ambos os níveis — o instintivo e o pessoal —, nasce a capacidade de fazer sacrifício, no primeiro caso como um sentimento inconsciente de pertença, e no outro como um senso de responsabilidade em relação aos outros e a um modo de vida moral.

O equívoco de reduzir a ordem política às operações do mercado equipara-se ao erro do socialismo revolucionário de reduzir a política a um plano. Nas *Reflexões sobre a Revolução na França*, Edmund Burke argumenta contra a política "geométrica", como a chamou, dos revolucionários franceses — uma política que propôs um objetivo racional e um procedimento coletivo para atingi-lo, e que mobilizou o conjunto da sociedade por trás do programa resultante. Burke via a sociedade como uma associação entre os mortos, os vivos e os que estavam por nascer. Seu princípio vinculativo não é o contrato, mas algo mais parecido com o amor. A sociedade é uma herança compartilhada em nome da qual aprendemos a circunscrever as nossas demandas, a ver nosso lugar nas coisas como parte de uma corrente contínua de doações e recebimentos, a reconhecer que as coisas extraordinárias que herdamos não são nossas para destruirmos. Há uma genealogia de deveres que nos vincula àqueles que nos deram o que temos; e nossa preocupação com o futuro é uma extensão dessa linhagem. Levamos em conta o futuro da comunidade não em virtude de cálculos fictícios de custo-benefício, mas, de maneira mais concreta, por nos vermos como herdeiros dos benefícios que retransmitiremos.

A acusação de Burke contra os revolucionários era a admissão do direito de consumir todos os créditos e legados de acordo com a emergência criada por eles mesmos. Escolas, instituições religiosas, hospitais — todas as instituições fundadas por pessoas, agora mortas, para o proveito dos sucessores — foram expropriados ou destruídos, e o resultado foi a dilapidação total das poupanças acumuladas, levando a uma inflação maciça, ao colapso da educação e à perda dos modos tradicionais de assistência social e médica. Dessa maneira, o desprezo pelos mortos conduz a uma privação de direitos dos que ainda estão por nascer, e, apesar de esse resultado não ser, talvez, inevitável, foi reproduzido em todas as revoluções subsequentes. Ao menosprezar os propósitos e sentimentos daqueles que economizaram, as revoluções destruíram sistematicamente a reserva de capital social, e os revolucionários sempre justificam tal resultado com um raciocínio utilitário impecável. O *homo oeconomicus* chega ao mundo sem um capital social próprio e consome tudo o que encontra.

A sociedade, para Burke, depende das relações de afeto e lealdade que só podem ser construídas de baixo para cima, por uma interação face a face. É assim na família, nos clubes locais e nas associações, na escola, nos locais de trabalho, na igreja, na equipe esportiva, nos regimentos e na universidade em que as pessoas aprendem a interagir como seres livres, assumindo a responsabilidade por seus atos e levando em consideração o próximo. Quando uma sociedade é organizada de modo hierarquicamente descendente, tanto por um governo centralizado de uma ditadura revolucionária quanto por decretos impessoais de uma burocracia impenetrável, em seguida a responsabilidade rapidamente desaparece da ordem política e também da sociedade. Governos centralizados produzem indivíduos irresponsáveis, e o confisco da sociedade civil pelo Estado leva a uma recusa generalizada dos cidadãos de agirem por vontade própria.

No lugar de um governo centralizado, Burke elabora um argumento em prol de uma sociedade configurada de modo ascendente pelas tradições desenvolvidas a partir da necessidade natural de nos relacionarmos. As tradições sociais importantes não são apenas costumes arbitrários que devem sobreviver ou não no mundo moderno. São formas de conhecimento. Contêm os resquícios de muitas tentativas e erros conforme as pessoas tentam ajustar a própria conduta à das demais. Para usar a linguagem da teoria dos jogos, elas são as soluções descobertas dos problemas de coordenação que surgem ao longo do tempo. Existem porque dão a informação necessária sem a qual a sociedade pode não ser capaz de se reproduzir. Caso as destruamos de modo negligente, eliminaremos as garantias oferecidas de uma geração para a geração posterior.

Ao debater a tradição, não estamos discutindo normas arbitrárias e convenções, mas *respostas* que foram descobertas a partir de *questões* perenes. Essas respostas estão implícitas, compartilhadas e incorporadas nas práticas sociais e nas expectativas inarticuladas. Aqueles que as adotam não são necessariamente capazes de explicá-las e ainda menos de justificá-las. Por essa razão, Burke as descreve como "predisposições" e as defende sob o argumento de que, apesar de o capital de razão em cada indivíduo ser pequeno, há um acúmulo de razão na sociedade que questionamos e rejeitamos por nossa conta e risco. A razão apresenta-se naquilo sobre

COMEÇANDO DE CASA

o qual nós não raciocinamos, e talvez nem consigamos raciocinar — e isso é o que vemos em nossas tradições, incluindo aquelas que em seu âmago contêm sacrifício, como a honra militar, o sentimento de pertença à família, as formas e o currículo de ensino, as instituições de caridade e as regras de boas maneiras.

Tradição não é um conhecimento teórico acerca dos fatos e das verdades; tampouco um conhecimento técnico comum. Há outro tipo de conhecimento que envolve o domínio das situações — saber *o que fazer* no intuito de cumprir uma tarefa com sucesso, em que o sucesso não é medido por nenhum propósito exato ou preestabelecido, mas pela harmonia do resultado com as nossas necessidades humanas e os nossos interesses. Saber o que fazer na vida social, o que dizer, o que sentir — essas são coisas que adquirimos por imersão na sociedade. Não podem ser ensinadas mediante explicação, somente são aprendidas por osmose; mais ainda, a pessoa que não as adquiriu é corretamente qualificada como ignorante. Os períodos do dia, a atribuição de tarefas na família, as rotinas de uma escola, de uma equipe ou de um tribunal, uma liturgia religiosa, os pesos e as medidas utilizadas diariamente em uma empresa, as roupas que são escolhidas para este ou aquele compromisso social: tudo isso incorpora o conhecimento social tácito sem o qual as nossas sociedades se desagregariam. Esses também são os exemplos mais próximos do núcleo da política: a Coroa Britânica, que incorpora uma miríade sutil de competências e funções públicas; o *common law*, que evolui a partir do fluxo constante de precedentes; os procedimentos parlamentares e congressuais com suas prerrogativas e formalidades.

Os filósofos políticos do Iluminismo, de Hobbes a Locke, chegando até John Rawls e seguidores, encontraram as raízes da ordem política e a razão da obrigação política em um contrato social — um acordo manifesto ou implícito —, um acordo vinculado a tudo aquilo que os cidadãos sensatos possam consentir. Embora o contrato social exista em muitos modos, seu princípio dominante foi apresentado por Hobbes ao afirmar que "ninguém tem nenhuma obrigação que não derive de algum de seus próprios atos".* As minhas obrigações são a minha própria criação e são obrigatórias porque escolhidas livremente. Quando eu e você trocamos promessas, o contrato resultante desse acordo é livremente combinado, e qualquer violação prejudica não apenas a você, mas a mim também, uma vez que se trata do não reconhecimento de uma escolha racional bem fundamentada. Se pudéssemos traduzir a nossa obrigação para o Estado segundo o modelo de um contrato, consequentemente nós a justificaríamos em termos consentidos por todos os seres racionais. Contratos são paradigmas de obrigações autoescolhidas — obrigações que não são impostas, ordenadas ou frutos de coerção, mas livremente acordadas. Quando o direito é fundamentado em um contrato social, portanto, a obediência à lei é simplesmente o outro lado da livre escolha. Liberdade e obediência são equivalentes.

Tal contrato é dirigido ao *homo oeconomicus* abstrato e universal que vem ao mundo sem ligações, sem, como Rawls observou, uma "concepção de bem", e com nada exceto o seu interesse próprio para guiá-lo. Entretanto, as sociedades humanas são exclusivas por natureza, estabelecendo privilégios e benefícios que são oferecidos somente para os íntimos do grupo e que não podem ser livremente concedidos a todos sem sacrificar a confiança da qual depende a harmonia. O contrato social começa a partir de um experimento mental em que um grupo de pessoas se reúne para decidir o futuro comum. No entanto, se estão em posição de decidir o futuro comum é porque já o possuem: porque reconhecem a mútua condição de estar juntas e a dependência recíproca que lhes cabe para decidir como podem ser governadas sob uma mesma jurisdição e território.

---

* Thomas Hobbes. *Leviatã ou matéria, forma e poder de um Estado eclesiástico e civil*. Coleção: Os Pensadores. São Paulo: Editora Nova Cultural, 1999. p. 175. (*N. do T.*)

COMEÇANDO DE CASA

Em suma, o contrato social requer uma relação de filiação como membro de uma sociedade. Teóricos do contrato social escrevem como se isso presumisse somente uma escolha racional livre na primeira pessoa do singular. De fato, pressupõe uma primeira pessoa do plural que já tenha aceito o ônus de pertencer à sociedade.

Mesmo no caso norte-americano, em que foi tomada uma decisão de adotar uma constituição e criar uma jurisdição *ab initio*, ainda assim é verdade que uma primeira pessoa do plural estava envolvida nessa elaboração. Isso é reconhecido no próprio documento. "Nós, o povo (...)." Que povo? Ora, *nós*, que *já pertencemos* à sociedade cujo vínculo histórico agora está reproduzido na lei. Só faz sentido o contrato social na hipótese de haver algum tipo de "nós" pré-contratual. Sendo assim, quem deve ser incluído no contrato? E por quê? E o que fazemos com aquele que decide não participar? A resposta óbvia é que os fundadores da nova ordem social já fazem parte dessa relação contratual: já se concebiam como uma comunidade por um longo processo de interação social que permitiu ao povo determinar quem deveria ou quem não deveria tomar parte em seu futuro.

Além disso, o contrato social só faz sentido se as gerações futuras forem incluídas. O propósito é estabelecer uma sociedade duradoura. De uma vez só, portanto, surge aquela rede de obrigações não contratuais que vincula os pais aos filhos e os filhos aos pais, e que assegura, quer queira quer não, que dentro de uma geração a sociedade seja afetada pelos membros sem direito a voto, pelos mortos e pelos nascituros, que contarão com algo diferente do que um mero contrato entre os vivos se os direitos forem respeitados e o amor for digno. Mesmo quando surge, como nos Estados Unidos, uma ideia de "nacionalidade eletiva", para que os recém-chegados possam escolher pertencer, *aquilo* que é escolhido não é exatamente um contrato, mas um compromisso na qualidade de membro, cujas obrigações e privilégios transcendem qualquer coisa que possa estar incluída em um acordo passível de anulação.

COMO SER UM CONSERVADOR

Não pode haver uma sociedade sem essa experiência de adesão à qualidade de membro. É isso que me permite considerar os interesses e as necessidades de desconhecidos como assuntos que me dizem respeito; que me permite reconhecer a autoridade das decisões e das leis a que devo obedecer, mesmo que estas não estejam ligadas diretamente aos meus interesses; que oferece um critério para distinguir entre os que têm direito ao benefício dos sacrifícios que a minha qualidade de membro exige de mim daqueles que são intrusos. Retiremos a experiência de aderir ao grupo como membro e desaparecerá o fundamento do contrato social: as obrigações sociais tornar-se-ão temporárias, problemáticas e sujeitas à anulação, e a ideia de que podemos ser convocados a sacrificar a vida de alguém por um conjunto de desconhecidos começa a beirar o absurdo. Além disso, sem a experiência de pertença a uma sociedade, os mortos serão desprivilegiados, e os nascituros, que têm os mortos como guardiões metafísicos, serão privados de sua herança. A menos que o "contrato entre os vivos" possa ser redigido de tal forma que os mortos e os que ainda estão por nascer dele façam parte, este acordo converter-se-á em um contrato de apropriação dos recursos da Terra em benefício dos residentes temporários. Filósofos do contrato social, como John Rawls, estão cientes desse problema;* mas, na minha opinião, fracassam na tentativa de descobrir os motivos que levariam as pessoas comuns a assinarem um contrato que prolongue as próprias obrigações em um futuro distante. Os críticos das sociedades do Ocidente não hesitam em salientar de que aconteceu precisamente um desperdício dos recursos, posto que a visão contratual de sociedade ganhou terreno sobre experiência de adesão como membro que a possibilitou.[1]

---

* Ver a discussão sobre o "princípio da poupança justa" em *Uma teoria da justiça*. Lisboa: Editorial Presença, 2001. p. 227-233. (*N. do T.*)

[1] Sobre essa relação, ver a explicação de "Estado mercado" desenvolvida por Philip Bobbitt em *The Shield of Achilles: War, Peace and the Course of History*. Nova York: Alfred A. Knopf, 2002.

COMEÇANDO DE CASA

Podemos imaginar a sociedade fundada em um contrato somente se enxergarmos os membros como capazes de escolher de maneira livre e responsável, tal como exigido pelo acordo. No entanto, apenas em certas circunstâncias os seres humanos progredirão como escolhedores racionais, capazes de assumir obrigações e honrar promessas, e voltados uns aos outros em uma postura de responsabilidade. No caminho para adquirir tal conduta em relação aos demais, as pessoas contraem espécies bem diversas de obrigações — obrigações para com os pais, a família, o lugar e a comunidade, tudo aquilo de que dependem para serem cuidadas, e sem as quais o animal humano não pode se desenvolver como pessoa humana. Essas obrigações não são deveres de justiça, tais como os que surgem a partir das relações livres entre humanos adultos. Os romanos as entendiam como obrigações de piedade (*pietas*), o que significava que provinham da gratidão natural em relação ao que era *dado*, um agradecimento que espontaneamente fazemos aos deuses. Hoje, relutamos em suprir essas obrigações de base teológica, embora seja importante verificar que, para os religiosos, as obrigações não escolhidas não são apenas vitais para a construção, a partir de baixo, de uma ordem social duradoura, mas também são propriamente devidas a Deus.

Seres humanos, enraizados, são animados pela *oikophilia*: o amor pelo *oikos*, que significa não somente o lar, mas as pessoas nele contidas, e as comunidades que povoam o entorno que dotam esse lar de contornos permanentes e sorrisos duradouros.[2] O *oikos* é o lugar que não é só meu e seu, mas *nosso*. É o palco montado para a primeira pessoa do plural da política, o lugar exato, real e imaginário, onde "tudo acontece". Virtudes como frugalidade e altruísmo, o hábito de respeitar e de ser respeitado, o senso de responsabilidade

---

[2] Desenvolvi esse ponto em *Green Philosophy: How to Think Seriously about the Planet*. Londres: Atlantic Books e Nova York: Oxford University Press, 2012.

— todos esses aspectos da condição humana que nos molda como procuradores e guardiães de nossa herança comum — surgem por meio de nosso crescimento como pessoas, pela criação de ilhas de valor em um mar de preços.* Para adquirir essas virtudes devemos restringir o "raciocínio instrumental" que governa a vida do *homo oeconomicus*. Devemos dotar de amor e desejo as coisas às quais atribuímos um valor intrínseco, e não instrumental, de modo que, para nós, a busca dos meios possa cessar no lugar dos fins. É isso o que queremos dizer com comunidade: colocar o *oikos* de volta na *oikonomia*. E é disso que se trata o conservadorismo.[3]

As pessoas se contentam em obter uma primeira pessoa do plural — um lugar, uma comunidade e um modo de vida que é "nosso". A necessidade desse "nós" não é aceita pelos internacionalistas, pelos socialistas revolucionários ou pelos intelectuais devotados à visão atemporal e sem lugar fixo do ideal de comunidade do Iluminismo. Isso, todavia, é um fato e, realmente, o fato primário a partir do qual principiam toda a comunidade e todos os políticos. George Orwell percebeu isso no decurso da Segunda Guerra Mundial. A deslealdade da *intelligentsia* esquerdista era, para Orwell, ainda mais evidente e ainda mais chocante quando situada ao lado do singelamente obstinado "nós" das pessoas comuns. E a escolha política real, diante da qual Orwell não hesitou, era juntar-se aos intelectuais no trabalho de destruição ou estar ao lado das pessoas comuns na defesa de seu país nos momentos de necessidade.

Há duas maneiras pelas quais a primeira pessoa do plural pode manifestar-se: por meio de um objetivo comum ou da ausência de um propósito comum. Coisas sem finalidade não são necessariamente inúteis, e nem todas as coisas inúteis são desprovidas de

---

* Scruton parece fazer uma brincadeira com o título do livro de Jonathan L. S. Byrnes, *Islands of Profit in a Sea of Red Ink: Why 40 Percent of your Business is Unprofitable and How to Fix it*. (N. do T.)

[3] Ver *Green Philosophy* para a comprovação do que digo nesse parágrafo.

COMEÇANDO DE CASA

valor. Considere a amizade. Amigos são valorizados por aquilo que são; e os benefícios da amizade não são aquilo que valorizamos, mas os subprodutos daquilo que valorizamos, obtidos somente pela pessoa que não lhes procura. No âmbito da vida humana, coisas sem finalidade como a amizade são extremamente proveitosas: são fins, não meios, lugares de realizações e de regresso ao lar, o objetivo de toda peregrinação. Sem elas, nossos propósitos são vazios e sem sentido.

A lição da história recente é que, para mim, os arranjos intencionais desmoronam quando os propósitos desaparecem, ao passo que os arranjos sem finalidade resistem. Vimos isso acontecer claramente na Europa comunista. Em todos os países sob controle soviético, o partido estava à margem da lei, não possuía personalidade legal e não era responsável por seus cidadãos e por seus membros. Essa situação foi moldada pelo objetivo predominante: criar uma nova sociedade de acordo com princípios socialistas abolindo tudo o que estivesse no caminho. Toda a política era justificada em termos da ordem socialista do futuro, direção para a qual a sociedade caminhava de modo inexorável, com o partido à frente da liderança e a polícia secreta açoitando pelas costas. Nenhuma instituição estava autorizada a existir caso não estivesse sujeita ao controle do partido, com uma exceção, a Igreja Católica polonesa, que conseguiu negociar condições especiais para si mesma — uma licença que se mostrou fatal para a experiência comunista quando o padre polonês foi eleito para o pontificado.* A caridade era ilegal e não havia uma maneira pela qual indivíduos privados pudessem ter a propriedade confiada ao uso comum. A sociedade era completamente *instrumentalizada* na busca pelo objetivo mais importante que era "construir o socialismo". Todas as associações eram

---

* O padre polonês chamava-se Karol Wojtyla. Em 16 de outubro de 1978, Wojtyla foi eleito papa e escolheu o nome João Paulo II. Liderou a Igreja Católica durante 27 anos até a sua morte, no dia 2 de abril de 2005. (*N. do T.*)

48 COMO SER UM CONSERVADOR

mantidas juntas por comandos centralizados do partido, que eram justificados em termos de um propósito no qual, por coincidência, ninguém acreditava. O trabalho da polícia secreta era controlar e, se possível, impedir a livre associação para que a sociedade fosse completamente fragmentada pela desconfiança e pelo medo. Qualquer pessoa seria autorizada a proteger aquilo que ele ou ela conseguisse no próprio canto, oculto da grande máquina que emitiu as ordens. Qualquer associação, no entanto, acontecia sob a orientação do partido. O cidadão comunista deveria ser o perfeito *homo oeconomicus*, motivado pelo autointeresse racional com a finalidade de promover um objetivo que não era de ninguém.

Para espanto das autoridades, porém, as pessoas faziam amizades; reuniam-se para ler, estudar, fazer música. E, mesmo que a sempre vigilante polícia secreta, ocasionalmente, interrompesse os encontros, o fato é que por eles a vida da sociedade se renovava em pequenos pelotões que estavam longe de todos os controles destrutivos do Estado socialista. As pessoas descobriam, em suas vidas pessoais, que a sociedade civil não visava a um objetivo. Vinha a ser, sob quaisquer circunstâncias, um fim em si mesma, uma forma de vida apreciada pelo que é, não pelo que faz.

Michael Oakeshott conquistou uma reputação muito merecida como pensador político pela tentativa, ao longo da vida, de compreender a natureza da "associação civil", como a chamou, o tipo de associação na qual as aspirações políticas encontram equilíbrio e unidade. No livro *On Human Conduct* [Sobre a conduta humana], Oakeshott fundamentou sua teoria de ordem política no contraste entre a associação civil e a "associação empresarial".[4] Nesta, as pessoas se unem por um propósito, e essa parceria é baseada na necessidade de cooperar para alcançá-lo. Há vários tipos de associações empresariais: por exemplo, há um exército em que as ordens de

---

[4] Michael Oakeshott. *On Human Conduct*. Londres: Oxford University Press, 1975.

COMEÇANDO DE CASA

cima, transmitidas para as fileiras de subordinados, apontam sempre para o fim único de derrotar o inimigo; há uma empresa na qual os objetivos podem oscilar de um dia para o outro, apesar da necessidade primordial do lucro no longo prazo; existem várias formas de aprendizado que treinam pessoas para as profissões e os ofícios.

Oakeshott acreditava que a associação civil fora cada vez mais substituída pela associação empresarial, sob pressão das elites políticas, gestores, partidos e ideólogos. Não foram somente os socialistas que contribuíram para essa substituição com metas de igualdade e justiça social. A tentativa liberal de adotar os contornos de uma ideia universal e abstrata de justiça e de direitos humanos; a busca supostamente conservadora pelo crescimento econômico como a origem da ordem social e da finalidade do governo — ambas também têm uma tendência a substituir a associação civil por um novo tipo de prática política em que as instituições da sociedade estejam propensas a cumprir um objetivo que possa ser incompatível com a dinâmica interna.

A distinção entre associação civil e empresarial não é rígida: muitas de nossas esferas sociais compartilham ambos os arranjos. Entretanto, é difícil negar que a associação empresarial se inclina para uma direção diversa das formas ordinárias de comunidade. Nela, há instruções que vêm do alto; existem rivalidades e rebeliões; há um fracasso desastroso, bem como um sucesso temporário. O todo depende de uma energia que siga adiante e que deve ser constantemente preservada se as coisas não estiverem se fragmentando e se destruindo. Por isso as invocações de "progresso", de "crescimento", de um "avanço" constante em direção ao objetivo que, no entanto, devem permanecer sempre em algum lugar do futuro, a fim de que não cesse a dedicação dos cidadãos em se reanimarem por tal finalidade.

Em *Autobiografia: o mundo de ontem*, Stefan Zweig atribuiu o declínio da ordem civil na Europa ao mito do progresso. Em todas as ideologias de sua época — comunismo, socialismo, nazismo,

50 COMO SER UM CONSERVADOR

fascismo —, Zweig viu a mesma tentativa perniciosa de reescrever os princípios da ordem social em termos de uma progressão linear do passado para o futuro. O culto do líder, do "partido pioneiro", da "vanguarda" — todos pressupunham que a sociedade tinha uma *direção*, da mesma maneira que as empresas tinham uma meta e os exércitos, uma finalidade. E todos estavam autorizados a ampliar o recrutamento do cidadão para o serviço militar obrigatório e a absorver regularmente as funções da sociedade para a máquina estatal.

A consequência política mais importante dessa substituição da associação civil pela empresarial foi a perda gradual da autoridade e da tomada de decisão pela base da sociedade e a sua transferência para o topo. Se oferecermos à sociedade um propósito dinâmico, principalmente algum que seja concebido nesses termos lineares, como se estivesse se movendo sempre adiante, em direção a uma maior igualdade, maior justiça, maior prosperidade ou, no caso da União Europeia, "uma união cada vez mais estreita entre os povos europeus",* ao mesmo tempo, permitimos que surjam pretensos líderes. Atribuímos credenciais para os que prometem guiar a sociedade ao longo do caminho que designaram, e conferimos-lhes a autoridade para recrutar, dar ordens, organizar e punir os que restam entre nós, sem levar em consideração, por outro lado, de que maneira desejamos conduzir as nossas vidas. Particularmente, autorizamos a invasão daquelas instituições e associações que formam o núcleo da sociedade civil com a finalidade de impor-lhes um direcionamento e uma finalidade que pode não ter nenhuma relação com sua natureza intrínseca.

Isso aconteceu com as instituições de ensino na Grã-Bretanha e nos Estados Unidos quando se tornaram alvo dos igualitaristas nos anos de 1960. Tornou-se política governamental ver as escolas não

---

* Esse objetivo está no preâmbulo do tratado que instituiu a Comunidade Econômica Europeia e que foi assinado em 1957, em Roma. (*N. do T.*)

COMEÇANDO DE CASA

como associações para transmissão de conhecimento, com objetivos internos próprios desenvolvidos segundo as necessidades e os desejos dos membros, mas como instrumentos de engenharia social. Currículo, provas, admissão e disciplinas foram todos revisados à luz de sua contribuição ao propósito predominante, que era a eliminação das distinções e vantagens injustas, de modo que todas as crianças ingressassem na sociedade com uma oportunidade igual para uma vida que valesse a pena.

Igualitaristas acreditavam que pudesse haver uma compensação mutuamente benéfica entre os objetivos social e educacional: essa é a hipótese que subjaz à vasta literatura da reforma educacional propagada por meio das escolas de educação nos anos de 1960. As escolas, argumentou-se, não estão destinadas exclusivamente a aplicar provas; são lugares onde as crianças se associam e em que as expectativas futuras são influenciadas de mil maneiras. Por que não deveríamos adaptar o currículo e o horário de modo que as oportunidades sejam igualadas?

Argumentar dessa forma é ignorar a distinção entre os objetivos internos de uma instituição e os efeitos incidentais. Aqueles que entram em um jogo de futebol têm a intenção de marcar gols: se negligenciam essa finalidade, o jogo acaba. São muitos, todavia, os efeitos incidentais: treino, companheirismo, alegria. Por melhores que sejam, tais efeitos não podem ser transformados no objetivo do jogo sem destruí-lo, perdendo, desse modo, as consequências positivas. Apenas dessa maneira aparecem os muito bons resultados do ensino, não porque foram perseguidos, mas porque *não* o foram: surgiram como o subproduto da busca por outra coisa, que é o conhecimento. Se este é visto meramente como meio para atribuir vantagens sociais, e não pelo próprio fim, tanto o conhecimento quanto as suas vantagens serão perdidos. No entanto, quando buscado por aquilo que é, o conhecimento deixa de ser propriedade comum. Seus benefícios serão distribuídos sempre de maneira desigual. Não deveríamos nos surpreender, portanto, com o declínio educacional que testemunhamos em todo o mundo ocidental, uma vez que a pauta igualitária foi imposta nas escolas. Este é o resultado inevitável da apropriação da verdadeira finalidade do ensino, que é o ensino, concebido como um fim em si mesmo, substituindo-o por outro, que é a igualdade, que nenhuma escola pode almejar prover de maneira coerente ou confiável.

Em que medida, hoje, a comunidade é acessível? Em um mundo de relacionamentos fungíveis, comercialização onipresente, migração veloz e erosão constante de nossa herança social e política, como os conservadores podem estabelecer limites para as coisas que não devem ser modificadas? Será que pode existir uma comunidade em que todos e todas as coisas estejam em movimento e, em caso afirmativo, os conservadores podem invocar seu critério em tal lugar e dizer que essa é a ordem que defendemos? Ainda que aceitemos o argumento que utilizei para a adesão social pré-política, ainda que reconheçamos que a filiação como membro de uma sociedade deve ser concebida nos termos de Oakeshott, como uma associação civil livre de qualquer propósito abrangente, devemos reconhecer que, sem uma medida de estabilidade, é improvável que tal arranjo gerará a confiança da qual dependem a sociedade civil e a ordem política.

A segunda lei da termodinâmica nos diz que a entropia está sempre aumentando e que todo sistema, todo organismo, toda ordem espontânea, se tornará aleatório no longo prazo. O conservador não é alguém que simplesmente não pode aceitar essa verdade — a verdade, como diz o poema anglo-saxão, é aquela que foi ultrapassada?* Em resposta, digo que a transitoriedade dos bens

---

* Scruton refere-se ao antigo poema anglo-saxão *Deor* (ou *O lamento de Deor*), de autor desconhecido e que data, provavelmente, do século IX. O excerto utilizado por Scruton ("this too will pass") é parte do refrão do poema traduzido diretamente do original por Andreia Brito em sua dissertação de mestrado da seguinte forma: "Aquilo foi ultrapassado e assim será isto" (*Deor: uma proposta de tradução do inglês antigo para o português europeu*, p. 74. Disponível em: <http://repositorio.ul.pt/bitstream/10451/4144/1/ulfl096188_tm.pdf>). (*N. do T.*)

COMEÇANDO DE CASA

humanos não torna o conservadorismo tão mais fútil do que a medicina simplesmente porque "no longo prazo, estaremos todos mortos", como na famosa frase de John Maynard Keynes. Em vez disso, deveríamos reconhecer a sabedoria da concisa elegância da filosofia de Lord Salisbury e aceitar que "procrastinar é viver".

O conservadorismo é a filosofia do vínculo afetivo. Estamos sentimentalmente ligados às coisas que amamos e que desejamos proteger contra a decadência. Sabemos, contudo, que tais coisas não podem durar para sempre. Enquanto isso, devemos estudar os modos pelos quais podemos conservá-las durante todas as mudanças pelas quais devem inevitavelmente passar, de modo que nossas vidas continuem sendo vividas em um espírito de boa vontade e de gratidão. O argumento que apresentarei a seguir tentará delinear exatamente o que nos resta, por que isso é valioso, como podemos mantê-lo e, ao mesmo tempo, conservar a liberdade e a satisfação que nós, beneficiários da civilização ocidental, aprendemos a tomar por certas.

3

A verdade no nacionalismo

Quando os revolucionários franceses irromperam no palco da política mundial, foi com a declaração de que dali em diante não seria mais a soberania, ou a lei, ou a divindade que comandariam a lealdade do cidadão, mas a nação. O abade Sieyès,* no panfleto insuflador *O que é o Terceiro Estado?*,** de 1789, exprimiu a questão de maneira sucinta: "A nação existe antes de tudo, ela é a origem de tudo. Sua vontade é sempre legal [...]. Qualquer que seja a forma que a nação quiser, basta que ela queira; todas as formas são boas, e sua vontade é sempre a lei suprema."*** Vinte anos mais tarde e dois milhões de mortos depois, quando a vontade da nação francesa foi disseminada pela Europa pelas conquistas de Napoleão, ficou claro que uma concepção de vida política completamente nova adentrou a consciência dos europeus. Em todo o continente, movimentos nacionalistas conclamavam as pessoas para preparar-se para a guerra contra as monarquias locais e as comunidades imperiais, incitando-as para uma ação em conjunto em nome de ideias fictícias de raça e de consanguinidade, defendendo uma língua em oposição a outra, e um modo de vida contra o do próximo, e, em

---

* Emmanuel Joseph Sieyès (1748-1836) foi clérigo, escritor e político francês. (*N. do T.*)

** Há uma edição brasileira com o título: *A constituinte burguesa* (*Qui Est-ce que le Tiers Etat?*). Rio de Janeiro: Editora Líber Juris, 2001. (*N. do T.*)

*** Idem, p. 50-51. (*N. do T.*)

geral, desestabilizando tudo o que restou para ser desestabilizado depois da desordem provocada por Napoleão.

A devastação resultante foi descrita por Adam Zamoyski, em *Holy Madness* [Santa loucura], e foi objeto de comentários infindáveis de historiadores em busca das origens das duas guerras mundiais.[1] No momento em que a paz foi estabelecida após 1945, com a Alemanha em ruínas e os Estados-nação do Leste Europeu sob rígido controle soviético, uma espécie de consenso foi surgindo entre a nova classe política — categoria que foi incumbida de reconstruir as nações derrotadas. Segundo esse consenso, a Europa foi dilacerada pelo nacionalismo e o futuro do continente poderia ser garantido somente se as lealdades nacionais, que provocaram tanta beligerância, fossem serena e discretamente substituídas por outra coisa. O que exatamente essa outra coisa devia ser, isso era uma questão diferente, e esse problema foi enterrado tão profundamente no processo de integração europeia que não é mais possível responder a ela.

Entretanto, a reação contra o nacionalismo era correta? Respondendo laconicamente à minha indagação: nacionalismo, como uma ideologia, é perigoso apenas à medida que as ideologias são perigosas. Ocupa o espaço deixado vago pela religião e, ao fazê-lo, estimula o verdadeiro crente a venerar a ideia nacionalista e a buscar nesta concepção aquilo que ela não pode oferecer — o propósito último da vida, o caminho da redenção e o consolo para todas as aflições. Essa é a ideia nacional tal como Sieyès a evocou e tal como aparece na literatura da Alemanha nazista. Esta não é, todavia, a ideia de nação tal como se apresenta na vida comum do dia a dia do povo europeu. Para as pessoas comuns, que vivem em livre associação com seus semelhantes, "nação" significa simplesmente a identidade histórica e a lealdade que as une no corpo político.

---

[1] Adam Zamoyski. *Holy Madness: Romantics, Patriots and Revolutionaries*. Londres: Weindenfeld, 2001.

A VERDADE NO NACIONALISMO

Trata-se da primeira pessoa do plural da comunidade. Sentimentos de identidade nacional podem ser inflamados pela guerra, comoção civil e ideologia, e essa excitação comporta vários graus. No estado normal, entretanto, esses sentimentos não são apenas pacíficos em si mesmos, mas uma espécie de paz entre vizinhos.

É porque somos capazes de definir a nossa condição de membro de uma sociedade em termos territoriais que, nos países Ocidentais, desfrutamos das liberdades elementares que são, para nós, o fundamento da ordem política. Nos países baseados em obediência religiosa, e não secular, a liberdade de consciência é um ativo escasso e ameaçado. No entanto, desfrutamos não apenas a liberdade de discordar publicamente de outras pessoas sobre questões de fé e de vida privada, mas também de satirizar o que é solene e ridicularizar o que é absurdo, incluindo a solenidade e o absurdo daquilo que é sagrado.

No fim do século XVII, quando a influência do Iluminismo se espalhou amplamente pelo mundo cristão, começou a ser reconhecido que administrássemos as nossas relações neste mundo a partir da elaboração e aprovação de leis, e que essas leis elaboradas pelo homem, além de seculares, fossem, se possível, neutras em relação às diversas religiões que rivalizam dentro do país. Caso houvesse um conflito aparente entre a lei secular e a obediência religiosa, ficou convencionado em nossa sociedade que a lei secular prevaleceria. A esperança era de que as duas esferas do dever, o sagrado e o secular, estivessem suficientemente separadas para que, em qualquer caso, houvesse pouca ou nenhuma sobreposição entre as duas. Para ser franco, em nossa sociedade a religião se transformou em um assunto privado que, no conjunto, não tem necessidade da esfera pública.

Não deveria haver dúvida de que a nossa herança de lei secular é preciosa e algo que devemos proteger em face das muitas ameaças que pesam contra ela. É a principal defesa contra aquilo que Alexis de Tocqueville e John Stuart Mill denunciaram como a tirania da maioria. A opinião majoritária pode estar errada; o desejo da maioria pode ser malévolo; a força da maioria pode ser perigosa. Há alguém mais importante do que a maioria, especificamente, o indivíduo que dela discorda. Devemos protegê-lo. Ele é o único que pode levantar a questão que nenhuma multidão quer ouvir, isto é, se ela está com a razão. Por isso, até que a oposição seja protegida, não há porta pela qual a razão possa entrar nos assuntos do governo. Mas como se protege a oposição? O que permite que as pessoas concordem em discordar?

Em família, as pessoas muitas vezes se reúnem para discutir assuntos de interesse comum. Haverá muitas opiniões, conselhos conflitantes, até mesmo dissensões. Em uma família feliz, contudo, todo mundo aceitará ser restringido pela decisão final, mesmo que dela discordem. Isso porque compartilham do investimento de permanecerem juntas. Algo é mais importante para todos do que as próprias opiniões, e esse algo é a família, aquilo cujo bem-estar e futuro se reúnem para discutir. Dizendo de outra maneira: a família é parte da *identidade*; é aquilo que não muda enquanto as diversas opiniões se modificam e entram em choque. Uma identidade comum abranda a divergência. É o que torna possível o antagonismo e, consequentemente, a discussão racional. É o fundamento de qualquer modo de vida em que a solução conciliatória é a regra, não o despotismo.

Isso também é verdade em relação à política. Oposição, discordância, livre manifestação e a solução conciliatória como regra, tudo isso pressupõe uma identidade comum. Tem de haver uma primeira pessoa do plural, um "nós", se os muitos indivíduos existem para ficar juntos, aceitando as opiniões e os desejos dos demais, independentemente das divergências. A religião providencia essa primeira pessoa do plural: poderia definir-me como um cristão ou como um muçulmano e isso poderia ser o suficiente para me vincular aos meus irmãos de fé, mesmo quando discordássemos sobre assuntos cotidianos do governo. Esse tipo de primeira pessoa do plural, no entanto, não se relaciona facilmente com a política democrática.

A VERDADE NO NACIONALISMO

Particularmente, não aceita a divergência mais fundamental dentro do país travada entre os fiéis que aceitam a regra dominante e os infiéis que não a admitem.

Essa é a razão pela qual as democracias precisam de um "nós" nacional, e não um "nós" religioso ou étnico. O Estado-nação, como o concebemos, é o subproduto da sociabilidade moldada pela "mão invisível" dos incontáveis acordos firmados entre as pessoas que falam a mesma língua e vivem próximas. É o resultado das soluções conciliatórias obtidas após muitos conflitos e expressa a concordância construída vagarosamente entre vizinhos, tanto para garantir o espaço do outro quanto para proteger essa área como um território comum. Isso foi conscientemente absorvido e adequado às minorias étnicas e religiosas dentro de seu território, ao passo que elas, por sua vez, adequaram-se ao Estado-nação. Isso depende de costumes localizados e de uma rotina comum de tolerância. Sua lei é terrena, não religiosa, e não evoca qualquer fonte de autoridade mais excelsa que os ativos intangíveis compartilhados pelo povo.

Todas essas características são pontos fortes, uma vez que nutrirão uma forma adaptável de lealdade pré-política. Salvo se, e até que, as pessoas se identifiquem com o país, com o território e com a herança cultural — a exemplo do modo como as pessoas se identificam com uma família —, não haverá uma política de solução conciliatória. Devemos levar a sério os nossos semelhantes como pessoas com direito igual de proteção e por quem devemos ser requisitados em momentos de crise para enfrentar os perigos mortais. Agimos assim porque acreditamos *pertencer* a um *lar comum*. A história do mundo é uma prova disso: onde quer que as pessoas se identifiquem em termos que não são compartilhados por seus vizinhos, o Estado, então, fracassa diante do primeiro golpe sério — como aconteceu na antiga Iugoslávia, na Síria, na Somália e, hoje, na Nigéria.

Existe outra razão mais profunda para aceitar a nação como fonte de obrigação legal. Somente quando as leis derivam da soberania nacional, podem ser adaptadas às condições mutáveis da

60 COMO SER UM CONSERVADOR

população. Vemos isso claramente na tentativa fútil dos modernos Estados islâmicos de viver de acordo com a *sharia*. As escolas originais de jurisprudência islâmica, que surgiram como resultado do reino do profeta em Medina, permitiram aos juristas adaptar a lei revelada às necessárias mudanças da sociedade mediante um processo de reflexão conhecido como *ijtihad*, ou esforço. Isso, todavia, parece ter terminado durante o século XVIII, quando foi defendido pela então dominante escola teológica que todos os assuntos importantes já estavam resolvidos e o "portão da *ijtihad* estava fechado".[2] Parece ser a única maneira de conservar a autoridade dos decretos absolutos e eternos de Deus em face dos desvios e da característica humana de reincidir nos erros. Hoje, consequentemente, quando os clérigos assumem, a lei é remetida aos preceitos planejados para o governo de uma comunidade há muito desaparecida. Os juristas têm uma grande dificuldade para adaptar essa lei à vida da população moderna.

Expondo a questão em poucas palavras: a lei secular se adapta, a lei religiosa perdura. Além disso, exatamente porque a *sharia* não se adapta, ninguém realmente sabe o que ela prescreve. A *sharia* nos diz para apedrejar os adúlteros até a morte? Alguns dizem que sim, outros dizem que não. A *sharia* afirma que investir dinheiro para ganhar com os juros é proibido em quaisquer casos? Alguns dizem que sim, outros dizem que não. Quando Deus as criou, as leis se tornaram tão misteriosas quanto Ele. Quando *nós* criamos as leis, e as elaboramos para os nossos propósitos, estamos certos daquilo que significam. Sendo assim, a única questão é: "Quem somos *nós?*" E, nas condições atuais, a nação é a resposta, uma resposta sem a qual estaremos todos à deriva.

Como observei, no decurso da Segunda Guerra Mundial, a elite política das nações derrotadas tornou-se cética em relação ao

---

[2] Ver Robert Reilly. *The Closing of the Muslim Mind*. Wilmington: ISI Books, 2011.

A VERDADE NO NACIONALISMO 61

Estado-nação. A União Europeia nasceu da crença de que as guerras na Europa foram causadas pelo sentimento nacionalista e que era necessária uma nova forma de governo transnacional que unisse os povos em torno de interesses comuns em uma coexistência pacífica. Infelizmente, as pessoas não se identificavam dessa maneira. Não há primeira pessoa do plural para quem as instituições europeias sejam a expressão política. A União Europeia é baseada em um acordo, e a autoridade dos acordos é oriunda das entidades que os assinam. Essas entidades são os Estados-nação da Europa, de onde provêm as lealdades do povo europeu. A União Europeia, que se propôs a transcender tais lealdades, por esse motivo sofre uma permanente crise de legitimidade.

As leis reveladas por Deus têm o caráter imutável e inescrutável de seu criador. O mesmo se aplica às leis decretadas pelos tratados. Estes têm uma influência controladora indesejável e persistente que deveria ser exercida em um país somente para realizar objetivos específicos, jamais como uma maneira de governá-lo. Desse modo, quando o Tratado de Roma foi assinado, em 1957, incluiu uma cláusula que permite a livre circulação de capital e trabalho entre os países signatários. Na época, os rendimentos e as oportunidades eram mais ou menos similares nos poucos Estados que assinaram o acordo. Agora as coisas são muito diferentes. A União Europeia foi ampliada (sem autorização popular) para incluir a maioria dos antigos países comunistas do Leste Europeu cujos cidadãos têm agora o direito legal de fixar residência dentro das fronteiras nacionais britânicas, competindo por empregos em uma época em que a Grã--Bretanha tem mais de dois milhões de desempregados e que a sua infraestrutura, até mesmo a urbana, exibe o peso da superpopulação. Um grande número de cidadãos britânicos está infeliz com essa situação. Todavia, não há nada que possa ser feito porque a lei que concedeu aquele direito previsto no tratado tem precedência sobre a legislação do Parlamento britânico. É exatamente como se um britânico também fosse governado por uma espécie de lei religiosa em

62 COMO SER UM CONSERVADOR

que a vontade de Deus fosse anunciada por meio de cada ordem, impedindo até mesmo a mudança mais necessária, por razões que nunca poderiam ser averiguadas.

Por que a experiência de um governo federal, que na Europa resultou em um império injustificável, conduziu a uma democracia viável nos Estados Unidos? A resposta é simples: porque o federalismo norte-americano não criou um império, mas um Estado-nação. Isso aconteceu a despeito da disputa acerca dos direitos dos Estados, da Guerra Civil, do legado da escravidão e do conflito étnico. Isso foi possível porque a comunidade norte-americana instituiu um estado de direito secular, uma jurisdição territorial e um idioma comum em um lugar em que as pessoas reivindicavam como sendo a sua *pátria* (*lar*). Sob a comunidade norte-americana, as pessoas tratavam umas às outras, em primeiro lugar, como *semelhantes*: não como companheiros membros de uma mesma raça, classe, religião ou grupo étnico, mas como companheiros de uma comunidade na terra que compartilhavam. Sua lealdade à ordem política cresceu com as obrigações da vizinhança; e os conflitos entre eles eram resolvidos pela *lei da terra*. A lei deveria funcionar dentro de fronteiras territoriais definidas pelos vínculos anteriores entre as pessoas e não por qualquer burocracia transnacional, disponível para ser apoderada por pessoas para quem essas fronteiras nada significam.

Em suma, a democracia exige fronteiras, e as fronteiras precisam do Estado-nação. Quaisquer modos pelos quais as pessoas venham a definir a própria identidade em termos do *lugar a que pertencem* têm um papel a desempenhar na consolidação do sentido de nacionalidade. O *common law* dos anglo-saxões, por exemplo, do qual as leis emergem da resolução dos conflitos locais e não pela imposição do soberano, tem uma ampla função a cumprir ao favorecer a compreensão inglesa e norte-americana de que a lei é propriedade comum de todos aqueles que residem dentro de sua jurisdição, em vez de ser uma mera invenção de padres, burocratas e reis. Uma língua

A VERDADE NO NACIONALISMO

e um currículo comuns têm um efeito semelhante ao da transformação da familiaridade, da proximidade, do hábito cotidiano em fontes de um vínculo comum. O aspecto essencial sobre as nações é que crescem de baixo para cima por hábitos desenvolvidos a partir da livre associação entre vizinhos e que resultam em lealdades que são anexadas ao lugar e à sua história, e não à religião, à dinastia ou, como na Europa, a uma classe política que se autoperpetua. Nações podem mesclar-se em unidades mais complexas — a exemplo da ligação entre o país de Gales, a Escócia e a Inglaterra — ou podem dividir-se como os tchecos e eslovacos ou, como poderá acontecer um dia quando os escoceses reivindicarem a sua soberania.* As fronteiras nacionais podem ser vulneráveis ou seguras, porosas ou impenetráveis, mas, em qualquer das configurações, oferecem aos povos uma identidade com a qual sintetizam os seus direitos e deveres como cidadãos, e a fidelidade aos mais próximos aos quais confiam a paz cívica.

Aqui está, então, a verdade no nacionalismo como a entendo. Quando fazemos a pergunta a que pertencemos e o que define nossas lealdades e compromissos, não encontramos a resposta na partilha de uma obediência religiosa, ainda menos nos laços tribais e de consanguinidade. Encontramos a resposta nas coisas que compartilhamos com nossos concidadãos e, particularmente, naquelas que servem para sustentar o estado de direito e as formas consensuais de política.

A primeira dessas coisas é o território. Acreditamos habitar um território comum, definido pela lei, e acreditamos que o território é *nosso*, o lugar onde estamos, e onde os nossos filhos, por sua vez, estarão. Mesmo que tenham vindo para cá de algum outro lugar, isso não altera o fato de estarmos comprometidos com esse território e

---

* No plebiscito popular realizado em setembro de 2014, a maioria dos escoceses (55,3% contra 44,7%) decidiu que a Escócia deveria continuar a fazer parte do Reino Unido. (*N. do T.*)

64 COMO SER UM CONSERVADOR

definirmos a nossa identidade — ao menos em parte — em seus termos.

Quase da mesma importância estão a história e os costumes pelos quais esse território foi instituído. Existem rituais e costumes que acontecem aqui e que vinculam conjuntamente os vizinhos em um senso comum de *lar*. Esses rituais e costumes podem incluir cerimônias religiosas, mas não são, em hipótese alguma, essenciais, e estão abertas à reinterpretação quando for necessário incluir algum semelhante que não compartilha de nossa fé. Cada vez mais, no entanto, as histórias e os costumes da pátria são seculares. As histórias podem não ser totalmente verdadeiras; podem incluir vários mitos, como as histórias que os franceses contam a respeito de Joana D'Arc, da Bastilha, da Revolução, ou as histórias que os escoceses contam sobre Robert Bruce e os levantes jacobitas. As histórias são fruto de uma lealdade compartilhada, não a sua criadora. Não acontecem porque são críveis; são críveis porque a lealdade delas necessita. As histórias mudam para acomodar a modificação na primeira pessoa do plural de seu povo. São, como observou Platão, nobres mentiras: falsidades literais a expressar verdades emocionais. Um ser racional não se deixará por elas iludir, mas, ainda assim, as respeitará, da mesma maneira que respeita as convicções religiosas que não compartilha e os heróis de outras nações.

Por essa razão, os mitos nacionais tendem a ser celebrados de três maneiras: narrativas de glória, narrativas de sacrifício e narrativas de libertação, cada qual representado nos livros de história da época. Narrativas vitorianas contam a história da Ilha Abençoada e de sua defesa, da Revolução Gloriosa e da construção do grande império onde o sol nunca se põe. Por trás daquelas narrativas de glória surge uma de sacrifício, que foi o mito nacional que encorajou o povo britânico ao longo de duas guerras mundiais. Nada resume mais vivamente essa transição da glória para o sacrifício do que o filme *Scott of the Antarctic*,* produzido em 1948 para celebrar

---

* No Brasil, o filme dirigido por Charles Frend ganhou o título de *Expedição Antártida*. (*N. do T.*)

A VERDADE NO NACIONALISMO

o espírito manifestado pelo povo britânico diante das privações da Segunda Guerra Mundial. Como sabemos hoje, a expedição de Scott não tinha outro motivo senão a competição entre alunos de uma escola; foi o gesto derradeiro e fútil em que as virtudes do inglês foram submetidas ao teste supremo. Scott e a sua equipe eram a imagem transcendente do "bom perdedor": o jogador que sacrifica tudo com um sorriso na face e que jaz enterrado longe de casa, sem qualquer conquista além da conduta honrada que resultou no seu fim. A vitória na Segunda Guerra Mundial custou ao povo britânico tudo o que tinha. Na morte de Scott, entretanto, estava a prova mística de que perder é ganhar.

O mito de sacrifício, desde então, deu lugar ao mito da emancipação, e os livros de história foram reescritos mais uma vez. Agora, a narrativa da Grã-Bretanha começa com a libertação dos escravos, passa pela emancipação dos trabalhadores até as sufragistas e a emancipação das mulheres, e, finalmente, chega à autonomia de todos na atual sociedade igualitária: esse foi o mito apresentado na cerimônia de abertura dos Jogos Olímpicos de Londres de 2012, organizada por Danny Boyle, e recebido com orgulho pelas multidões. Isso cria um novo currículo para a disciplina de História nas nossas escolas e, apesar de dificilmente conter um pingo de verdade, tem a vantagem única — a exemplo das histórias francesas sobre a Revolução — de poder ser aceita pelas pessoas de esquerda e nos vincular a todos em uma identidade comum.

A narrativa nacional pode mudar, mas o que está subjacente é algo que permanece sempre no lugar: a lei secular. Nós, que fomos educados no mundo de língua inglesa, interiorizamos a ideia de que a lei existe para promover a justiça entre partes individuais, e não para impor um sistema uniforme de ordens. Outros sistemas ocidentais também reforçaram o vínculo dos cidadãos à ordem política — especialmente o Direito Romano e as suas várias derivações (dentre eles, o Código Napoleônico). Era evidente, desde os primórdios do cristianismo, que o Novo Testamento não era uma tentativa de substituir a lei do poder imperial, mas de criar um espaço em seu interior para o desenvolvimento espiritual. Nas parábolas, Cristo enfatizou que a lei secular deveria ser obedecida e que nosso dever para com Deus não exigia que a afrontássemos ou a substituíssemos. Nem deveríamos dar muita atenção aos meticulosos decretos da Torá, uma vez que "o sábado foi feito para o homem, e não o homem para o sábado".*

Para alguém que cresceu dentro da doutrina que legitima que a lei vem de Deus e que a obediência para com Ele está acima de todas as outras, as pretensões da jurisdição secular são consideradas, na melhor das hipóteses, irrelevantes; na pior, uma usurpação. Essa é a mensagem dos escritos de Sayyid Qutb e, em particular, do livro *Os marcos* (*ma'alim fi'l tariq*), de 1964. Nesse livro, Qutb condena a lei secular, a identidade nacional e a tentativa de estabelecer uma ordem política puramente humana sem referência à vontade de Deus revelada: na visão de Qutb, tudo isso é blasfêmia. Entre os seguidores de Qutb estão Osama bin Laden e o seu sucessor Ayman al-Zawahiri, ambos desejosos por instituir a lei de Deus na Península Árabe, a fim de que a lei revelada ao Profeta pudesse reger a pátria do Profeta como uma primeira etapa para governar em qualquer outro lugar. Entretanto, sua base operacional — Al-Qaeda — foi criada no ciberespaço, um ambiente adequado para uma causa que não está, particularmente, em nenhum lugar, mas que, em geral, está em todos os lugares.

O que os movimentos islamitas prometem aos seus adeptos não é cidadania dentro de uma jurisdição territorial, mas *irmandade* — *ikhwan* — sob o reinado de Deus. Apesar de seu objetivo declarado ser o *umma*** islamita em todo o mundo, quando todos os fiéis serão unidos em torno de uma obediência comum, a experiência atual

---

* Marcos, 2:27. (*N. do T.*)

** Palavra que significa a comunidade islâmica formada por todos os povos muçulmanos unidos pela crença em Alá e no profeta Maomé. (*N. do T.*)

A VERDADE NO NACIONALISMO 67

de irmandade é seletiva e exclusiva; nunca se propaga para muito longe sem se expor a uma refutação súbita e violenta. A associação de irmãos não é uma entidade nova, uma corporação, que pode negociar em nome dos membros. Permanece essencialmente plural — sendo *ikhwan* o plural de *akh*, irmão, e utilizado para indicar uma assembleia de pessoas que pensam de maneira similar unidas por um compromisso comum, não por qualquer instituição que possa reivindicar delas a soberania ou representá-las aos olhos do mundo. Irmãos não recebem ordens: agem juntos como uma família, até que briguem e lutem.[3]

As distinções que tenho feito entre a herança política ocidental, baseada na lei secular, na cidadania e no Estado-nação, e a visão islâmica tradicional, ancorada na lei divina, na irmandade e na submissão à fé universal, são, obviamente, apenas uma parte da história. De todas as maneiras pelas quais o mundo islâmico se modificou em novas orientações, e a diferença entre países como o Irã, que segue uma outrora dissidente fé xiita e tem uma longa história de sabedoria religiosa e das Humanidades, e um país como o Iêmen, onde partes da vida em sociedade ainda se assemelham às da época do Profeta, a diferença é tão grande quanto a que existe entre Estados ocidentais. O mundo islâmico, contudo, mantém uma desconfiança em relação às divisões nacionais impostas pelos poderes ocidentais e pelas Nações Unidas. Era inevitável, portanto, que os islâmicos voltassem o seu ressentimento contra o Ocidente, visto como o criador e incutidor de uma ordem política de natureza diversa.

A oposição à ideia de nação, no entanto, não vem somente do exterior. Se verificarmos os órgãos de opinião na Grã-Bretanha e na Europa, e instituições como as universidades, onde a autopercepção

---

[3] Esse ponto se vincula à ausência de personalidade corporativa na lei islâmica. Para verificar as consequências disso, ver: Malise Ruthven, *Islam in the World*. Oxford: Oxford University Press, 1984, 3ª ed., 2006.

das sociedades europeias é externada e desenvolvida, encontraremos em quase toda parte uma cultura de *repúdio*.

Tomemos qualquer aspecto da herança ocidental da qual se orgulhavam os nossos ancestrais e encontraremos cursos universitários dedicados a desconstruí-la. Tomemos qualquer característica positiva de nossa herança cultural e política e encontraremos esforços combinados na mídia e na academia para colocá-la entre aspas e fazê-la parecer uma impostura ou um engodo. Existe um importante setor de opinião política de esquerda que tenta endossar essas críticas e convertê-las em diretrizes políticas.

É a essa "cultura de repúdio", como a chamo, que devemos atribuir os ataques recentes contra o Estado-nação e à ideia de nação. O conservadorismo, no entanto, é uma cultura de afirmação. Diz respeito às coisas que valorizamos e que queremos defender. Qualquer um que compreenda o que está em jogo no conflito global atualmente em curso, creio, verá que a nação é uma das coisas que devemos manter. Nos capítulos seguintes, rogarei às pessoas que identificam os direitos e deveres políticos em termos nacionais e que aprenderam a deixar Deus no lugar que Lhe pertence.

4

A verdade no socialismo

Socialistas acreditam que, em algum sentido profundo, os seres humanos são todos iguais e que, quando obtêm os benefícios concedidos pela adesão como membro da sociedade, essa igualdade deveria mostrar-se na forma como as pessoas são tratadas. Muito do que significa o tratamento igualitário é, obviamente, controverso. Criminosos não são tratados da mesma maneira que os cidadãos cumpridores da lei. Pessoas velhas, frágeis e aleijadas não são tratadas da mesma maneira que pessoas de corpo sadio. O socialismo significa, contudo, para a maioria de seus defensores, um programa político planejado para assegurar a todos os cidadãos *igual* oportunidade de uma vida plena, exista ou não a possibilidade de isso ser realizado. Se as pessoas decidem arruinar suas chances, ou obter alguma vantagem injusta por meio de um crime, devem, então, sofrer as consequências. Mas a maior parte dos socialistas hoje em dia adere a uma doutrina de "justiça social", segundo a qual não se trata de um infortúnio, mas de uma *injustiça* quando pessoas honestas e corretas começam a vida em uma situação desfavorável que não podem superar com seus próprios esforços e que apresenta um obstáculo inalterável que as impedem de receber os benefícios de pertencer à sociedade.

Essa ideia de justiça social pode não ser coerente, mas se dirige aos sentimentos que compartilhamos. Defendi que o processo político, o que herdamos nas democracias ocidentais, depende da cidadania, que, por sua vez, depende de uma primeira pessoa do plural viável. No primeiro capítulo, apresentei argumentos que, para mim, são irrefutáveis para forjar a primeira pessoa do plural em termos nacionais.

Nenhuma primeira pessoa do plural pode surgir em uma sociedade dividida entre si e onde os antagonismos locais e a luta de classes ofuscam toda a compreensão acerca de um destino comum. Assim, os conservadores britânicos do século XIX muitas vezes reconheciam haver uma causa comum com os cartistas,* e o maior pensador conservador da era vitoriana, John Ruskin, endereçou muitos de seus sermões à classe trabalhadora urbana. Disraeli não foi o criador do mote "Uma nação" dos Tories,** mas certamente deixou claro, no prefácio de seu livro *Sybil*, que a causa conservadora estaria perdida caso não atraísse também os novos imigrantes das cidades industriais e se não levasse a sério a situação deles. Um conservadorismo crível deveria sugerir formas de expandir o benefício de pertença social àqueles que não foram bem-sucedidos para obtê-lo por conta própria.

É por cooperar na vida em sociedade que desfrutamos da segurança, da prosperidade e da longevidade a que nos acostumamos e que nos eram desconhecidas, até mesmo para a minoria constituída pelos aristocratas, antes do século XIX. A maneira como as nossas atividades se entrelaçam, ligando o destino de cada um ao dos forasteiros que nunca conheceremos, é tão complexa que nunca nos

---

* O cartismo foi um movimento social inglês iniciado da década de 1830. Lutava pela inclusão política da classe operária. No fim da década de 1860, muitas das reformas propostas pelo movimento já haviam sido incorporadas à lei inglesa, como a regulamentação do trabalho feminino e infantil, a jornada de trabalho de dez horas e a livre associação política. (*N. do T.*)

** Plural de Tory, como são chamados até hoje os conservadores e os membros do Partido Conservador Britânico. Em seu sentido político inicial, os Tories eram qualificados como "entusiastas da monarquia e da tolerância religiosa (ou pelo menos da tolerância religiosa em relação à Dissidência Protestante)", segundo Robin Harris. *The Conservatives — A History*. Londres: Corgi Books, 2011. p. 10. (*N. do T.*)

A VERDADE NO SOCIALISMO

desvencilharemos. A ficção de um contrato social é insuficiente para promover justiça em todas as relações — prometer, amar, coagir, compadecer, auxiliar, cooperar, proibir, empregar, negociar — que vinculam os membros dentro de um todo orgânico. No entanto, o benefício da adesão a uma sociedade é inestimável. Hobbes pode ter se equivocado ao pensar que poderia reduzir a obrigação da sociedade a um contrato; mas estava realmente certo ao considerar que a vida fora da sociedade seria "solitária, pobre, sórdida, embrutecida e curta".* E, quanto mais nos beneficiamos desse arranjo, mais temos de dar em troca. Não é uma obrigação contratual. É uma obrigação de gratidão, mas que, apesar de tudo, existe e deve ser construída, segundo a visão conservadora, como pedra angular da política social.

Essa é, em minha perspectiva, a verdade no socialismo, a verdade da nossa dependência mútua e da necessidade de fazer o que pudermos para expandir os benefícios de pertencer a uma sociedade para aqueles cujos esforços não são suficientes para obtê-los. *Como* isso pode ser feito é uma questão política complicada. A situação atual da Europa, bem mais de um século depois da invenção do Estado de bem-estar social por Bismarck, oferece muitas lições práticas de como os benefícios sociais podem ser ampliados para pessoas inaptas ao trabalho e desempregadas, e como a assistência médica pode ser oferecida como um recurso público, tanto gratuito, conforme a demanda, ou então, como um sistema de compensação de financiamento público para as despesas devidamente incorridas. Todo sistema tem tanto virtudes inerentes quanto desvantagens. Entretanto, todos os sistemas estão sujeitos a duas falhas.

Primeira, os sistemas contribuem para a criação de uma nova categoria de dependentes — pessoas que passam a depender dos

---

* Thomas Hobbes. *Leviatã ou matéria, forma e poder de um Estado eclesiástico e civil*. Coleção: Os Pensadores. São Paulo: Editora Nova Cultural, 1999. p. 109. (*N. do T.*)

pagamentos dos benefícios sociais, talvez ao longo de várias gerações, e perderam todos os incentivos para viver de outra maneira. Com frequência, o sistema de benefícios é concebido de tal forma que qualquer tentativa de escapar dele pelo trabalho levará a uma perda, em vez de um ganho, na renda familiar.[1] E, uma vez que o ciclo de recompensa é instituído, cria expectativas que são transmitidas às famílias daqueles que se beneficiam. Hábitos como a geração de filhos ilegítimos (fora do casamento), a simulação de doença para fugir ao cumprimento de alguma obrigação e a hipocondria são premiados, e essas práticas usuais são passadas de pai para filho, criando uma classe de cidadãos que nunca viveu do próprio esforço e que não conhece ninguém que já o tenha feito. O custo disso não é fundamentalmente econômico: esses comportamentos provocam um impacto direto no sentimento de pertença social e estabelecem um antagonismo entre os que vivem de forma responsável e os demais que não vivem assim, e afastam a minoria dependente da experiência plena da cidadania.[2]

A segunda falha é que o sistema de benefícios sociais, da maneira como foi até então concebido, não possui limites orçamentários. A despesa aumenta constantemente: a assistência médica gratuita, que prolonga a vida da população, resulta em custos cada vez mais elevados nos cuidados com a saúde até o fim da vida, e há também os encargos das pensões que não podem ser pagos com os recursos existentes. Como consequência, os governos estão contraindo cada vez mais empréstimos para o futuro, hipotecando os ativos dos que ainda irão nascer em benefício dos vivos. A sempre crescente dívida pública foi mantida em ordem até agora com base no pressuposto de que os governos não deixariam de pagá-la e que não inadimplirão

---

[1] Alguns exemplos podem ser encontrados nos ensaios de Frank Field em *Welfare Titans, and Other Essays on Welfare Reform*. Londres: Civitas, 2002.

[2] Para uma análise detalhada do exemplo americano, ver Charles Murray. *Losing Ground: American Social Policy, 1950-1980*. Nova York: Basic Books, 1984.

enquanto o nível da dívida se mantiver na atual ordem de grandeza. No entanto, a confiança na dívida governamental tem sido duramente abalada pelos acontecimentos recentes na Grécia e em Portugal, e essa confiança deve desaparecer, assim como o Estado de Bem-Estar Social, pelo menos no seu formato atual.

A verdade no socialismo, portanto, aponta para um problema político maior e crescente. Dois aspectos impedem os governos modernos de enfrentá-lo. O primeiro é que essa questão foi politizada, visto que a verdade, muitas vezes, é perigosa para ser exposta e certamente é difícil de agir segundo seus ditames. O segundo é a questão que reside na própria fronteira dos debates sobre a natureza do Estado. Quando Marx escrevia *O capital* e o *Manifesto comunista*, parecia natural referir-se à divisão de classes em um estilo bélico. Na visão marxista, o proletariado, que não possui nada além da sua força de trabalho, é explorado pela burguesia que, por ser a proprietária dos meios de produção, pode extorquir as horas de "trabalho não remunerado" das quais se apropria como "mais-valia". Para Marx, a relação entre a burguesia e o proletariado era essencialmente antagônica e foi programada para conduzir a uma franca luta de classes quando os "escravos do salário" se levantassem para expropriar os seus patrões. Contudo, essa luta de classes eclodiu somente onde os intelectuais foram capazes de fomentá-la — na Rússia com Lenin e na China com Mao, países que não possuíam uma verdadeira classe trabalhadora urbana.

As guerras do século XX nos colocaram a par da verdade fundamental de que as pessoas lutarão por seu país e se unirão em sua defesa, mas raramente lutarão por sua classe, mesmo quando os intelectuais os incitam. Ao mesmo tempo, as pessoas esperam que o Estado as recompense por lealdade. Por essa razão, logicamente, o Estado de bem-estar social moderno surgiu a partir das guerras do século XX e em resposta a um consenso. Agora que uma reforma é urgentemente necessária, também é imprescindível que para tal exista um consenso equivalente ao que levou à sua criação.

Como revelou o debate em torno do Obamacare, esse consenso está em vigor nos Estados Unidos. Ao contrário das cláusulas do Medicare, definidas mediante negociações entre os dois principais partidos, o Obamacare foi uma iniciativa de um único partido,* não teve a aquiescência da oposição, foi ocultado nas duas mil páginas escritas em jargão legislativo e nunca foi adequadamente explicado nem para a população nem para os membros do Congresso. Não é de surpreender, portanto, que a legislação tenha levado a uma polarização da opinião e a um colapso no processo político com cada um dos lados alegando representar os interesses do povo, sendo que nenhum dos dois estava convencido de que "o povo" inclui aqueles que não votaram.

Do mesmo modo, as tentativas recentes do Partido Conservador Britânico de reformar os sistemas de benefícios sociais, com a intenção de remover a armadilha da pobreza e tornar o sistema viável, têm sido criticadas pela esquerda como um "ataque contra os pobres e vulneráveis". Em todo o mundo, o Estado de Bem-Estar Social está se tornando inviável no modelo atual e o endividamento constante a ser pago no futuro apenas fará com que seu colapso, quando ocorrer, seja ainda mais devastador. No entanto, raramente será o partido do governo a encampar uma reforma radical por temor de correr riscos políticos futuros perante a esquerda, que não vê essa questão como emblemática, mas como uma maneira de convocar os eleitores cativos.

Os debates têm sido distorcidos pela adoção generalizada de uma definição relativa da pobreza. Peter Townsend, no livro *Poverty in the United Kingdom*, publicado em 1979,[3] definiu a pobreza como uma "privação relativa", o que significa uma incapacidade comparativa para gozar dos frutos da riqueza circundante. Concluiu

---

* O Partido Democrata do presidente Barack Hussein Obama. (*N. do T.*)

[3] Peter Townsend. *Poverty in the United Kingdom*. Harmondsworth: Penguin Books, 1979.

A VERDADE NO SOCIALISMO

que 15 milhões de britânicos (um quarto do total) viviam na ou às margens da pobreza. Em um espírito semelhante, o último governo trabalhista* definiu a pobreza como a condição de alguém que recebe menos de 60% da renda média. Uma vez que é inevitável haver pessoas nessa condição, dada a distribuição desigual do vigor, da dedicação e do talento humanos, essa definição sugere que a pobreza nunca desaparecerá, independentemente de quão ricos forem os pobres. Por meio de tal prestidigitação foi possível criticar severamente os governos em nome dos pobres, por mais que as políticas tenham elevado o padrão de vida. A definição relativa também serve para perpetuar a grande ilusão socialista de que o pobre é pobre porque o rico é rico. A conclusão disso é que a pobreza só é remediada pela igualdade, nunca pela riqueza.

Outro grande obstáculo para um pensamento coerente sobre a pobreza é o papel central ocupado pelo Estado nas vidas de seus clientes. Quando o orçamento de uma pessoa é dado pelo Estado, ela votará no político que prometer aumentá-lo. Desse modo, tem sido possível aos partidos de esquerda aumentar a sólida votação em bloco, pagando por tais votos com os impostos daqueles que votam de outra maneira. Esse envolvimento do Estado nas decisões mais básicas de seus dependentes cerceia radicalmente a margem de manobra. Atualmente, na França, solicitam que um número cada vez menor de pagadores de impostos* na classe média mantenha tantas pessoas na dependência do Estado que o índice máximo de tributação teve de ser elevado para 75%, a fim de cumprir o orçamento — e mesmo assim não foi possível, uma vez que os percentuais do imposto nesse patamar têm como consequência a emigração ou a ociosidade voluntária por parte daqueles com capacidade de pagá-lo.

---

* Scruton refere-se ao governo do ex-primeiro-ministro e ex-líder do Partido Trabalhista Gordon Brown, que governou o país de 2007 a 2010. (*N. do T.*)

** Para uma tradução mais adequada da palavra "taxpayer", optei por "pagador de impostos" em vez do eufemismo "contribuinte". (*N. do T.*)

COMO SER UM CONSERVADOR

Referi-me à verdade no socialismo. Essa verdade, contudo, esta repleta de falsidades. Uma dessas fraudes é a doutrina de que o Estado de Bem-Estar Social administra o produto social como um ativo comum, "redistribuindo" a riqueza de modo a garantir que todos recebam a parte a que têm direito. Esse cenário, segundo o qual os frutos do trabalho humano, essencialmente, não têm dono até o Estado distribuí-los, não é meramente a posição padrão do pensamento de esquerda. Foi idealizado dentro da universidade nos departamentos de Filosofia Política de modo a tornar-se praticamente inatacável a partir de qualquer ponto da disciplina. Desse modo, Rawls, resumindo o seu celebrado "princípio da diferença", escreve que "todos os valores sociais — liberdade e oportunidade, rendimento e riqueza, e as bases sociais do respeito próprio — devem ser distribuídos igualmente, salvo se uma distribuição desigual de algum desses valores, ou de todos eles, redunde em benefício de todos".* Faça a si mesmo a pergunta "distribuídos por quem?" e procurará em vão a resposta no livro. O Estado é onipresente, possuidor de tudo e todo-poderoso para organizar e distribuir o produto social, mas jamais é mencionado. A ideia de que a riqueza já vem ao mundo marcada pelo título do direito de propriedade, que só pode ser cancelado em violação aos direitos do indivíduo, não tem espaço na visão de mundo da esquerda progressista.

É precisamente nesse ponto que devemos buscar uma linguagem clara e transparente para descrever o que está em jogo. O Estado socialista não "redistribui" um ativo comum da sociedade. Cria renda sobre os ganhos dos pagadores de impostos e a oferece aos seus clientes privilegiados. Esses clientes garantem os seus rendimentos votando naqueles que os providenciam.[4] Se houver um número

---

* John Rawls. *Uma teoria da justiça*. Lisboa: Editorial Presença, 2001. p. 69. (*N. do T.*)

[4] Ver James M. Buchanan. "Rent-seeking, non-compensated transfer, and laws of succession". *Journal of Law and Economics*, 26 de abril de 1983, p. 71-85.

A VERDADE NO SOCIALISMO

suficiente de votos, os proventos se tornam um bem permanente daqueles afortunados que os reivindicam. Testemunhamos assim, como na Grécia, a criação de uma nova "classe do ócio" que se utiliza do Estado a fim de obter o seu ganho do restante da sociedade. Paralelamente, aumenta o poder do Estado: quando mais da metade de uma população está na folha de pagamento estatal, como na França de hoje, o produto social é, na realidade, expropriado daqueles que o produzem e transferido para os burocratas que os distribuem. E essas burocracias se tornam cada vez menos transparentes e estão menos sujeitas à prestação de contas aos eleitores à medida que o orçamento aumenta.

Tais falhas são muito graves. Porém, parece-me que a verdadeira perversão do socialismo não é poder ser encontrado nas teorias econômicas distorcidas que fascinaram Marx nem nas teorias de justiça social propostas por pensadores como John Rawls. A verdadeira perversão é uma falácia peculiar que vê a vida em sociedade como aquela em que todo sucesso de um é o resultado do fracasso de outrem. Segundo essa falácia, todos os ganhos são pagos pelos perdedores. A sociedade é um jogo de soma zero em que existe um equilíbrio entre os custos e os benefícios, e a razão da vitória do vencedor é a derrota dos perdedores.

Tal falácia do "jogo de soma zero" se tornou uma afirmação clássica na teoria da mais-valia de Marx, que pretendia mostrar que o lucro do capitalista é resultado do confisco da força de trabalho do proletário. Uma vez que todo valor tem origem no trabalho, uma parte do valor que o trabalhador produz é tomado pelo capitalista na forma de lucro (ou "mais-valia"). O próprio trabalhador é compensado por um salário suficiente para "reproduzir a sua força de trabalho", no entanto a "mais-valia" é retida pelo capitalista. Em suma, todos os lucros nas mãos do capitalista são perdas infligidas ao trabalhador — um confisco de "horas de trabalho não remunerado".

Essa teoria, atualmente, não tem muitos defensores. O que quer que pensemos acerca da economia de livre mercado, ao menos ela nos convenceu de que nem todas as transações são jogos de soma zero. Acordos consensuais beneficiam ambas as partes: por que outra razão decidiriam firmá-los? E isso é tão verdadeiro em relação ao contrato salarial como o é em qualquer contrato de venda. Por outro lado, a visão do jogo de soma zero continua a ser um componente poderoso no pensamento socialista e um recurso testado e confiável em todos os desafios oferecidos pela realidade. Para certo tipo de temperamento, a derrota nunca é uma derrota para a realidade, mas sempre uma derrota para outra pessoa, muitas vezes agindo em consonância como membro de uma classe, tribo, conspiração ou clã. Daí a irrespondível e irreplicável lamúria de tantos socialistas, que não conseguem admitir que o pobre se beneficia da riqueza dos ricos. A injustiça, para essas pessoas, é comprovada de modo decisivo pela desigualdade, assim como a mera existência de uma classe rica justifica o plano de redistribuir seus bens entre os "perdedores".

Se uma pessoa me prejudica, tenho queixa contra ela: quero justiça, vingança ou, pelo menos, um pedido de desculpas e uma tentativa de fazer as pazes. Esse tipo de descontentamento se dá entre mim e a pessoa, e, se agirmos corretamente, pode ser a oportunidade para uma aproximação. A maneira de pensar do jogo de soma zero não se dá assim. Não parte do dano, mas do desapontamento. Busca por algum êxito contrastante a que possa atribuir ressentimento. E só funciona quando prova para si mesma que o sucesso do outro foi a causa do próprio fracasso. Os que depositaram as esperanças em algum estado de bem-aventurança futura acabarão, na maioria das vezes, por apresentar queixas transferíveis desse tipo, e as carregam por aí, prontos para atribuí-las a todas as satisfações observadas, e a culpar o bem-sucedido com o intuito de explicar o próprio fracasso, que de outro modo seria inexplicável.

A VERDADE NO SOCIALISMO

Os gregos acreditavam, ao destacar-se acima do nível medíocre permitido pelos deuses invejosos, que o indivíduo adulto provoca a ira divina — essa é a culpa da *hubris*. Ao acreditarem nisso, podiam, livres de culpa, nutrir ressentimento. Poderiam exilar os cidadãos mais destacados ou condená-los à morte acreditando que, ao fazê-lo, estavam apenas cumprindo o julgamento dos deuses. Dessa maneira, o grande general Aristides, que foi um dos maiores responsáveis pela vitória contra os persas em Maratona e Salamina, cognominado "o Justo" pela conduta exemplar e abnegada, foi condenado ao ostracismo e exilado pelos cidadãos de Atenas. Plutarco registrou que um eleitor iletrado, que não sabia quem era Aristides, foi até este e pediu-lhe que escrevesse esse nome no caco de cerâmica para que pudesse votar. Sem identificar-se, Aristides perguntou ao cidadão se aquele Aristides, em quem votaria, o havia ofendido. "Não", foi a resposta, "e eu nem o conheço, mas estou farto de ouvir em todo lugar a respeito do 'Justo'". Após ouvir o cidadão, Aristides, que era justo, escreveu o próprio nome no caco de cerâmica.

Pessoas cautelosas podem não concordar com Nietzsche de que o ressentimento é o ponto de partida das emoções sociais. Reconhecerão, todavia, sua onipresença e propensão a reforçar as esperanças e a inocular a peçonha pelos usos da falácia do jogo de soma zero em próprio proveito. As maneiras de pensar desse jogo parecem surgir espontaneamente nas comunidades modernas onde quer que se façam sentir as consequências da concorrência e da cooperação. A Revolução Russa de outubro não atingiu somente o governo de Alexander Kerensky. Alvejou o bem-sucedido, aquele que teve êxito em se destacar de seus contemporâneos. Em cada área e em cada instituição, os que se destacavam eram identificados, expropriados, assassinados ou exilados, com Lenin supervisionando pessoalmente a remoção daqueles que julgava serem os

80 COMO SER UM CONSERVADOR

melhores.[5] Segundo a falácia do jogo de soma zero, esta era uma forma de melhorar a condição dos demais. São exemplos do mesmo matiz intelectual as vítimas dos *gulagui* de Stalin, os camponeses proprietários, assim como os judeus foram alvos de Hitler porque, aos olhos dos nazistas, seus privilégios e propriedades foram adquiridos à custa da classe trabalhadora alemã. A explosão do sentimento antiburguês na França do pós-guerra, que resultou em livros como *Saint Genet: ator e mártir*, de Sartre, e *O segundo sexo*, de Simone de Beauvoir, seguiu a mesma lógica e foi incorporada pela filosofia dos *soixante-huitards*.

Parece-me que essa falácia do jogo de soma zero está na base da crença generalizada de que igualdade e justiça são ideias equivalentes — crença que parece ser a posição padrão dos socialistas e programada como tal nos cursos universitários de Filosofia Política. Poucas pessoas acreditam que se Jack tem mais dinheiro do que Jill isto é por si só um sinal de injustiça. Mas, se Jack pertence a uma *classe social* com dinheiro e Jill a outra que não o tem, então a forma de pensar do jogo de soma zero entra imediatamente em ação para persuadir as pessoas de que a classe social de Jack se tornou rica à custa daquela a que Jill pertence. Esse é o ímpeto por trás da teoria marxista da mais-valia. Mas também é um dos motivos principais da reforma social em nosso tempo e o que está efetivamente arruinando as verdadeiras reivindicações por justiça e colocando em seu lugar um substituto espúrio. Para certo tipo de mentalidade igualitária, não importa que Jack tenha trabalhado para construir a sua riqueza e que Jill apenas descansava em uma ociosidade voluntária; não importa que Jack tenha talento e energia, ao passo que Jill não tenha nem um nem outro; não importa que Jack mereça o que tem, enquanto Jill nada mereça: a única questão importante é a classe e as desigualdades "sociais" que dela se originam. Conceitos como

---

[5] Para uma explicação de um episódio extraordinário, ver Lesley Chamberlain. *The Philosopher Steamer*. Londres: Atlantic Books, 2006.

A VERDADE NO SOCIALISMO

direito e mérito estão fora de cogitação e a igualdade, sozinha, define o objetivo.

A consequência foi o surgimento na política moderna de uma ideia completamente nova de justiça — que tem pouco ou nada a ver com direito, mérito, recompensa ou retribuição, e que está efetivamente desvinculada das ações e das responsabilidades dos indivíduos. Esse novo conceito de justiça (que alguns afirmariam não ser, de todo modo, um conceito de justiça)[6] orientou a reforma educacional nas sociedades ocidentais, e particularmente na Grã-Bretanha, onde antigos ressentimentos de classe encontraram voz no Parlamento e um alvo fácil nas escolas. E o exemplo merece reflexão, pois ilustra a quase impossibilidade de escapar do raciocínio do jogo de soma zero.

Tive a grande fortuna de entrar para a nossa escola secundária local e, desse modo, construir o meu caminho até a Universidade de Cambridge e uma carreira acadêmica. A minha *grammar school*, como tantas outras, espelhava-se nas escolas públicas, adotando o currículo, o estilo e alguns dos maneirismos. O objetivo era oferecer aos alunos as mesmas oportunidades que teriam caso os pais fossem ricos. E conseguia. Os que eram sortudos o bastante e conseguiam entrar na High Wycombe Royal Grammar School tinham um ensino tão bom quanto qualquer outro disponível, e a prova disso é que a quantidade de alunos que na época foi estudar na Universidade de Cambridge só era menor do que a dos alunos de Eton.

Aqueles que colaboravam para oferecer essa oportunidade para os jovens de origem pobre assim agiam por um sentido de dever. Mas o dever da caridade não é o dever de justiça; se fracassamos ao realizar um dever de justiça, cometemos uma injustiça — em outras palavras, ofendemos alguém. A concepção de justiça é mediada pelos conceitos de direito e mérito: o dever de justiça é explicitamente

---

[6] Sobre esse ponto, ver Patrick Burke. *The Concept of Justice: Is Social Justice Just?* Londres: Continuum, 2011.

direcionado para outras pessoas e leva em consideração os direitos, méritos e justas reivindicações. A concepção de caridade não é tão explicitamente direcionada, e os deveres da caridade têm por característica não possuírem limites. Se ampliarmos a ajuda caritativa a alguém e, assim, exaurirmos os recursos de modo a não ser possível ajudar outra pessoa que tanto precisa, não estaremos agindo errado com essa segunda pessoa. Cumprimos o dever ao oferecer auxílio para aquele que o recebeu. Em certa medida, a perspectiva igualitária na política é proveniente da suspeita em relação à caridade e ao desejo de interpretar todos os deveres como deveres de justiça, que não conseguem estabelecer distinções arbitrárias entre aqueles com pretensões equivalentes quando a única base para a reivindicação é a necessidade. Como será deduzido dos argumentos seguintes, essa concepção restrita do objetivo do dever demonstrou ser fundamentalmente subversiva em relação às instituições civis.

As *grammar schools* surgiram de uma longa tradição de doações para caridade (nossa escola foi fundada em 1542), que era, por fim, integrada ao sistema de ensino estatal. Entretanto, um método que capacita alguns alunos a terem êxito deve fazer com que outros fracassem: assim se mantém a falácia do jogo de soma zero. Esse método, portanto, cria um sistema de ensino de dois níveis em que os bem-sucedidos desfrutam de todas as oportunidades e os fracassados são deixados à margem, "marcados por toda a vida". Noutras palavras, o sucesso de alguns é financiado pelo fracasso de outros. Justiça exige que todas as oportunidades sejam niveladas. Assim nasceu o movimento pelo ensino inclusivo, junto com a hostilidade em relação à transmissão de conhecimento e a desvalorização dos exames, com a finalidade de impedir que o sistema de ensino estatal produza e reproduza "desigualdades".

É fácil assegurar a igualdade na área do ensino: basta remover todas as oportunidades para um aluno ir além e se destacar, para que nenhuma criança jamais tenha êxito em aprender o que quer

A VERDADE NO SOCIALISMO

que seja. Para o observador cínico foi isso o que aconteceu. Não faz parte do meu propósito endossar esse cinismo, muito embora essa posição tenha sido manifestada durante os anos em que Anthony Crosland e Shirley Williams, ministros da Educação de governos trabalhistas, estavam determinados a destruir as *grammar schools*.[7] Queria simplesmente apresentar uma ilustração da falácia do jogo de soma zero em plena atuação. Um sistema que oferecia aos filhos de famílias pobres uma oportunidade de progredir sozinhos pelo talento e pelo esforço foi destruído pela simples razão de dividir os bem-sucedidos e os malsucedidos. Obviamente, é uma tautologia dizer que as provas escolares separam os exitosos dos fracassados, e dificilmente pode se constituir em uma exigência da justiça abolir tal distinção. Contudo, o novo conceito de justiça "social" veio para salvar os igualitaristas e permitiu-lhes mostrar a sua maldade contra os bem-sucedidos como uma espécie de compaixão em relação aos demais.

Uma dose de realismo nos lembra que os seres humanos são diferentes e que uma criança pode fracassar em uma coisa e ser bem-sucedida em outra. Somente um sistema de ensino diversificado, com provas bem planejadas e rigorosas, permitirá às crianças descobrirem a destreza, perícia ou vocação adequadas às suas habilidades. O raciocínio do jogo de soma zero, que vê o sucesso educacional de uma criança como algo conquistado à custa do fracasso de outra, impõe à educação um modelo que lhe é estranho. A criança malsucedida no estudo do Latim pode ser bem-sucedida na música ou na metalurgia; a que fracassa na tentativa de entrar para a universidade pode ter êxito como oficial militar. Todos sabemos disso,

---

[7] Como exemplos de observações cínicas, os "Black Papers" sobre educação escritos por Kingsley Amis e outros, o primeiro dos quais C. B. Cox e A. E. Dyson. *Fight for Education*. Londres: Critical Quarterly Society, 1969. ["Black Paper" é a versão crítica de "White Paper", documento oficial que expõe a política do governo acerca de determinado assunto. (*N. do T.*)]

e isso é tão verdadeiro em relação ao método de ensino quanto aos mercados, que não são jogos de soma zero. No entanto, essa é a forma com que são tratados, sempre que falsas esperanças são envolvidas pela ideia utópica de "educação pela igualdade". O hábito entre políticos e especialistas no ensino é caçar lugares de excelência — Oxford, Cambridge, escolas públicas, *grammar schools*, *choir schools** — e encontrar meios de penalizá-los ou fechá-los. Dessa forma, segundo a falácia, os demais serão beneficiados e nós teremos, afinal, um sistema de ensino que esteja de acordo com as exigências da "justiça social".

Rejeitar o raciocínio do jogo de soma zero e o concomitante conceito de "justiça social" não significa aceitar a desigualdade em sua forma atual. Podemos questionar a ideia de justiça social sem ter que acreditar que todas as desigualdades são justas. Além disso, a desigualdade gera ressentimento, e o ressentimento deve ser superado, caso exista harmonia social. Pessoas ricas podem estar cientes dessa situação e desejosas de fazer algo a esse respeito. Podem doar para a caridade, destinar parte de seus recursos para ajudar outras pessoas e, de forma apropriada, demonstrar compaixão pelos menos afortunados. Em especial, podem criar empresas que gerem empregos e assim permitir que os outros sejam beneficiados ao participar de seu próprio êxito. Isso é o que geralmente acontece nos Estados Unidos e é a razão pela qual, em minha experiência, os norte-americanos, apesar dos desfavorecidos, ficam contentes com a boa fortuna dos demais — acreditando que, de alguma maneira, podem compartilhar dessa prosperidade.

Nos países europeus, no entanto, não é normal que as pessoas fiquem satisfeitas com a boa fortuna das outras. Estamos sempre receosos de mostrar a nossa riqueza, nossa força, nosso sucesso

---

* Tipo de escola preparatória ligada às catedrais, capelas e faculdades para crianças e jovens com habilidades musicais. (*N. do T.*)

A VERDADE NO SOCIALISMO

85

nas coisas mundanas, por medo da agressão que tal exibição possa atrair. Nietzsche atribuiu a culpa profunda de nossa civilização ao *ressentimento* igualmente manifestado na religião cristã, na democracia e nos projetos socialistas de sua época. Max Scheler, ao defender o cristianismo das acusações feitas por Nietzsche, estava mais disposto a atribuir o ressentimento à moralidade burguesa, que mede tudo de acordo com as posses materiais.[8] Socialismo, para Scheler, era tão somente a forma adotada mais recentemente por essa moralidade. E não há dúvida de que o ressentimento desempenhou um importante papel na atitude que hoje prevalece perante a desigualdade. Não vejo outra solução para o ressentimento generalizado que não a postura tradicional norte-americana existente nos Estados Unidos — investir a riqueza e dar ao maior número possível de pessoas uma parte dessa aplicação bem-sucedida, adotando, entretanto, aqueles "estratagemas para conter a inveja" investigados por Helmut Schoeck.[9] Mas as coisas mudaram de tantas formas que ameaçam o antigo modelo norte-americano. Antes e depois da crise financeira de 2008, houve um aumento súbito e crescente na disparidade entre as rendas de quem está no topo e na base da pirâmide social. Isso aconteceu em todo o mundo desenvolvido, e particularmente nos Estados Unidos. Joseph Stiglitz argumentou que o percentual de americanos no topo não só aumentou a sua riqueza, ao passo que aqueles na base da pirâmide se mantiveram economicamente estáticos ou empobreceram, mas o mais importante é que a riqueza dos que estão no topo aumentou à custa daqueles que estão abaixo deles.[10] Se isso fosse verdade, então qualquer política para

---

[8] Max Scheler. *Das Ressentiment im Aufbau der Moralen*. Frankfurt am Main: Vittorio Klostermann GmbH, 2004; e Max Scheler. *Ressentiment*. Milwaukee: Marquette University Press, 2010.

[9] Helmut Schoeck. *Envy: A Theory of Social Behaviour*. Indianápolis: Liberty Fund, 1987.

[10] Joseph Stiglitz. *The Price of Inequality*. Nova York: W. W. Norton, 2012.

minimizar a pobreza deveria ser direcionada ao problema da desigualdade, conseguindo alguma redistribuição de riqueza à custa daqueles que atualmente a possuem. Contudo, não sei se a conclusão de Stiglitz é verdadeira, pois há um uso dissimulado da falácia de soma zero nos argumentos que utiliza. Se uma pessoa rica fica mais rica cada vez que o pobre fica mais pobre, isso não quer dizer que as perdas do pobre são *transferidas* como lucros para o rico. A menos que aqui seja estabelecida uma relação de causalidade, não podemos ter certeza de que uma política projetada para igualar ricos e pobres beneficiaria qualquer um no longo prazo.

Demonstrei que devemos distinguir o cerne da verdade no socialismo da casca de ressentimento que a reveste, e tal verdade nos diz que só podemos gozar os frutos produzidos pela sociedade se também estivermos preparados para dividi-los. Tal como acontece no nacionalismo, o cerne da verdade foi amplificado e tornado heresia, convertendo a verdade em erro e o sentimento natural em necessidade religiosa. Há uma tentação, que os intelectuais de esquerda sentem mais intensamente, de substituir o indivíduo imperfeito pela abstração pura, de reescrever o mundo humano como se este fosse formado por forças, movimentos, classes e ideias, todas se movendo em uma estratosfera de necessidade histórica a partir da qual as realidades desordenadas foram excluídas. Orwell percebeu isso no mundo criado pelos intelectuais — o mundo sonhado e imposto pelo Partido Comunista e obtido no "Ingsoc" de *1984*. Como um chamado para corrigir a ordem existente, o socialismo deveria atrair a todos. No entanto, como uma tentativa de modificar a natureza humana e nos recrutar na busca do milênio, foi uma fantasia perigosa, uma tentativa de realizar o Céu na Terra que inevitavelmente levaria ao Inferno. Hoje podemos ver isso claramente, visto que o mundo ocidental emerge da Guerra Fria e do pesadelo comunista. Mas a "tentação totalitária", como a denominou Jean-François Revel, ainda está lá — a tentação de remodelar a sociedade para que

A VERDADE NO SOCIALISMO

a igualdade seja imposta de cima para baixo pelo benigno Estado socialista, cujas boas intenções nunca podem ser questionadas, pois ninguém sabe como seria caso fossem realizadas.[11]

---

[11] Jean-François Revel. *La Tentation Totalitaire*. Paris: Robert Laffont, 1976.

5

A verdade no capitalismo

O termo "capitalismo" entrou nas línguas europeias pelos escritos do filósofo utópico francês Saint-Simon. Foi apropriado por Marx para indicar a propriedade privada institucionalizada dos "meios de produção". Marx comparou o capitalismo com outros "sistemas" econômicos — particularmente com a escravidão, o feudalismo e o socialismo — e previu que, assim como o capitalismo havia arruinado o feudalismo em uma revolução violenta, o capitalismo seria destruído pelo socialismo. No devido tempo, este "definharia" para dar lugar ao "comunismo pleno", que se encontra no fim da história. A teoria é espantosa, as previsões são falsas e o legado é abominável. Contudo, seus termos modificaram a linguagem do debate político no século XIX e, agora, estamos presos a eles. A palavra "capitalismo" ainda é utilizada para descrever qualquer economia baseada na propriedade privada e nas trocas voluntárias. E o termo "socialismo" ainda é usado para indicar as várias tentativas de limitar, controlar ou substituir algum aspecto do capitalismo assim compreendido. Por essa razão, em todas as suas manifestações, capitalismo, assim como socialismo, é uma questão de gradação.

É importante estar ciente dos termos que foram herdados de defuntas teorias. Podem ter uma aura de autoridade, mas também distorcem as percepções e oprimem a consciência com aquele tipo de "novilíngua" satirizado de maneira brilhante por George Orwell em *1984*. O propósito de Orwell ao escrever o livro era mostrar que o jargão desumanizador do marxismo também produz um mundo desumano no qual as pessoas se tornam abstrações e a verdade é um mero instrumento nas mãos do poder. E esse objetivo nunca deve ser esquecido pelos conservadores, que precisam escapar das teorias do século XIX que procuravam tornar as posições por eles defendidas não apenas obsoletas, mas, de alguma maneira, inexpressivas. Precisamos contemplar o mundo com um novo olhar usando a linguagem natural das relações humanas.

Dito isso, seria tolo e ingênuo supor que os ataques direcionados contra algo chamado "capitalismo" carecem de fundamento ou que não precisam de uma resposta. Para elaborar tal resposta, devemos começar a partir da *verdade* no capitalismo, a verdade que é tradicionalmente negada pelo socialismo. E essa verdade é simples, isto é, que a propriedade privada e as trocas voluntárias são características necessárias de qualquer economia de grande escala — qualquer economia em que as pessoas dependam das atividades de desconhecidos para a sobrevivência e prosperidade. Somente quando as pessoas têm direitos de propriedade e podem trocar livremente o que possuem por aquilo de que precisam é que essa sociedade de desconhecidos pode alcançar uma coordenação econômica. Em seu âmago, os socialistas não aceitam isso. Veem a sociedade como um mecanismo de distribuição de recursos para aqueles que os exigem, como se todos os recursos existissem antes das atividades que os criaram e como se houvesse uma maneira de determinar exatamente quem tem direito a que, sem relação com a longa história de cooperação econômica.

O ponto essencial foi levantado pelos economistas da Escola Austríaca — notavelmente por Ludwig von Mises e Friedrich Hayek — no decurso do "debate sobre o cálculo econômico" em torno das propostas iniciais de uma economia socialista cujos preços e produção seriam controlados pelo Estado. A resposta austríaca a essas propostas repousa sobre três ideias cruciais. A primeira, a atividade econômica depende do conhecimento dos desejos, necessidades e recursos das pessoas. A segunda, esse conhecimento está disperso na sociedade e não é propriedade de nenhum indivíduo. A terceira, nas trocas voluntárias de bens e serviços, o mecanismo de preços garante o acesso a esse conhecimento — não como uma declaração teórica, mas como um indício para a ação. Os preços em uma economia livre oferecem a solução para as inúmeras equações simultâneas que projetam a demanda individual diante da oferta disponível.

Quando produção e distribuição são determinadas por uma autoridade central, porém, os preços não mais oferecem um indicador da escassez de recursos nem a dimensão da demanda por eles. A parte crucial do conhecimento econômico que existe em uma economia livre como fato social foi destruída. A economia é arruinada, com filas, excesso e escassez no lugar da ordem espontânea da distribuição, ou é substituída por um mercado negro onde as coisas são trocadas pelo seu preço real — o preço que as pessoas têm condições de pagar.[1] Esse resultado foi abundantemente confirmado pela experiência das economias socialistas; porém, o argumento apresentado para sustentá-lo não é empírico, mas *a priori*. É baseado em concepções filosóficas mais amplas relativas à informação produzida e dispersa na sociedade.

O detalhe importante no argumento é que o preço de uma *commodity* só transmite informação econômica confiável se a economia for livre. Somente em condições de trocas voluntárias é que os orçamentos dos consumidores individuais contribuem para o processo epistemológico, como poderíamos chamá-lo, que gerou na forma de preço a solução coletiva para o problema econômico comum — saber o que produzir e o que trocar pelo que for produzido.

---

[1] O argumento que apresento aqui resumido é explicado em detalhes por Ludwig von Mises no livro *Socialism: An Economic and Sociological Analysis*. Londres: Jonathan Cape, 1936 (publicado pela primeira vez em 1922 com o título *Die Gemeinwirtschaft: Untersuchungen über den Sozialismus*), e nos ensaios de F. A. Hayek no livro *Individualism and Economic Order*. Londres e Chicago: University of Chicago Press, 1948, principalmente nos três ensaios sobre o "Cálculo econômico socialista".

Todas as tentativas de intervir nesse processo, seja pelo controle da oferta ou do preço de um produto, levarão a uma perda do conhecimento econômico. Esse conhecimento, pois, não está contido em um plano, mas somente na atividade econômica dos agentes livres à medida que produzem, comercializam e trocam bens de acordo com as leis da oferta e da procura. A economia planificada, que oferece uma distribuição racional, e não uma distribuição "aleatória" como a existente no mercado, destrói a informação da qual depende o funcionamento adequado de uma economia. Como consequência, arruína a própria base de conhecimento. Este é o exemplo supremo de um projeto supostamente racional, embora não o seja em hipótese nenhuma, uma vez que depende do conhecimento que só está disponível nas condições que ele mesmo destrói.

Um corolário desse argumento é que o conhecimento econômico, do tipo contido nos preços e existente no sistema, é criado pela atividade livre dos inúmeros escolhedores racionais e não pode ser explicado por um conjunto de proposições ou suprido como premissas em algum mecanismo de resolução de problemas. Como os austríacos foram os primeiros a perceber, a atividade econômica apresenta uma lógica peculiar de ação coletiva à medida que a resposta de uma pessoa altera a base de informações da outra. Dessa constatação surgiu a ciência da teoria dos jogos desenvolvida por John von Neumann e Oskar Morgenstern como o primeiro passo para explicar os mercados, mas seguida hoje como um ramo da Matemática com aplicações (e deturpações) em todas as áreas da vida política e social.[2]

A teoria epistemológica do mercado de Hayek não afirma que o mercado é a única forma de ordem espontânea nem que o livre mercado é *suficiente* para gerar coordenação econômica ou estabilidade social. A teoria só defende que o mecanismo de preços produz

---

[2] John von Neumann e Oskar Morgenstern. *The Theory of Games and Economic Behavior*. Princeton: Princeton University Press, 1944.

A VERDADE NO CAPITALISMO

e retém o conhecimento *necessário* para a coordenação econômica. A coordenação pode ser prejudicada por ciclos econômicos, falhas de mercado e externalidades, mas, seja como for, é dependente de outras formas de ordem espontânea para sobreviver no longo prazo. John O'Neill, ao defender um socialismo mitigado contra a defesa do livre mercado feita por Hayek, argumentou que o mecanismo de preços não transmite toda informação necessária à coordenação econômica e que, em todo o caso, a informação é insuficiente.[3] Há boas razões conservadoras para concordar com as afirmações de O'Neill, mas são aquelas que o próprio Hayek aceita. O mercado é mantido por outras formas de ordem espontânea, sendo que nem todas devem ser entendidas como esquemas epistemológicos, mas algumas delas — como a tradição moral e legal — criam o tipo de solidariedade que será corroída, caso os mercados sejam deixados por conta própria.

Está implícito no pensamento de Hayek que as trocas voluntárias e os costumes duradouros devem ser justificados exatamente nos mesmos termos. Ambos são produtos indispensáveis do conhecimento socialmente necessário, um funcionando de forma sincronizada e outro de maneira diacrônica, a fim de conduzir a experiência de muitos e indefinidos outros com o objetivo de arcar com a decisão tomada por mim, aqui e agora. Hayek dá ênfase ao livre mercado como parte de uma ampla ordem espontânea fundamentada nas trocas voluntárias de bens, ideias e lucros — o "jogo da cataláxia" como ele o chama.[4] Mas esse jogo já é jogado ao longo do tempo e, para adaptar um pensamento de Burke, dele também fazem parte como jogadores os mortos e os que estão por nascer, fazendo-se presentes não por intermédio dos mercados, mas das tradições, das instituições e das leis.

---

[3] John O'Neill. *Market: Ethics, Knowledge and Politics*. Londres: Routledge, 1998. p. 134 e seguintes.

[4] F. A. Hayek. *Direito, legislação e liberdade: a miragem da justiça social*. Vol. II. São Paulo: Editora Visão, 1985. p. 139-144.

COMO SER UM CONSERVADOR

Aqueles que acreditam que a ordem social deveria estabelecer restrições ao mercado estão, portanto, certos. Entretanto, em uma verdadeira ordem espontânea, os limites já existem na forma de costumes, leis e moral. Se aquelas boas coisas decaem, então não existe uma maneira, segundo Hayek, de a legislação substituí-las. Elas surgem espontaneamente ou não, e a imposição de ordens legais para preservar a "boa sociedade" pode ameaçar o que resta de sabedoria acumulada que torna essa sociedade possível. Em vez de restringir a nossa atividade aos canais exigidos pela justiça — que é a tarefa do *common law* —, a legislação social impõe um conjunto de objetivos. Isso converte a lei em um instrumento de engenharia social e permite que o pensamento utilitário se sobreponha aos clamores do direito natural. Em situações emergenciais ou em condições de evidente desequilíbrio, a legislação pode ser a única arma que temos. Devemos, entretanto, sempre lembrar que a legislação não cria uma ordem legal, mas a pressupõe, e, no caso dos países de origem anglo-saxônica, a ordem legal surgiu por uma mão invisível a partir da tentativa de fazer justiça em conflitos individuais.

Em outras palavras, a ordem legal emergiu espontaneamente, mas não por meio de um plano racional a exemplo da ordem econômica. Não devemos nos surpreender, portanto, com a tendência dos pensadores conservadores britânicos — especialmente, Hume, Smith, Burke e Oakeshott — a não ver uma tensão entre a defesa do livre mercado e a visão tradicionalista da ordem social. Depositam confiança nos limites espontâneos dados ao mercado pelo consenso moral da comunidade e veem tanto o mercado quanto as restrições como a ação da mesma mão invisível. Talvez esse consenso moral esteja hoje degradado. No entanto, a degradação é, em parte, o resultado da interferência estatal, e, por certo, é improvável ser por ela solucionada.

É nesse aspecto, porém, que os conservadores podem querer introduzir uma nota de advertência. Embora Hayek possa estar correto ao acreditar que o livre mercado e a moralidade tradicional

A VERDADE NO CAPITALISMO   95

são formas de ordem espontânea justificadas epistemologicamente, disso não se depreende que ambas não conflitarão. Os socialistas não estão sozinhos em apontar os efeitos corrosivos dos mercados sobre as formas de vida comunitária ou em enfatizar a distinção entre coisas que têm valor e coisas que têm preço. De fato, muitas das tradições que os conservadores mais prezam podem ser entendidas (do ponto de vista da "racionalidade evolucionária" de Hayek) como esquemas para resgatar a vida humana do mercado. A moralidade sexual tradicional, por exemplo, que persiste na santidade da pessoa humana, no caráter sacramental do casamento e na pecaminosidade do sexo fora do voto de amor, é — da perspectiva hayekiana — uma forma de separar o sexo do mercado, de negar-lhe o estatuto de mercadoria e de protegê-lo contra as trocas. Essa prática tem uma função social evidente; mas é uma função que deve ser preenchida somente se a pessoa vê o sexo como uma esfera de valores intrínsecos e as proibições sexuais como normas absolutas. Em todas as sociedades, a religião, ao emergir espontaneamente, está vinculada a essas ideias de ordens inegociáveis. Para expor a questão de modo sucinto: é sagrado o que não tem preço. E a preocupação com o inestimável e com o inegociável é exatamente o que define a visão conservadora da sociedade tal como a descrevi no capítulo 2.

Isso quer dizer que o "jogo da cataláxia" não oferece uma explicação completa sobre a política nem resolve a questão de como e em que medida o Estado pode optar por interferir no mercado com a finalidade de conceder uma vantagem para alguma outra forma de ordem espontânea potencialmente incompatível, ou com o objetivo de corrigir os efeitos colaterais negativos a que está sujeita toda a cooperação humana. Essa questão define o ponto em que se tocam o conservadorismo e o socialismo e também a natureza do conflito entre ambos. A verdade no capitalismo — segundo a qual a propriedade privada sob uma regra de troca voluntária é a única maneira de gerir a cooperação econômica em uma sociedade de pessoas que não se conhecem — não responde aos críticos do capitalismo, cujo alvo não é o livre mercado, mas as distorções que emergem dentro dele e que geram ressentimento e desconfiança entre os "perdedores".

A mais importante lição a ser extraída, tanto da defesa original do livre mercado feita por Adam Smith quanto do funcionamento benéfico da "mão invisível" e da apologia de Hayek a respeito da ordem espontânea como veículo da informação econômica, é que o livre mercado é uma economia regida por seres livres. E seres livres são seres responsáveis. Transações econômicas em um regime de propriedade privada não só têm por base a distinção do que é meu daquilo que é seu, mas também do que é meu e diz respeito ao outro. Sem responsabilidade e prestação de contas ninguém é confiável, e sem confiança as virtudes que são atribuídas a uma economia livre não surgiriam. Toda transação no mercado leva tempo, e no período entre o início e a conclusão só a confiança, e não o direito de propriedade, mantém as coisas no devido lugar.

Isso, talvez, seja óbvio. É um pouco menos óbvio que seres dignos de confiança apareçam somente em certas circunstâncias e que tal confiança possa ser tão facilmente desgastada, assim como pode ser preservada, por uma economia livre. Nenhuma economia de mercado pode funcionar adequadamente sem o apoio de sanções morais e legais, criadas para manter os agentes individuais fiéis aos acordos comerciais e restituir o custo do mau comportamento para quem o causa. As economias modernas, todavia, desenvolveram formas de evitar os custos ou de transferi-los para aquilo que efetivamente elimina as sanções do comportamento desonesto ou manipulador. As economias consideradas por Adam Smith e seus sucessores do século XIX eram economias nas quais os ativos pertencentes às partes eram itens de propriedade verdadeira, sobre os quais o proprietário assumia plena responsabilidade, e estavam sob os cuidados de quem os possuía. A casa, o cavalo ou o palheiro, por exemplo, eram preservados pelo vendedor, que era o responsável pela condição na qual o objeto do negócio era posteriormente

A VERDADE NO CAPITALISMO 97

entregue ao comprador. No entanto, com o crescimento dos mercados financeiros modernos, surgem facilmente todos os tipos de coisas que carecem de realidade palpável na vida dos que com elas têm de lidar e que são rapidamente comercializadas muito antes de qualquer responsabilidade por suas condições. Vimos isso nos Estados Unidos com a crise do *subprime*, em que os bancos negociaram dívidas que nem eles, nem mais ninguém, poderiam garantir; vimos isso no mercado de fundos *hedge*, no qual os gestores negociaram com base em apostas realizadas por outros em atividades que não são controladas por nenhuma das partes da transação. E esse comércio no "plano fictício" é frequentemente conduzido por entidades espectrais que não existem em nenhum lugar em particular e desaparecem dos locais onde podem ser responsabilizadas tão logo uma investigação ou uma demanda tributária pareça provável, para depois reaparecerem em algum horizonte distante, reivindicando imunidade de todas as acusações que possam ser formuladas.

Essa negociação com espectros provoca fortes reações. Certamente, deve ser desonesta; ou, se não for desonesta, é extremamente injusta, uma forma de tributar a economia sem com ela contribuir, e uma maneira tanto de criar quanto de explorar o desequilíbrio, bem como de extrair lucros vultosos enquanto outros são obrigados a ter custos equivalentes.

Essa crítica é justa? É outro aspecto da falácia do jogo de soma zero que rejeitei nos capítulos anteriores? É, talvez, a forma mais recente da antiquíssima condenação da "usura", que vê o lucro, o seguro e os mercados futuros como formas de tributar o trabalho de pessoas honestas sem contribuir com o que foi produzido? É difícil dizer, uma vez que grande parte da economia moderna parece depender de instrumentos financeiros complexos implantados de uma maneira pela qual há pouco ou nenhum precedente. É natural, como reação, ser compreensivo com as atuais tentativas do "sistema bancário islâmico", no qual a condenação do lucro, do seguro e de outras formas de negociar no "plano fictício" feita pelo profeta é construída com base em modos de poupar e investir. O sistema resultante, contudo, demonstra ser intrincadamente dependente de ficções jurídicas (*hiyal*) que fazem ressurgir novamente todo o problema ao tornar o plano fictício a matéria de discussão basilar dos contratos financeiros.[5] Parece-me que não há alternativa além de enfrentar as consequências e aceitar que os novos instrumentos financeiros são uma extensão natural dos princípios de mercado em áreas que ainda não foram totalmente exploradas. Dizer que o uso desses instrumentos será sempre desonesto é nos privar da distinção bastante real que devemos fazer entre aqueles que negociam com franqueza e honestidade com esses ativos fictícios daqueles cuja intenção é explorar e enganar.

Conservadores acreditam na propriedade privada porque respeitam a autonomia do indivíduo. É justo dizer, no entanto, que muitos conservadores falharam ao não levar a sério os numerosos abusos aos quais a propriedade está sujeita. Economistas libertários têm enfatizado corretamente o papel do mercado na disseminação da liberdade e da prosperidade, e mostraram claramente que o contrato salarial não é, como supôs Marx, um jogo de soma zero no qual uma parte ganha o que a outra perde, mas um arranjo de benefício mútuo. Mas o mercado só é o mecanismo benigno que Hayek e outros descreveram quando é restringido por um estado de direito imparcial e apenas quando todos os participantes assumem os custos de suas ações assim como tiram proveito dos benefícios.

Infelizmente, aquela visão idealizada do mercado está cada vez mais longe da verdade. Certamente, no âmbito local, os negócios privados têm todas as características benéficas e de liberdade intensa que os libertários enfatizam. Mas tão logo ampliamos a área para considerar as atividades das grandes corporações, a imagem muda de figura. Em vez de competição benigna para conquistar

---

[5] Ver Nabil Saleh. *Unlawful Gain and Legitimate Profit in Islamic Law: Riba, Gharar, and Islamic Banking*. Cambridge: Cambridge University Press, 1986.

A VERDADE NO CAPITALISMO

uma fatia do mercado, descobrimos uma competição maligna para externalizar os custos. A empresa que pode transferir seus custos para terceiros tem uma vantagem sobre aquela que é obrigada a assumi-los por conta própria, e, se os custos podem ser transferidos de forma tão ampla a ponto de ser impossível identificar uma vítima, também podem ser efetivamente liquidados.

Considere as garrafas como um simples exemplo. Elas costumam ser comparativamente caras de se produzir e quando eu era criança os fabricantes de bebidas engarrafadas cobravam dois *pence* por unidade. Esse valor seria restituído quando a garrafa fosse devolvida na loja para ser reutilizada pelo fabricante. Na época, dois *pence* eram muito dinheiro — quase a metade do preço da bebida. Ninguém jogava as garrafas no lixo e todas eram recicladas. Em nenhum lugar na margem ou ao longo das linhas ferroviárias você jamais veria o brilho de um vidro rejeitado. Nosso mundo era margeado por grama, não por vidro; a grama cercava as estradas, descia pelos bancos das estacas da ferrovia, e nunca era danificada, exceto pelas pegadas.

Agora que as garrafas de vidro e de plástico podem ser produzidas de forma muito barata, um fabricante constata que custa menos abandoná-las à sua própria sorte do que recuperá-las. Essa prática tem enormes consequências ambientais e sociais. Mas elas não são produzidas pelo fabricante e distribuídas tão abundantemente a ponto de impedir que um grupo em particular seja apontado como vítima. Ainda estamos vivendo os primeiros anos de embalagens não biodegradáveis. Entretanto, muitas partes daquela que uma vez foi a bela zona rural da Inglaterra já estão cheias de garrafas, xícaras e embalagens de sanduíches feitas de plástico que entopem os córregos e as valas, bloqueiam o escoamento, agravam as inundações, representam uma ameaça às fazendas e aos animais e plantas selvagens, e eliminam um ícone nacional com consequências incalculáveis sobre o sentido de comunidade.

Por que os defensores do mercado não erguem as suas vozes contra a prática de externalizar os custos dessa maneira? Afinal, repassá-los sem se responsabilizar por eles não é apenas impô-los sobre os outros; é destruir o processo de recompensa e penalidade por meio do qual o mercado realiza o seu potencial como um mecanismo de autorregulação. A facilidade com que grandes produtores conseguem transferir seus custos é um abuso flagrante pelo qual o mercado — por outro lado, um dos valores fundamentais do conservadorismo — condena a si mesmo.

Quando Disraeli viu pela primeira vez a propriedade privada como parte integrante da causa conservadora, a ser defendida com todo o vigor possível contra os socialistas, ele adicionou uma importante qualificação que chamava de "princípio feudal", segundo o qual o *direito* de propriedade também é um *dever*. Aquele que desfruta da propriedade também é por ela responsável, particularmente perante aqueles sobre os quais a propriedade, pelo contrário, impõe um ônus. Tem responsabilidades em relação aos menos afortunados, aos que estão por nascer e à herança da qual todos nós temos uma participação. A preocupação de Disraeli era quanto à situação da nova classe trabalhadora urbana, e os problemas ambientais não estavam no topo de sua agenda política. Mas, atualmente, são prioridade em todas as agendas políticas e não há nenhuma possibilidade de que a defesa da propriedade feita pelos conservadores vá conquistar convertidos entre os jovens sem a tentativa de mostrar que não é o controle estatal, mas a propriedade privada que salvará o planeta do estrago produzido pelo homem. Por isso, voltarei a esse problema no capítulo 8.

Ramos inteiros da economia moderna se desenvolveram a partir da prática de transferência de custos. O exemplo mais notável é o supermercado. Uma grande parte dos custos decorrentes da centralização em larga escala da distribuição de alimentos nas cadeias de supermercado são financiadas pelo pagador de impostos. As redes de transporte construídas com dinheiro público e leis de

A VERDADE NO CAPITALISMO   101

zoneamento que favorecem centros comerciais e grandes atacadistas dão aos supermercados uma vantagem insuperável em relação aos seus concorrentes que atuam nas ruas comerciais. Ao mesmo tempo, há enormes custos ambientais e estéticos com essa extensa rede de distribuição. Esses custos menos tangíveis também são financiados pela população, que terá uma responsabilidade de longo prazo para lidar com a expansão cada vez maior e com as consequências da dependência energética. Àqueles encargos devemos adicionar o custo da embalagem, que representa 25% em peso dos produtos que passam pelo caixa do supermercado. A maioria dessas embalagens não é biodegradável e existe para estimular as economias de escala que permitem aos supermercados arruinar os mercadinhos, que são os únicos e verdadeiros concorrentes.

Nessa e em outras formas infindáveis os supermercados são bem-sucedidos na externalização do custo real do seu sucesso — do êxito ao eliminar as lojas locais, ao forçar as pessoas a dirigirem até o centro comercial para comprar mantimentos, ao distribuir comida barata em cada canto do país sem o transtorno de ter de negociar com os produtores locais ou pagar pelo custo real de sua produção. História semelhante se passa na maioria das redes de lojas na Europa e nos Estados Unidos. Pode-se dizer que o mesmo acontece na indústria de material de construção, nas empresas de refrigerantes e doces, nos fabricantes e distribuidores de ferramentas e equipamentos. Em suma, o capitalismo global é, em certos aspectos, menos um exercício em uma economia de livre mercado, em que o custo é aceito por causa de um benefício, do que um tipo de banditismo em que os custos são transferidos para as futuras gerações em troca de uma remuneração no presente momento. Como restauramos o "princípio feudal" em uma economia que se move tão rapidamente nessa direção? Este deve ser um item importante e preocupante de uma agenda conservadora. Mas trata-se de algo quase inabordável nos debates políticos tanto nos Estados Unidos quanto na Europa. Até os socialistas se abstêm de apresentar qualquer crítica acerca da *verdadeira* prática predatória corporativa, que é destruir as futuras gerações, e com a qual também estamos colaborando. A exemplo das elites do Novo Trabalhismo e do Partido Social Democrata alemão, eles vivem da mesma maneira que os CEOs com quem regularmente se associam, transferindo os custos de suas políticas para os governos vindouros, assim como as corporações transferem os custos do próprio sucesso econômico para os que ainda estão por nascer.

A grande esperança, creio, é o surgimento de uma nova forma de conservadorismo, que, a exemplo daquele promovido por Disraeli, estaria preocupado em defender a propriedade privada contra os que dela abusam e assegurar a liberdade da geração presente sem transferir o custo para a próxima geração. Possivelmente, esse conservadorismo não poderia dedicar mais do que duas saudações — e talvez menos — à economia global, à Organização Mundial do Comércio (OMC) ou a um novo tipo de capitalismo sem lei exemplificado pela China. E apresentaria aos povos das democracias Ocidentais um modelo de negócio responsável em que pequenas iniciativas, a contabilidade responsável e os laços locais estejam no lugar que merecem — um lugar sem o qual o mercado não retornará ao ponto de equilíbrio, mas seguirá adiante desordenadamente rumo à catástrofe ambiental.

Voltarei a tratar do problema das externalidades no capítulo 8. Há, contudo, outra questão que os conservadores precisam enfrentar. O apelo do marxismo não mais reside na teoria da exploração, na promessa de revolução ou na crítica à burguesia. Reside na análise do "fetichismo da mercadoria" que se encontra no volume 1 de *O Capital*, uma avaliação que é predecessora da crítica contínua dos mercados e que ultimamente provém das diatribes do Velho Testamento contra a idolatria. A acusação é de que o mercado extirpa o desejo humano, põe à venda até mesmo aquelas coisas que não deveriam ser trocadas exceto como presentes, atribui um preço a tudo e nos conduz a um mundo de ilusões transitórias e de falsas representações, um mundo "estetizado", que nos escraviza por meio de nossos próprios anseios manufaturados.[6]

A crítica foi formulada de muitas maneiras e em muitas tonalidades, mas sempre concentrada na distinção entre desejos verdadeiros, que conduzem à realização daquele que os satisfaz, e desejos falsos, que são "tentações" que levam à ruptura, alienação e fragmentação do eu. Essa diferenciação está no cerne da religião e é o tema de muita arte séria. É algo que deve ser reconhecido, especialmente agora que vivemos em uma época de abundância. Valores materiais, idolatria e indulgência nos prazeres sensoriais estão corroendo constantemente a nossa consciência de que realmente existem bens que não podem ser colocados à venda, uma vez que fazê-lo é destruí-los — bens como o amor, o sexo, a beleza e a comunidade. Esses bens não são completamente compreendidos até que os recebamos, nem conseguimos quantificá-los ou inseri-los em alguma equação de custo-benefício.[7] Emergem por meio de nossas associações e existem para ser compartilhados. Por isso, no penúltimo capítulo, voltarei a tratar desses bens apenas para mostrar por que não têm espaço na vida do *homo oeconomicus*.

Apesar de todo o bom senso existente no cerne do argumento, porém, parece-me que devemos hesitar antes de aceitar que a distinção entre desejos verdadeiros e falsos, que pertence à vida moral e que todos os pais têm o dever de ensinar aos filhos, está ameaçada por uma economia de mercado. Mercados colocam coisas à venda

---

[6] Para a última versão dessa crítica interminável, ver Gilles Lipovetsky e Jean Serroy. *L'esthétisation du monde: vivre à l'âge du capitalisme artiste.* Paris: Gallimard, 2013. Versões anteriores da crítica foram formuladas por Thorstein Veblen, Theodor Adorno, Herbert Marcuse, Vance Packard, J. K. Galbraith, Naomi Kleine e outras centenas mais.

[7] É desnecessário dizer que há economistas insensatos que nos mostram como precificar essas coisas que são incalculáveis. Para um exemplo particularmente insensato, ver: Richard Posner. *Sex and Reason.* Cambridge: Harvard University Press, 1992. Para uma crítica geral, ver: Philip Roscoe. *I Spend Therefore I am.* Londres: Viking, 2014.

— isso é verdade. Entretanto, a decisão de proteger as coisas que não devem ser vendidas é nossa, a ser cumprida pela lei quando não for por concordância. Dado que não há alternativa à economia de mercado, a única questão é como ocultar as coisas que não devem ser vendidas. Essa não é somente uma questão política. Diz respeito à educação, ao costume, à cultura e ao funcionamento da sociedade civil, bem como às decisões de uma legislatura.

Não conseguimos escapar da "mercantilização" da vida que a prosperidade nos trouxe naturalmente. Podemos, no entanto, lutar para discipliná-la pelo bom gosto, pelo amor à beleza e pelo senso de decoro. Essas boas coisas não nos chegam por intermédio da política: certamente não por uma política do tipo progressista ou socialista. É fútil procurar por um remédio para os males que só podemos enfrentar se conseguirmos tirar proveito da coesão social que, por sua vez, depende dos mercados. Olhando em retrospecto para o nacionalismo e para o socialismo, como os descrevi nos capítulos anteriores, devemos reconhecer que suas piores manifestações emergiram quando os adeptos os procuraram para que pudessem oferecer algo equivalente a uma fé religiosa — uma submissão absoluta que eliminasse todas as dúvidas, que exigisse um sacrifício pleno e oferecesse em troca uma redenção. O que os marxistas dos últimos dias estão buscando é algo como uma alternativa ao reino das mercadorias. Pois qual é, afinal, o remédio contra o fetichismo senão a "religião verdadeira" que coloca a transcendência incognoscível no lugar do ídolo perceptível?

É nesse ponto que devemos reconhecer o grande valor do liberalismo que, desde o seu nascimento no Iluminismo, tem se esforçado para nos incutir uma distinção radical entre ordem religiosa e ordem política, e a necessidade de erigir a arte de governar sem fiar-se na lei de Deus.

6

A verdade no liberalismo

A palavra "liberal" mudou muitas vezes de significado. É atualmente utilizada nos Estados Unidos para designar aqueles que seriam descritos como "de esquerda" em termos europeus — pessoas que acreditam que o Estado deve usar seus poderes e recursos para igualar os destinos dos cidadãos, e que aceitam um maior papel do Estado na economia e na regulação da vida comum, mais do que seria naturalmente endossado pelos conservadores. Entretanto, esse uso do termo "liberal" é, de fato, contrário ao uso feito durante o século XIX quando os partidos liberais começaram a difundir a mensagem de que a ordem política existe para garantir a liberdade individual e que a autoridade e a coerção só podem ser justificadas se exigidas pela liberdade. Neste capítulo, quero explicar em detalhes a verdade no liberalismo, concebido dessa forma, como a filosofia que pressupõe a liberdade do indivíduo como uma das finalidades, talvez a principal delas, do governo, e que ao buscar esse propósito diferencia a política das formas religiosas de ordem social.

A forma religiosa de ordem social nos é apresentada na Bíblia hebraica e no Alcorão: é uma ordem em que as leis são baseadas em prescrições divinas e as funções terrenas são ocupadas por delegação da divindade. Olhadas de fora, as religiões são definidas pelas comunidades que as adotam e a sua função é uni-las, protegê-las contra distúrbios externos e garantir o progresso da reprodução. Uma religião é fundada na piedade, que é o hábito de se submeter às ordens divinas. Esse hábito, uma vez criado, justifica todos os juramentos e promessas, atribui santidade ao casamento e apoia os sacrifícios necessários tanto na paz quanto na guerra. Por essa razão, comunidades com uma religião comum têm uma vantagem na luta pela terra, e todos os territórios povoados de nosso planeta são lugares onde alguma religião dominante, em algum momento, demarcou e defendeu seus direitos. Essa é a história narrada no Velho Testamento.

A ordem política, ao contrário, é aquela em que a comunidade é governada por leis feitas pelos homens e por decisões humanas sem alusão às ordens divinas. Religião é uma condição estática; política, um processo dinâmico. Ao passo que religiões exigem submissão inconteste, o processo político oferece participação, discussão e elaboração de leis fundadas na concordância. Assim tem sido na tradição ocidental, e, em grande parte graças ao liberalismo, essa tradição foi mantida diante da constante tentação a que assistimos hoje em dia entre os islâmicos, na forma mais vociferante, de renunciar à árdua tarefa de solução conciliatória e refugiar-se em um regime de ordens inquestionáveis.

A contenda entre religião e política não é, em si, moderna. Sabemos disso não somente pela Bíblia, mas pela tragédia grega. A ação da *Antígona* de Sófocles depende do conflito entre a ordem política, representada e confirmada por Creonte, e o dever religioso, na pessoa de Antígona. A primeira é pública e envolve toda a comunidade; a segunda, privada e refere-se apenas a Antígona. A partir daí a divergência não consegue ser resolvida. O interesse público não tem influência na decisão de Antígona de enterrar o seu falecido irmão, uma vez que o dever que lhe foi imposto pelo comando divino talvez não pudesse ser uma razão para Creonte pôr o Estado em risco.

Um conflito similar anuncia a *Oréstia* de Ésquilo, em que a sucessão de assassinatos religiosos, começando pelo ritual de sacrifício da filha de Agamênon, conduz finalmente à terrível perseguição

A VERDADE NO LIBERALISMO

de Orestes pelas Fúrias. Os deuses exigem os assassinatos; os deuses também as punem. A religião une a casa de Atreu, mas os dilemas permanecem insolúveis. A solução só vem, afinal, quando o julgamento é entregue à cidade, personificada em Atena. Na ordem política, somos levados a compreender que a justiça substitui a vingança e as soluções negociadas revogam os comandos absolutos. A mensagem da *Oréstia* ressoa ao longo dos séculos da civilização ocidental: é pela via da política, não da religião, que a paz é assegurada. Minha é a vingança, disse o Senhor;* mas minha é a justiça, diz a cidade.

Os autores gregos de tragédias as escreveram no início da civilização ocidental. O mundo deles, no entanto, é seguido pelo nosso. Sua lei é a lei da cidade onde as decisões políticas são tomadas por meio da discussão, da participação e da divergência. Foi no contexto da Cidade-estado grega que começou a filosofia política, e as grandes questões de justiça, autoridade e da constituição foram discutidas por Platão e Aristóteles em termos que estão vigentes hoje. O liberalismo surgiu a partir de uma reflexão de vários séculos sobre o que é imprescindível e se as pessoas devem ser governadas por consentimento, assim como se devem se submeter de bom grado às leis elaboradas por outros seres humanos e não às leis criadas por Deus.

Uma sociedade governada por consentimento não necessariamente provém de um contrato social real ou implícito. É uma sociedade em que as relações entre os cidadãos, e entre os cidadãos e aqueles alçados a uma posição de autoridade, são consensuais, no modo de conduzir as cortesias do dia a dia, dos jogos de futebol, dos eventos teatrais ou das refeições em família. Como Adam Smith deixou claro, uma ordem pode surgir de relações consensuais. Surge, entretanto, "por uma mão invisível" e não como uma regra imposta por outrem. No capítulo anterior, mencionei a defesa do *common*

---

* Romanos, 12:19. (*N. do T.*)

108 COMO SER UM CONSERVADOR

law feita por Hayek, exposta no livro *Direito, legislação e liberdade*, no qual argumenta que a lei também surge a partir das transações voluntárias não por imposição, mas porque está *implícita nas relações*. O *common law* sintetiza o que seres razoáveis já aceitam, explicitamente ou não, quando se envolvem em transações voluntárias. O princípio da responsabilidade civil, segundo o qual o agente deve compensar a vítima; o princípio do contrato, para o qual aquele que o viola deve compensar o outro pela perda; o princípio da igualdade, segundo o qual aquele que busca a igualdade deve realizá-la — todos esses princípios são admitidos no próprio fato do acordo voluntário. O *common law* surge a partir da aplicação em casos particulares, conduzindo a soluções e regras por meio das quais nós, seres livres e responsáveis, podemos negociar nossa posição em um mundo de pessoas desconhecidas.

Uma ordem consensual é aquela em que as decisões das quais dependem as nossas relações com os outros são estabelecidas com liberdade, à exceção das situações críticas. As decisões são livres quando cada um de nós decide o próprio caminho durante a vida pela negociação, dando as cartas de acordo com o melhor juízo e sem coerção de terceiros. O liberalismo tradicional é a visão segundo a qual essa sociedade só é possível caso os membros individuais tenham soberania sobre as próprias vidas — o que significa ser livre tanto para dar quanto para recusar o consentimento em relação a quaisquer relações que possam vir a ser propostas. A soberania individual só existe onde o Estado garante os direitos, tais como o direito à vida, à integridade física e à propriedade, protegendo, desse modo, os cidadãos de violação e coação de terceiros, incluindo da violação e da coação praticadas pelo Estado.

Na discussão de tais questões, é comum haver uma distinção entre o súdito e o cidadão. Ambos estão sujeitos a uma obrigação de obediência perante a lei e o Estado que faz com que ela seja cumprida. Entretanto, uma vez que a obediência dos súditos é ilimitada e exigida pelo Estado sem oferecer condições em contrapartida, a

A VERDADE NO LIBERALISMO

obediência dos cidadãos é condicional com relação à soberania. Cidadania é a condição das pessoas que vivem em uma sociedade consensual de indivíduos soberanos. É uma conquista preciosa da civilização ocidental que não se observa em todos os lugares no mundo de hoje, e é em grande parte incompreendida pelos islâmicos, que imaginam uma forma de obediência perfeita e inquestionável a uma lei estabelecida por Deus sobre a parte dos súditos que renunciou para sempre a própria liberdade de discordar d'Ele.

Uma democracia moderna é, necessariamente, uma sociedade de desconhecidos. E uma democracia bem-sucedida é aquela em que os desconhecidos estão, de modo claro, incluídos na rede de obrigações. Cidadania inclui a disposição de reconhecer e de agir segundo as obrigações para com os que não conhecemos. Isso permite aos desconhecidos permanecerem lado a lado contra a autoridade e reivindicar direitos comuns. E, por isso, oferece proteção contra a opressão e repercute as vozes dissidentes. Sem esse recurso não há saída para a oposição, a não ser via conspiração para subverter o poder dominante. Tais reflexões já estão contidas, de modo incipiente, no mandado do *habeas corpus*.

As democracias ocidentais não criaram a virtude da cidadania; ao contrário, desenvolveram-se a partir desse conceito. Nada é mais evidente em *O federalista** do que o espírito público que a coloca em jogo, oposta às facções, aos grupos de conspiradores e às intrigas privadas. Como observou Madison, eleições democráticas não são suficientes para derrotar as facções ou para incutir nos corações daqueles que são eleitos um verdadeiro sentido de responsabilidade política para justificar as próprias ações. Somente em uma república — um sistema de cargos públicos representativos ocupados por

---

* Coletânea de 85 textos em defesa da ratificação da Constituição dos Estados Unidos escritos por Alexander Hamilton, James Madison e John Jay e publicados em jornais americanos entre os anos de 1787 e 1788. (*N. do T.*)

cidadãos aos quais é imputada responsabilidade perante aqueles que os elegeram — o verdadeiro patriotismo inspirará o funcionamento do poder.[1] A Constituição dos Estados Unidos foi em grande parte bem-sucedida porque aqueles que a legaram procuraram fundar uma república em que a obrigação para com os desconhecidos encontraria a materialização concreta nas instituições da União: uma república onde as facções só teriam poder social e não poder político. A democracia foi adotada como um meio para se atingir esse objetivo; mas é um meio perigoso e depende da manutenção do espírito público dos cidadãos para não degenerar em um campo de batalha por interesses especiais.

É característico dos tempos em que vivemos identificar a virtude da cidadania com o espírito democrático, incentivando dessa maneira a crença de que o bom cidadão é simplesmente a pessoa que coloca em votação todas as questões. Pelo contrário, o bom cidadão é aquele que sabe quando o voto é a *forma equivocada* de decidir uma questão bem como quando o voto é a forma correta. Sabe que as obrigações para com os desconhecidos podem ser violadas quando a opinião majoritária decide sozinha o seu destino. Isso é parte do que Alexis de Tocqueville e John Stuart Mill tinham em mente quando nos alertaram sobre a tirania da maioria.[2] A ordem política nos permite transcender a regra da maioria. E o grande presente do liberalismo político para a civilização ocidental foi a elaboração de condições em que a proteção é oferecida ao dissidente, e há a substituição da unidade religiosa pela discussão racional entre os antagonistas.

---

[1] Ver James Madison. "The Federalist, nº 10". In: George W. Carey e James McClellan (eds.). *The Federalist*. Dubuque: Kendall/Hunt, 1990. p. 46-49.

[2] Alexis de Tocqueville. *A democracia na América. Livro 1: Leis e costumes*. São Paulo: Martins Fontes, 2000; Alexis de Tocqueville. *A democracia na América. Livro 2: Sentimentos e opiniões*. São Paulo: Martins Fontes, 2000; John Stuart Mill. *Considerações sobre o governo representativo*. São Paulo: Ibrasa, 1995.

A VERDADE NO LIBERALISMO

Nas democracias ocidentais os governos estão cientes de que muitas pessoas não votam neles, talvez até a maioria, e que, por isso, devem ser razoáveis para com as pessoas com as quais discordam. Naturalmente, há aspectos da vida humana em que a solução conciliatória é suspeita ou proibida. Em uma batalha, não transigimos com o inimigo. Na religião, não transigimos com o demônio. Mas é precisamente quando a religião se intromete na política que o processo político está em maior risco. Eis a razão pela qual, na história moderna do Egito, os sucessivos presidentes tentaram manter a Irmandade Muçulmana longe do poder. A Irmandade acredita que a lei e a política não significam solução conciliatória, mas obediência à vontade imutável de Deus.

No século XVII, a Grã-Bretanha foi dilacerada pela guerra civil, e no âmago daquela guerra estava a religião — o desejo puritano de impor uma norma religiosa sobre o povo da Grã-Bretanha, independentemente de esse povo querer ou não, e a inclinação da dinastia dos Stuart em relação à fé da Igreja Católica que se tornou profundamente antipática para a maioria e um instrumento para interferência externa indesejada. Em uma guerra civil, ambas as partes se comportam muito mal justamente porque o espírito de conciliação fugiu de cena. A solução não é impor de cima para baixo um novo pacote de decretos, mas restabelecer a legitimidade da oposição e da política de solução conciliatória. Isso foi reconhecido na Revolução Gloriosa de 1688, quando o Parlamento foi restabelecido como a instituição legislativa suprema e os direitos do povo contra o poder soberano (incluindo o direito consagrado no *habeas corpus*) foram ratificados no ano seguinte com a Declaração de Direitos. Concebido dessa forma, um direito é um escudo colocado ao redor do indivíduo, e é refletindo sobre esse conceito que compreenderemos não só o que é verdadeiro no liberalismo, mas também o longo alcance das desordens e falsidades que se infiltraram sob essa égide na política.

A ideia de que existem direitos "naturais" e "humanos" surgiu a partir de duas correntes de opinião distintas. Havia uma crença

112   COMO SER UM CONSERVADOR

antiga em um código universal — a lei natural — que se aplicava a todas as pessoas, em qualquer lugar, e que fornecia um padrão com o qual qualquer sistema jurídico em particular poderia ser comparado. E havia o pressuposto do *common law* de que a lei existe, em parte, para proteger o indivíduo do poder arbitrário. Combinando essas duas ideias, Locke defendeu um sistema de direitos naturais. Esses direitos garantiriam que o indivíduo fosse soberano sobre a sua própria vida e capaz de estabelecer relações por acordo e de se dissociar por mútuo consentimento. Sobre tal entendimento, incorporado na Declaração de Direitos de 1689, os direitos humanos devem ser entendidos como *liberdades* — liberdade* que respeitamos ao deixar as pessoas em paz. A doutrina dos direitos humanos está aqui contida para estabelecer limites ao governo e não pode ser usada para autorizar qualquer aumento no poder do governo que não for exigido para a incumbência fundamental de proteger a liberdade individual.

O texto original da Convenção Europeia de Direitos Humanos também sugere isso, e explica em detalhes as implicações desses direitos — à vida, à liberdade e à busca da felicidade — defendidos na Declaração de Independência dos Estados Unidos. A tradição de pensamento constitucional anglo-americano deveria ser entendida dessa forma, ou seja, enfrentando o problema de como limitar o poder do governo sem perder os benefícios. Essa tradição nos deu as cláusulas pétreas da jurisprudência liberal: a doutrina da separação de poderes, a teoria da independência do poder judiciário e a ideia processual de justiça segundo a qual todos os cidadãos são iguais perante a lei e o juiz deve ser imparcial.

---

* Scruton usa as duas formas em inglês para designar liberdade: *liberty* e *freedom*. *Liberty* significa a condição de ser livre de limitações (legais ou não), intervenções ou controle do governo. *Freedom* significa ser livre de algo, especialmente de uma determinada autoridade, e evidencia a autonomia do indivíduo. (*N. do T.*)

A VERDADE NO LIBERALISMO

É nesse ponto, porém, que a verdade no liberalismo se transforma de maneira quase imperceptível em falsidade. A busca pela liberdade anda de mãos dadas com a busca por emancipação vista como compensação. As liberdades negativas oferecidas pelas teorias tradicionais de direito natural, como a de Locke, não equilibram as desigualdades de poder com a oportunidade nas sociedades humanas. A partir disso, os igualitaristas começaram a inserir mais direitos positivos na lista de liberdades negativas, complementando os direitos de liberdade especificados nas diversas convenções internacionais com direitos que não exigem apenas a não intromissão em relação a terceiros, mas que lhes impõem um dever positivo. Nisso estão aproveitando outra fonte da ideia de direitos humanos — a fonte da "lei natural", que exige que todo código legal se adeque a um padrão universal.

Isso é evidente na Declaração Universal dos Direitos Humanos da Organização das Nações Unidas (ONU), que inicia com uma lista dos direitos de liberdade e, de repente, começa a fazer reivindicações radicais ao Estado — reivindicações que só podem ser atendidas pela ação positiva do governo. Eis o que diz o artigo 22:

> Todo ser humano, como membro da sociedade, tem direito à segurança social, à realização pelo esforço nacional, pela cooperação internacional e de acordo com a organização e recursos de cada Estado, dos direitos econômicos, sociais e culturais indispensáveis à sua dignidade e ao livre desenvolvimento da sua personalidade.*

Há uma ponderação de filosofia política por trás desse artigo. Está contido nesse direito um elenco não mencionado de outros direitos chamados de "econômicos, sociais e culturais", considerados indispensáveis, não para a liberdade, mas para a "dignidade" e para o

---

* O documento está disponível em português no site da ONU: <http://www.dudh.org.br/wp-content/uploads/2014/12/dudh.pdf>. (*N. do T.*)

114   COMO SER UM CONSERVADOR

"livre desenvolvimento da personalidade". O que quer que isso signifique na prática, está bastante claro que é provavelmente para incluir uma ampliação considerável do campo dos direitos humanos para além das liberdades fundamentais reconhecidas na Declaração americana. Essas liberdades fundamentais são, indiscutivelmente, necessárias para qualquer espécie de governo por consentimento; não se poder dizer o mesmo das reivindicações expostas no artigo 22 da Declaração da ONU.

A Declaração prossegue nesse espírito, evocando o direito ao trabalho, ao lazer, a um padrão de vida suficiente para garantir a saúde e outros benefícios, que são, na realidade, reivindicações ao Estado em vez da defesa das liberdades contra as tentativas de violá-las.

Não digo que esses benefícios *não* sejam direitos: mas, mesmo que fossem, não se justificam da mesma forma que os direitos de liberdade concedidos anteriormente na Declaração. Além disso, abrem o precedente para a "inflação de direitos" que temos testemunhado nas décadas recentes e para uma interpretação dos direitos humanos que é pródiga em gerar conflitos. Isso acontece quando o "direito a uma vida familiar" estabelecido pela Convenção Europeia dos Direitos Humanos permite a um criminoso, que também é um imigrante ilegal, escapar da deportação;[3] quando o direito a um estilo de vida tradicional de alguém de uma comunidade étnica, definido pelo Tribunal Europeu de Direitos Humanos, é utilizado para montar um estacionamento de trailers, contrariando a lei de planejamento urbano e destruindo o valor das propriedades do entorno;* quando o Tribunal de British Columbia descobre um "direito a não

---

[3] *Mail Online*, 6 de dezembro de 2013. Disponível em: <http://www.dailymail.co.uk/news/article-2519621/Vicious-rapist-deport--right-family-life.html>. Acessado em 1º de fevereiro de 2014.

* Philip Johnston. "Settled travellers should live by our rules". *Telegraph*, 31 de agosto de 2010. Disponível em: <http://www.telegraph.co.uk/comment/columnists/philipjohnston/7972484/Settled-travellers-should-live-by-our--rules.html>. (*N. do T.*)

A VERDADE NO LIBERALISMO

ser ofendido", que teria sido violado pela reação de um comediante de *stand-up* a um casal lésbico que se beijava e se acariciava ostensivamente na primeira fila da apresentação;[4] quando banqueiros reivindicam seus bônus escandalosos como um "direito humano";[5] quando o poder judiciário é sobrecarregado com esses e com casos similares, chegando a um volume de sete por dia na Grã-Bretanha e a um custo de dois bilhões de libras por ano para o pagador de impostos. Temos o direito de perguntar se o conceito de um direito humano está, afinal de contas, solidamente fundamentado e se há algum argumento confiável que nos permitirá distinguir o verdadeiro do falso entre os muitos litigantes.

O primeiro ponto a ser observado é que, como exposto por Ronald Dworkin, "direitos são trunfos".[6] Isto é, em um tribunal de justiça, se a pessoa consegue mostrar que o seu interesse na questão também está protegido como um direito, então ela ganha o processo de qualquer um cujos interesses, embora importantes, não estão protegidos dessa forma. (Direitos oferecem "razões excludentes", segundo a forma plausível de apresentá-los de Joseph Raz.)[7]

O segundo ponto importante é que, diferentemente das soluções oriundas do legislativo, as provenientes do judiciário não são soluções conciliatórias: não são tentativas de conciliar os muitos interesses envolvidos em um conflito, e o judiciário não se vê como agente formulador de uma política para o bom governo de uma comunidade — isso é uma incumbência do legislativo, não da justiça.

---

[4] *National Review Online*, 21 de abril de 2011. Disponível em: <http://www.nationalreview.com/corner/265353/human-right-not-be-offended-mark--steyn>. Acessado em 1º de fevereiro de 2014.

[5] *Financial Times*, 7 de outubro de 2013. Disponível em: <http://www.ft.com/intl/cms/s/0/83b6af68-2f67-11e3-ae87-00144feab7de.html#axzz3Y4EP3HNO>.

[6] Ronald Dworkin. "Levando os direitos a sério". In: *Levando os direitos a sério*. São Paulo: Martins Fontes, 2007.

[7] Joseph Raz. *The Authority of Law*. Oxford: Oxford University Press, 1979.

Uma instância do poder judiciário vê a si mesma como solucionadora de divergências em favor de uma das partes. Em circunstâncias normais, uma disputa entre direitos é um jogo de soma zero em que uma parte ganha tudo e a outra perde. Não há prêmio de consolação. Além disso, a jurisprudência assegura que a decisão judicial abrirá uma brecha em qualquer legislação destinada a resolver problemas de espécies que lhe são anteriores. Eis um dos perigos inerentes à legislação de "direitos humanos" — ou seja, que a norma jurídica coloca nas mãos do cidadão comum uma ferramenta com que até mesmo a componente mais vital de política pública pode ser revogada em favor do indivíduo, independentemente do interesse comum e do bem comum. Desse modo, os terroristas na Grã-Bretanha têm conseguido impedir as tentativas de deportação alegando que esse ou aquele "direito humano" seria violado se isso fosse feito. Sem um critério que nos permita distinguir os genuínos direitos humanos daqueles dissimulados, nunca estaremos certos de que as nossas disposições legais, apesar de sábias, benevolentes e responsáveis, nos protegerão do desejo individual de desrespeitá-las.

O terceiro ponto importante é que os direitos humanos instituídos em várias partes da legislação e em diversas decisões judiciais não têm, obviamente, a mesma reputação filosófica, moral ou política. Uma doutrina de direitos humanos só faz jus ao nome caso os direitos por ela definidos possam ser estabelecidos *a priori*, ou seja, como direitos justificados pelo raciocínio filosófico, e não pelo funcionamento de um sistema legal específico. A tentativa de fazê-lo, no caso dos direitos humanos fundamentais, foi elaborada por vários escritores — Robert Nozick, a partir de premissas kantianas; John Finnis, a partir de premissas tomistas; e assim por diante.* Penso que todos podemos perceber o poder da ideia de que

---

* Robert Nozick. *Anarquia, Estado e utopia*. São Paulo: Martins Fontes, 2011; John Finnis. *Lei natural e direitos naturais*. São Leopoldo: Unisinos, 2007. (*N. do T.*)

A VERDADE NO LIBERALISMO

há certas coisas que não podem ser feitas contra os seres humanos — determinadas coisas básicas, dentre elas a própria vida, que não podem ser arrancadas a menos que, de alguma maneira, eles as *percam por negligência*. Vida, integridade física e a liberdade fundamental para buscar objetivos sem ser incomodado (e compatíveis com uma liberdade similar à desfrutada por terceiros) são candidatas plausíveis. Podemos observar como o direito a elas está no cerne da cooperação política: visto que sem alguma garantia, ao menos neste aspecto, de as pessoas estarem protegidas de uma violação, não poderia realmente existir um sistema legal que gozasse da anuência voluntária dos que lhe estivessem sujeitos.[8]

Além disso, podemos entender, em parte, as liberdades fundamentais como direitos por compreendermos o dever recíproco de respeitá-las. Meu direito à vida envolve o seu dever de não me matar: e os deveres de não violação e de não inflição de sofrimento são naturalmente acolhidos pela moralidade e facilmente impostos pela lei. Contudo, uma vez que saímos dessa área estritamente limitada de liberdades fundamentais, entramos em um território muito mais incerto e conflituoso. O caso em que foi permitida a instalação de um estacionamento de trailers destruindo os encantos de uma aldeia povoada dependia da cláusula de "não discriminação" — uma provisão que sai do âmbito das liberdades fundamentais e entra no da justiça.[9] E a coisa impressionante é que essa prescrição, destinada a impedir um grupo de cidadãos de desfrutar arbitrariamente de privilégios negados a outro grupo, foi utilizada justamente para conceder a uma minoria privilégios que são legalmente negados para a maioria — neste caso, a minoria composta por aqueles que

---

[8] Essa ideia é habilmente desenvolvida por Immanuel Kant em sua versão do Contrato Social. Ver o capítulo 7 do meu livro *Kant: A Very Short Introduction*. Oxford: Oxford University Press, 2007.

[9] Detalhes podem ser obtidos no *Daily Mail Online* de 8 de outubro de 2008. Acessado em 1º de fevereiro de 2014.

118   COMO SER UM CONSERVADOR

poderiam alegar ser "viajantes", aparentemente habilitados por serem considerados um "grupo étnico".[10] Consequências paradoxais semelhantes surgiram nos Estados Unidos a partir da defesa da "discriminação positiva", uma política pública com o objetivo de conceder a membros de um grupo alguma vez desfavorecido privilégios legais criados para corrigir a sua situação.

O propósito original por trás da invocação dos direitos naturais do liberalismo era a proteção do indivíduo do poder arbitrário. A pessoa mantinha os próprios direitos como indivíduo, segundo John Locke e seus seguidores, independentemente do grupo ou da classe a que pertencesse. Esses direitos obrigam todas as outras pessoas a tratá-lo como um ser livre, soberano sobre a própria vida e como alguém que possui pretensão igual à dos demais. No entanto, as novas ideias sobre direitos humanos admitem conceder a um grupo direitos que negam a outro grupo: a pessoa tem direitos como membro de algum grupo étnico minoritário ou de uma classe social que não podem ser reivindicados por todos os cidadãos. Agora o indivíduo pode ser beneficiado ou rejeitado em virtude da classe, da raça, do posto ou da ocupação, e isso em nome de valores liberais. Por essa razão, os direitos que formam a substância das declarações internacionais refletem uma mudança profunda na filosofia liberal. A retórica dos direitos deslocou-se das liberdades para as reivindicações, e da igualdade de tratamento para a igualdade de resultados.

Um direito à liberdade impõe um dever geral sobre todos para que seja cumprido; mas pode não surgir de uma relação específica e pode não fazer determinadas exigências a qualquer indivíduo. É um direito que pode ser usurpado por terceiros; mas que é respeitado caso nada façam, e o dever de observá-lo não é nem oneroso nem uma responsabilidade de qualquer pessoa em particular. Esse

---

[10] Lei das Relações Raciais de 1976 (disponível em: http://www.legislation. gov.uk/ukpga/1976/74) e Lei dos Direitos Humanos de 1998 (disponível em: http://www.legislation.gov.uk/ukpga/1998/42/contents), ambas britânicas.

A VERDADE NO LIBERALISMO   119

é o meu direito de livre deslocamento de um lugar para o outro, o meu direito à vida, à integridade física e à propriedade, e os demais direitos tradicionalmente reconhecidos que derivam da lei natural. A pessoa os respeita ao não violá-los e o dever de respeitá-los recai de forma clara e inequívoca sobre todos.

Esse não é o caso das pretensões, especialmente quando estão voltadas a benefícios genéricos como saúde, educação, determinado padrão de vida e assim por diante. Há, de fato, reivindicações elementares de moralidade que impõem um dever individual sobre todos nós. É razoável argumentar que o homem violentamente atacado por ladrões na célebre parábola de Cristo tivesse uma pretensão — um direito moral — em relação àqueles que o assaltaram, algo que só o Bom Samaritano estava preparado para resolver. Entretanto, tais casos de moralidade básica impõem exigências sobre cada um de nós e não podem ser solucionados pelo Estado em nosso nome. Quanto às pretensões mais específicas propostas pelas pessoas — de auxílio, de partilha de bens, de compensação —, isso exige uma *história*, uma explicação sobre a relação especial entre o reclamante e aquele contra quem surge a reclamação, e que se justificará impondo a sua reclamação como um dever. Na ausência de tal história, especificando quem é legalmente obrigado a solucioná-las, as reinvindicações universais indicam inevitavelmente o Estado como o único provedor possível. E a pretensão a direitos extensos e vagos exige uma grande expansão do poder estatal, em uma renúncia em favor do Estado de todos os tipos de responsabilidades que, anteriormente, eram atribuídas aos indivíduos, além da centralização da vida social na máquina governamental. Noutras palavras, tal reivindicação de direitos empurra-nos, inevitavelmente, numa direção que, para muitos, não só é desastrosa em termos econômicos, mas inaceitável em termos morais. É uma direção diametralmente oposta àquela introduzida na origem da ideia de direitos humanos — direção que acarreta o aumento, e não a limitação, do poder do Estado.

COMO SER UM CONSERVADOR

Há um motivo mais profundo para a inquietação quanto à extensão do conceito de direito natural dentro do domínio das pretensões a direitos. Em um estudo competente, o jurista americano Wesley Newcomb Hohfeld argumentou que a concepção de um direito pertence à família dos conceitos — obrigação, imunidade, dever, permissão, poder e assim por diante —, que são como conceitos modais, tais como possibilidade, necessidade e probabilidade para identificar operações interdependentes de pensamento racional.[11] A concepção de um direito pertence à "esfera dos termos jurídicos", que são intricadamente interdefiníveis e que, entre eles, especificam uma operação sistemática do intelecto racional. Existe, como prefiro tratar, um "cálculo dos direitos e deveres" que os seres racionais usam para resolver os conflitos e chegar a um acordo acerca dos problemas de interesse comum ou conflitantes. A praticabilidade desse cálculo é uma das coisas que nos diferenciam dos animais inferiores e estaria disponível, mesmo que não tentássemos apoiá-lo com um sistema legal comum. A concepção de justiça faz parte desse cálculo: injustiça ao negar direitos ou méritos, justiça ao "dar a cada um o que é seu", como enunciado no Direito Romano (seguindo a formulação de Aristóteles).

Por que os seres humanos usam esses termos jurídicos? O que ganham com isso e por que foram consolidados em tantas e diferentes partes do mundo, assim como recepcionados como algo inteiramente natural? A resposta é que essa discussão de direitos tem a função de fazer com que as pessoas reivindiquem um espaço de soberania pessoal em que a própria escolha seja lei. Se tenho o direito de sentar em um determinado cômodo, então não podem me expulsar sem cometer uma injustiça. Ao instituir esses direitos, definimos

---

[11] W. N. Hohfeld. *Fundamental Legal Conceptions as Applied in Judicial Reasoning and Other Legal Essays*. New Haven: Yale University Press, 1946. O artigo que deu origem ao livro foi publicado no *Yale Law Journal* em 1917.

A VERDADE NO LIBERALISMO

pontos fixos, os ambientes de segurança, a partir dos quais as pessoas podem negociar e estabelecer acordos. Sem esses pontos fixos é improvável que ocorram negociação e livre entendimento, e, se ocorrerem, é improvável que as consequências sejam estáveis. Se não tenho direitos, então o acordo não apresenta garantias de que será cumprido; meu campo de ação é passível de constante invasão por terceiros, e não há nada que eu possa fazer para definir a situação a partir da qual a negociação os obrigue a reconhecê-lo.

Direitos, portanto, nos permitem instituir uma sociedade cujas relações consensuais são a norma, e assim o fazem ao definir para cada um de nós o espaço de soberania do qual as demais pessoas são excluídas. Isso explica a perspectiva de Dworkin, no livro *Levando os direitos a sério*, de que os "direitos são trunfos". Um direito é como um muro que define o meu território soberano: ao reivindicá-lo, estabeleço um veto absoluto sobre aquilo que o outro pode fazer. Isso também explica a conexão direta entre direito e dever: a incondicionalidade do direito é equivalente ao dever de respeitá-lo. E esclarece a natureza do jogo de soma zero das contendas judiciais quando direitos são invocados para serem dirimidos.

Se analisarmos os direitos dessa maneira, como instrumentos que salvaguardam a soberania, e assim tornam as negociações livres entre parceiros soberanos no elemento de união da sociedade, então percebemos imediatamente por que os direitos à liberdade têm o melhor título à universalidade e por que os pretensos direitos — desvinculados da lei moral e de qualquer história específica de responsabilidade e concordância — representam uma ameaça à ordem consensual. Uma reivindicação contra outra reivindicação, se enunciada como um direito, converte-se na imposição de um dever. Se esse dever não surge de uma ação livre ou de uma cadeia de responsabilidade que ofereça uma base convincente para a pretensão, então, ao exercê-lo, suplantamos a soberania do outro. Dizemos à pessoa: eis algo que você deve fazer ou providenciar, apesar de o seu dever de fazer dessa forma não surgir de algo que tenha feito ou pelo qual é responsável, e apesar de não ser um dever que derive da lei. É simplesmente uma exigência que você deve cumprir.

No mínimo esse caso é muito diferente daquele relativo aos direitos à liberdade. Estes são, pela própria natureza, mecanismos de "proteção da soberania". São vetos sobre aquilo que os outros podem fazer a mim ou tirar de mim, e não exigências de que façam ou deem algo que me interessa. O dever que os impedimentos estabelecem é o de não interferência, e o interesse que protegem é o mais fundamental que tenho, isto é, meu interesse de manter o poder de tomar decisões por conta própria naquelas questões que mais intimamente me interessam.

Isso é evidente a partir da minha discussão de que as concepções de lei natural e de direito natural levantam o problema da relação entre lei e moralidade. A expressão "lei natural" se refere apenas às restrições sobre a nossa conduta por meio do julgamento moral? Caso assim seja, o sistema legal empenha-se em atribuir poder aos princípios morais? Ou a "lei natural" diz respeito a alguma outra restrição mais de acordo com a ideia de uma sociedade liberal em que diferentes modos de vida e distintas "concepções de bem" podem disputar pacificamente um lugar ao sol? Desde Locke, a história da Declaração de Direitos sugere a segunda concepção: os direitos existem para proteger e ampliar o espaço de escolha moral, não para reduzi-la segundo uma agenda inquisitorial.

Nesse espírito, John Stuart Mill argumentou vigorosamente que, quaisquer que sejam os nossos princípios morais, só viveremos juntos de maneira pacífica, respeitando a liberdade de cada um, se aceitarmos que os nossos princípios não são, em si mesmos, obrigatórios como a lei.* O Estado pode restringir a liberdade do cidadão, mas somente com a finalidade de proteger os concidadãos contra um dano, prejuízo, ofensa, injustiça. Nessa perspectiva, a reprovação moral de uma ação nunca é suficiente para justificar a sua proibição

---

* John Stuart Mill. *Sobre a liberdade*. Petrópolis: Vozes, 1991. (*N. do T.*)

A VERDADE NO LIBERALISMO 123

pela lei. O argumento de Mill foi usado com sucesso na década de 1960 para revogar da legislação inglesa algumas das mais opressivas proibições sobre a conduta sexual. No entanto, ninguém foi capaz de definir "dano" com a clareza exigida pelo critério formulado por Mill. As leis subsequentes aprovadas pelo Parlamento britânico referiam-se à "moralidade pública" como razão suficiente para criminalizar alguma atividade, independentemente de qualquer prova do dano. (Foi com esses fundamentos que o Parlamento primeiro proibiu a criação de animais para produção de peles e depois a caça com cães.) A maioria das pessoas não esperaria pela prova do dano para apoiar a criminalização da pedofilia. Evidentemente, estamos em um território perigoso, em que a tentação é argumentar que outros não têm o direito de impor a mim a própria moralidade, que sou um ser livre, apesar de ter perfeitamente o direito de impedi-los de fazer o que considero ofensivo.

Em suma, a relação entre lei e moralidade é profunda e conflituosa. Entretanto, quando provém das muitas reinvindicações feitas nas declarações dos direitos humanos, a moralidade faz todo o trabalho sem as restrições da política pragmática ou dos muitos conflitos de interesses que os políticos precisam mediar. A moralidade em questão não é a antiga moralidade conservadora baseada nos valores familiares e na respeitabilidade social, mas a de nossas elites urbanas, para as quais a não discriminação e a livre escolha dos modos de vida prevalecem sobre as antigas formas de ordem social.

A parábola cristã do Bom Samaritano impõe um enorme fardo moral sobre todos. Transferir, contudo, esse fardo moral para o Estado, dizer que o Estado deve transformar aquele dever moral em um direito do beneficiário e, além disso, em um direito contra o Estado e, consequentemente, contra a sociedade como um todo, é dar um enorme passo muito além da ideia liberal original de um Estado fundado na soberania do indivíduo. É deslocar-se rumo à nova ideia de uma sociedade organizada por uma moralidade abrangente e predominante que talvez tenha pouco ou nada a fazer com o modo como as pessoas vivem. Por isso, os magistrados dos tribunais de direitos humanos decidem a partir de um cálculo abstrato dos privilégios legais, ao passo que impõem o custo de suas decisões a outros com os quais não têm nenhum vínculo. E ninguém sabe se é realmente possível arcar com tal custo. É esse fato que está dando origem a um crescente descontentamento na Grã-Bretanha em relação aos direitos humanos e, especialmente, com as decisões dos tribunais estrangeiros incumbidos de inventá-los e de impô-los.

Ao mesmo tempo, em vez de limitar o poder do Estado, os supostos direitos humanos começaram a aumentar esse poder e a chamar o Estado para se envolver, do lado dos favorecidos, em todos os conflitos. Desse modo, os direitos, que para um liberal são a condição *sine qua non* de uma política pacífica, tornaram-se uma declaração de guerra contra a cultura da maioria.

7

A verdade no multiculturalismo

O conservadorismo como filosofia política passou a existir com o Iluminismo. Isso não seria possível sem a revolução científica, a superação do conflito religioso e o triunfo do individualismo liberal. Os conservadores, em sua maioria, reconheceram os benefícios contidos na nova concepção de cidadania que atribuiu poder ao povo e ao Estado como representante nomeado — e em parte eleito. Também reconheceram que isso envolvia uma grande inversão nos negócios do governo. Daqui em diante, observaram, a responsabilidade pública passou a vir de cima para baixo e não o contrário. Os governantes passaram a ter de responder aos governados e as responsabilidades em todos os níveis não eram mais impostas, mas admitidas.

Paralelamente, os conservadores fizeram soar uma advertência contra o Iluminismo. Para Johann Gottfried Herder, Joseph de Maistre, Edmund Burke e outros, o Iluminismo não deveria ser considerado como uma ruptura completa com o passado. Isso só fazia sentido diante do pano de fundo histórico de uma herança cultural duradoura. O individualismo liberal ofereceu uma visão nova, e de muitas maneiras inspiradora, da condição humana; mas esta contava com que tradições e instituições unissem as pessoas de uma maneira que a visão de mundo meramente individualista não seria capaz de engendrar. O Iluminismo propôs a natureza humana universal, regida por uma lei moral universal da qual o Estado emergiu com a anuência do governado. O processo político foi, daí em diante, moldado pelas escolhas livres dos indivíduos para proteger as instituições que tornaram possíveis tais escolhas livres. Tudo era belo, lógico e inspirador. Não fazia sentido, contudo, sem a herança cultural do Estado-nação e dos modos de vida social nos quais estavam enraizadas.

Nesse contexto, Herder fez a distinção célebre entre *Kultur* e *Zivilisation*, ao argumentar que, muito embora o segundo conceito pudesse ser compartilhado entre as nações da Europa — e, de fato, o foi cada vez mais —, o primeiro era distinto em cada uma das nações. Maistre, ao reagir contra a Revolução Francesa e a ideia de idolatria da nação, conforme a entendia, como a fonte de toda lei e objeto de toda veneração, ressaltou o patrimônio legado pela herança cristã e o atributo das instituições sociais primárias (o casamento e a família) criadas por Deus, e das constituições que estabeleceram a ordem política. Burke argumenta que o costume, a tradição e o "preconceito"* são precondições da ordem política e encerram o conhecimento que jamais poderia ser constituído por deliberações de indivíduos racionais e sem os quais a sociedade desintegrar-se-ia no "pó e poeira da individualidade".

Todas essas reflexões foram apresentadas como advertências. A liberdade conquistada pelo Iluminismo, subentendiam os conservadores, era algo frágil e ameaçado. Pressupunha uma base cultural que não poderia proteger-se por si só. Apenas quando as pessoas permanecem unidas por laços mais fortes do que a liberdade de escolha, é que esta pode ganhar a relevância prometida pela nova ordem política. E esses vínculos mais fortes estão enraizados de modo muito profundo na comunidade, entrelaçados nos costumes, ritos, línguas e exigências religiosas. A ordem política, em suma, exige uma unidade cultural, algo que a própria política jamais poderá fornecer.

---

* No vocabulário burkiano, "preconceito" deve ser entendido na acepção de um juízo prévio sobre algo ou predisposição para algo. (*N. do T.*)

A VERDADE NO MULTICULTURALISMO 127

Essa nota cética ecoou ao longo do século XIX em resposta ao crescente espírito de governo democrático. O seu impacto, todavia, foi gradualmente minorado à medida que a política se tornou parte da cultura. Em especial no mundo de língua inglesa, as pessoas começaram a perceber que a cultura não era algo atávico e esquecido que Herder evocava e que se localizava no costume ancestral, nas sugestões espirituais e na língua do povo. A cultura permeia a vida social, adapta-se às instituições, que, por sua vez, adaptam-se à emancipação do povo. A Revolução Gloriosa não foi uma prova disso ao recompor o lugar da religião na vida da *polis*? A Revolução Americana também não foi uma prova ao trazer o pensamento político do Iluminismo para o centro da vida social e conquistar um extraordinário entendimento nacional acerca do papel do Estado e dos direitos do indivíduo perante o Estado? Isso modificou toda a cultura dos Estados Unidos e é justo afirmar que, no caso dos americanos, o mundo se deparou com uma nação criada pela política. A nova nação identificou-se explicitamente como a "terra da liberdade" e ainda insistiu, na primeira emenda da Constituição, que a liberdade religiosa era o primeiro direito do cidadão e um obstáculo absoluto aos poderes do Congresso.

É notório que houve, e há, nas comunidades americanas conflitos entre a ordem civil imposta pela Constituição e os vínculos locais — um deles, inclusive, conduziu o país a uma guerra civil devastadora. No entanto, ao longo do tempo, emergiu nos Estados Unidos, e no mundo de língua inglesa, aquilo que se poderia chamar de "cultura cívica" — uma percepção do processo político como algo em consonância com o vínculo nacional, como algo que surge e é endossado pelo lugar, modo de vida e legado das instituições e das leis que unem os cidadãos por destino. Dessa maneira, a ideia iluminista de cidadania soube ganhar a lealdade essencial do povo.

E isso, afirmo, é a verdade no multiculturalismo. Graças à "cultura cívica" que cresceu no Ocidente pós-Iluminista, a pertença social foi libertada da filiação religiosa, dos vínculos raciais, étnicos e de parentesco, e dos "ritos de passagem" pelos quais as comunidades depositam suas pretensões no espírito de seus membros ao protegê-los contra a contaminação de outros costumes e de outras tribos. É por isso que é tão fácil imigrar para os países ocidentais — nada mais é exigido do imigrante além da adoção da cultura cívica e admissão dos deveres que dela derivam.

Isso não significa que a obrigação política é reduzida a um contrato, mesmo que haja pessoas que a tratem dessa maneira. Ainda está enraizada em uma determinada associação pré-política em que o território, a história, a vizinhança e o costume desempenham um papel decisivo. No entanto, essa associação pré-política provou-se permeável à visão individualista liberal do cidadão. Nossas obrigações perante os outros, perante o país e o Estado foram reorientadas e abriram caminho para a entrada de pessoas fora da comunidade — desde que elas também possam viver de acordo com o ideal liberal de cidadania. Não é preciso dizer que muitos imigrantes vêm para os países ocidentais, principalmente para os países de língua inglesa, em busca das vantagens oferecidas pela jurisdição liberal, mas sem compreender e aceitar as responsabilidades. E muitos ficam descontentes com uma forma de lealdade que é aparentemente tão abstrusa, desprendida e depurada do fervoroso sentimento de unidade da religião. Essa, entretanto, é outra questão a que retornarei.

A visão iluminista da natureza humana baseou-se na ideia de que os seres humanos em toda parte gozam dos mesmos poderes de raciocínio e que esses poderes podem conduzi-los por conta própria na direção de uma moralidade comum e de um repertório comum de sentimentos. Obras de arte do Iluminismo europeu tomaram como objeto principal outras culturas, outros países, outro clima, assim como moldaram com clareza um retrato da natureza humana, compartilhado pelos diferentes povos do mundo. Exemplos como os das Cartas Persas de Montesquieu, do Natan, o Sábio de Gotthold Ephraim Lessing, do Rapto do Serralho de Mozart, dos Poemas de

A VERDADE NO MULTICULTURALISMO

Ossian de James Macpherson, do *Divã Ocidental-Oriental* de Goethe, e de milhares de obras menores nos recordam a enorme e crescente curiosidade das sociedades europeia e americana em relação às variedades da experiência humana e comunal. Graças ao trabalho dos antropólogos ocidentais no século XIX é que conhecemos tanto sobre como eram os seres humanos antes de ser-lhes impingida a tecnologia, a ciência e o conhecimento da vida moderna.

A consequência de longo prazo do que apresentei foi abrir as sociedades ocidentais à imigração e transmitir-lhes um ideal de cidadania que, esperamos, permitirá às pessoas de origens e formações diversas viverem juntas e reconhecerem que a verdadeira origem de suas obrigações não reside naquilo que as divide — principalmente raça e religião —, mas naquilo que as une — território, bom governo, a rotina diária de boa vizinhança, as instituições da sociedade civil e o funcionamento da lei. Algumas vezes isso funciona, outras não. E é o que devemos esperar. Caso funcione, foi graças ao esforço de ambos os lados para integrar os recém-chegados no modo de vida do ambiente que os cerca, assim como à capacidade de adaptação da cultura comum de cidadania para incluí-los.

Eis a verdade no multiculturalismo. Como resultado do Iluminismo e de tudo o que este significou para a civilização ocidental, comunidades podem ser absorvidas e integradas em nosso modo de vida, mesmo quando chegam trazendo deuses estranhos. Tal virtude de nossa civilização, no entanto, exibida de forma tão clara nos Estados Unidos, foi utilizada justamente para repudiar nossas pretensões de civilização com o argumento de que, em nome do multiculturalismo, devemos marginalizar os costumes e crenças que herdamos, e até mesmo descartá-los, para nos tornarmos uma sociedade "inclusiva" em que todos os recém-chegados se sintam em casa, independentemente de qualquer esforço de adaptação ao novo ambiente que os cerca. Essa posição foi incitada em nome do politicamente correto, que tem andado de mãos dadas com o tipo condenável de progressismo que descrevi no final do capítulo anterior.

130   COMO SER UM CONSERVADOR

O politicamente correto nos incita a ser tão "inclusivos" quanto pudermos, a não discriminar nem em pensamento ou em palavra, muito menos a agir deliberadamente contra as minorias étnicas, sexuais, religiosas ou comportamentais. Para ser inclusivos, somos encorajados a denegrir aquilo que mais sentimos, acima de tudo, como *nosso*. O diretor-geral da BBC, recentemente, condenou a própria emissora e os programas como odiosamente feitos para a classe média branca. Acadêmicos olham com desprezo para o currículo definido por *Dead White European Males* [Homens brancos europeus mortos]. Uma instituição de caridade britânica dedicada às relações raciais condenou como racista a afirmação de uma identidade nacional britânica. Todas essas declarações insultuosas expressam o código do politicamente correto. Apesar de incluírem uma condenação deliberada de pessoas com base em classe, raça, sexo ou cor, o propósito não é excluir o "Outro", mas condenar a "Nós mesmos". A bondosa defesa da inclusão disfarça o desejo, nem de longe virtuoso, de excluir aquele que outrora foi o excludente: em outras palavras, a vontade de repudiar o legado cultural que nos define.

A mentalidade do "abaixo todos nós" é destinada a eliminar as antigas e insustentáveis lealdades. Quando morrem antigas lealdades, morre também a antiga forma de pertença. O Iluminismo, que parece conduzir por vontade própria uma cultura de repúdio, destrói a explicação ao debilitar as convicções sobre as quais foi fundada a cidadania. É o que temos testemunhado na vida intelectual do Ocidente.

O aspecto mais interessante dessa cultura de repúdio foi o ataque desferido pelos escritores, filósofos e teóricos políticos do Iluminismo ao lugar central atribuído à razão nas relações humanas. O antigo apelo à razão é visto como uma mera atração pelos valores ocidentais, que fizeram da razão uma pedra de toque e assim reivindicaram uma objetividade que nenhuma cultura poderia possuir. As culturas oferecem um sentimento de pertença como membro de um grupo, não a verdade, e, portanto, não podem fazer

A VERDADE NO MULTICULTURALISMO

reivindicações restritivas sobre os que as veem do ponto de vista de quem está fora daquele território. Além disso, ao afirmar a razão como fonte, a cultura ocidental (segundo a crítica "pós-modernista") dissimulou o próprio etnocentrismo; isso revestiu os modos de pensar do Ocidente como se possuíssem validade universal. Por isso, a razão é uma mentira, e ao expor a mentira revelamos a opressão que está no âmago de nossa cultura.

Destronar a razão anda de mãos dadas com a descrença na verdade objetiva. As autoridades, cujos trabalhos são muitas vezes os mais citados no desmascaramento da "cultura ocidental", são todas incrédulas inflexíveis. Nenhum argumento pode ser utilizado em face do desprezo pela cultura que torna possível o argumento. Assim como os céticos rapidamente descobrem, as leis da verdade e da dedução racional são de defesa impossível sem que sejam, ao mesmo tempo, pressupostas. Uma espécie de impasse metalógico desafia os defensores do antigo currículo e da disciplina por ele expressa, e assistem, em silêncio, ao modo como as novas autoridades antiautoritárias colonizam o terreno.

Nietzsche é o favorito desde que afirmou explicitamente: "Não há verdades", escreveu, "apenas interpretações".* O que Nietzsche disse tanto é verdade — no caso, não é verdade, visto que não existem verdades — quanto é falso. Entretanto, somente do ponto de vista do Iluminismo é que tal resposta parece uma refutação. O novo currículo está no âmbito da refutação marginalizada, bem como marginaliza a verdade. Isso explica o apelo de pensadores recentes — Michel Foucault, Jacques Derrida e Richard Rorty — que devem a projeção intelectual que possuem não aos argumentos,

---

* A tradução em português da frase em alemão ("Nein, gerade Tatsachen gibt es nicht, nur Interpretationen") feita pelos estudiosos de Nietzsche no Brasil é "não há fatos, apenas interpretações". As traduções para o inglês também usam "fatos" em vez de "verdades" ("there are no facts, only interpretations"). A opção por manter a frase como o autor a escreveu foi em virtude de a oração ter sido criada com base na palavra "verdade". (*N. do T.*)

132   COMO SER UM CONSERVADOR

mas ao papel que desempenham ao autorizar a rejeição da autoridade e ao compromisso absoluto para com a impossibilidade de compromissos absolutos. Em cada um deles encontraremos a visão de que a verdade, a objetividade, o valor ou o significado são quiméricos e tudo o que podemos ter, tudo o que necessitamos ter, é a segurança cálida da própria opinião.[1] Portanto, é inútil argumentar contra as novas autoridades. Nenhum argumento, mesmo racional, pode contrariar a intensa "vontade de acreditar" que cativa os leitores comuns. Afinal, um argumento racional afirma exatamente o que "questionam" — isto é, a possibilidade de um argumento racional. Cada um deles deve a própria reputação a uma espécie de fé religiosa: a fé na relatividade de todas as opiniões, incluindo esta. Eis a fé em que está fundada uma nova forma de associação — uma primeira pessoa do plural da recusa.

Isso pode ser verificado, de modo muito claro, nos textos de Richard Rorty, que defende o que é, de fato, um afastamento da ideia iluminista de razão em nome de algo que chama de "pragmatismo", assumindo-se como parte da tradição criada por C. S. Pierce e William James, que afirmam que a verdade científica de uma crença e a sua utilidade prática não são virtudes independentes. A crença mais útil é aquela que melhor lida com o mundo: a crença que, quando colocada em prática, comporta a maior possibilidade de sucesso. Obviamente, porém, isso não é uma caracterização suficiente da diferença entre o verdadeiro e o falso. Quem quer que busque uma carreira acadêmica em uma universidade americana achará as crenças feministas úteis, assim como as crenças racistas eram úteis para o *apparatchik* universitário na Alemanha nazista. Contudo, isso dificilmente demonstra que tais crenças são

---

[1] Tentei apresentar o argumento contra Foucault e Derrida no livro *An Intelligent Person's Guide to Modern Culture*. South Beach: St Augustine's Press, 2000; o livro foi reeditado com o título *Modern Culture*. Londres: Continuum, 2004.

A VERDADE NO MULTICULTURALISMO — 133

verdadeiras. Sendo assim, o que *realmente* quero dizer com "útil"? Uma sugestão é a seguinte: uma crença é útil quando é parte de uma teoria bem-sucedida. Uma teoria bem-sucedida, no entanto, é aquela que apresenta prognósticos verdadeiros. Por isso temos andado em círculos, definindo a verdade como utilidade e a utilidade como verdade. De fato, é difícil encontrar um pragmatismo plausível que não se reduza a uma afirmação como essa: uma proposição verdadeira é aquela que é útil na medida em que as proposições *verdadeiras* são úteis. Impecável, mas vazia.

A ameaça da vacuidade não intimida Rorty, que vê o pragmatismo como uma arma contra a antiga ideia de razão. Apesar de fracassar miseravelmente ao dizer em que realmente consiste o pragmatismo, essa falha não é de interesse de seus seguidores, que a aceitam sem dificuldades. Rorty invoca o seu pragmatismo como uma espécie de feitiço mágico que, uma vez lançado, nos conduz para um mundo onde o decreto da razão não funciona. É isso que o eleva à condição de guru nos departamentos de Humanidades. Em suas próprias palavras:

> Eles [os pragmáticos] visualizam a verdade como [...] o que é bom para *nós* acreditarmos. [...] Eles não veem a cisão entre verdade e justificação como algo a ser superado a partir do isolamento de um tipo natural e transcultural de racionalidade que pode ser usada para criticar certas culturas e elogiar outras, mas simplesmente como a cisão entre o bem atual e o melhor possível. [...] Para os pragmáticos, o desejo por objetividade não é o desejo de escapar das limitações de uma comunidade, mas simplesmente o desejo de alcançar maior concordância intersubjetiva possível, o desejo de estender a referência do pronome "nós" tão longe quanto possível.*

---

* Richard Rorty. *Objetivismo, relativismo e verdade. Escritos filosóficos.* Vol. 1, 2ª ed. Rio de Janeiro: Relume-Dumará, 2002. p. 39. (*N. do T.*)

134 COMO SER UM CONSERVADOR

Em outras palavras, o pragmatismo nos permite descartar a ideia de uma "racionalidade [...] transcultural". Não há espaço algum para as antigas ideias de objetividade e de verdade universal; tudo o que importa é o fato de que concordamos.

Mas quem somos nós? E sobre o que concordamos? Voltemos aos ensaios de Rorty e logo descobriremos. "Nós" somos feministas, progressistas, defensores da causa *gay* e do currículo aberto; "nós" não acreditamos em Deus ou em qualquer religião herdada; nem as antigas ideias de autoridade, ordem e autodisciplina têm validade para nós. "Nós" decidimos conforme o significado dos textos, ao criar, por meio das palavras, o consenso que nos inclui. Não temos restrição alguma além da comunidade a que escolhemos pertencer. E, porque não existe verdade objetiva, mas somente o nosso consenso autogerado, nossa posição é incontestável de qualquer ponto de vista externo. O pragmático talvez não possa decidir o que pensar, mas pode proteger-se de quem não pensa da mesma maneira.

Um verdadeiro pragmático inventará, sem dúvida, uma história, assim como inventa todo o resto, persuadindo-nos a concordar com ele. No entanto, vale a pena dar uma olhada na história, caso desejemos ver o quanto a perspectiva de Rorty sobre a razão humana é paradoxal e perigosa. A *ummah* islâmica — a sociedade de todos os crentes — era, e continua a ser, o consenso de opinião mais amplo que o mundo já conheceu. Reconhece expressamente o consenso (*ijma'*) como critério de verdade religiosa e está envolvida em um esforço interminável para incluir o maior número possível de pessoas em sua abrangente primeira pessoa do plural. Além disso, seja lá o que Rorty quis dizer com crenças "boas" e "melhores", o muçulmano piedoso deve certamente considerar que possui algumas das melhores crenças: as que trazem segurança, estabilidade, felicidade, um controle sobre o mundo e uma consciência alegre em contraste com o *kāfiroun* que pensa o contrário. Ainda assim, não há uma sensação incômoda de que essas crenças tocantes podem não ser verdadeiras e que as opiniões obsoletas do ateu pós-moderno

A VERDADE NO MULTICULTURALISMO 135

ainda poderiam ter uma pequena vantagem? Considerando a explicação de Rorty sobre o pragmatismo, isso não é algo que um pragmático possa afirmar, apesar de ser o que o próprio Rorty acredita.

Todas as tentativas de ignorar as obrigações que a razão nos ordena envolvem uma espécie de repúdio ao Iluminismo ocidental. Aos próprios olhos, o Iluminismo não foi aquele tipo de coisa limitada e provinciana que Rorty imagina estar condenado. Incluía a celebração de valores universais e de uma natureza humana comum. A arte do Iluminismo percorreu outros lugares, outras épocas, outras culturas, em uma tentativa heroica de defender uma visão de humanidade livre e autocriada. Essa visão inspirou, e foi inspirada, pelo antigo currículo, o próprio currículo que Rorty desejou questionar.

Isso explica a popularidade de outro pensador relativista — Edward Said — cujo livro *Orientalismo* mostrou como rejeitar o Iluminismo como uma forma de imperialismo cultural.* O Oriente aparece na arte e na literatura ocidental, segundo Said, como algo exótico, irreal, teatral e, portanto, infundado. Longe de ser um reconhecimento generoso de outras culturas, a arte orientalista do Iluminismo europeu (por exemplo, Natan, o Sábio de Lessing ou o *Divã Ocidental-Oriental* de Goethe) é um anteparo que oculta essas culturas. O Oriente poderia ter sido uma alternativa genuína ao Iluminismo ocidental; em vez disso, foi convertido em um amálgama decorativo do projeto imperial do Ocidente.

Nessa visão, o antigo currículo iluminista é realmente monocultural, destinado a perpetuar a perspectiva da civilização ocidental como inerentemente superior às rivais. A afirmação de uma perspectiva racional universal, a partir do ponto de vista de que toda humanidade poderia ser estudada, não é melhor do que uma racionalização das pretensões imperialistas. Em contrapartida, nós,

---

* Edward Said. *Orientalismo*. São Paulo: Companhia das Letras, 2007. (*N. do T.*)

136   COMO SER UM CONSERVADOR

que vivemos no ambiente amorfo e multicultural da cidade pós-moderna, devemos abrir nossos corações e mentes a todas as culturas e não devemos nos ater a nenhuma delas. O resultado inescapável disso é o relativismo: o reconhecimento de que nenhuma cultura tem qualquer direito especial à atenção e que nenhuma cultura pode ser julgada ou rejeitada de um ponto de vista externo.

Novamente, contudo, há um paradoxo. Os que defendem essa abordagem multicultural são, via de regra, veementes na rejeição da cultura ocidental. Ao nos incitar a julgar outras culturas de acordo com os próprios termos, Said também está nos pedindo que julgue a cultura ocidental a partir de uma perspectiva externa — a contrastá-la com as alternativas, a julgá-la desfavoravelmente como etnocêntrica e, até mesmo, como racista.

Além disso, as críticas feitas à cultura ocidental são, realmente, a prova do crédito que tem a seu favor. É graças ao Iluminismo e à sua moralidade universal que a igualdade racial e sexual tem em nós tal apelo ao bom senso. É a concepção iluminista do homem que nos faz exigir tanto da arte e da literatura ocidental — mais do que jamais deveríamos exigir da arte e da literatura de Java, de Bornéu ou da China. É a própria tentativa de abarcar outras culturas que torna a arte ocidental refém das críticas severas de Said — tentativa sem paralelo na arte tradicional da Arábia, Índia ou África. Certamente, os dois lados sofreram influências nos muitos encontros entre Ocidente e Oriente. Os expoentes árabes da *Falāsifa* aprenderam o que puderam da filosofia grega e transmitiram o aprendizado aos vizinhos cristãos da Andaluzia. Naqueles anos de fértil interação teria sido difícil dizer qual civilização era a tutora e qual era a pupila nos assuntos transmitidos. Contudo, o vetor específico de pensamento, que levou artistas, poetas, músicos e filósofos a jornadas autoconscientes de descoberta em outras culturas, outros lugares e outras épocas, não tem verdadeiro equivalente fora do Iluminismo. Um exemplo disso, de fato, é a tradição dos estudos orientais, surgidos durante o século XVIII, e que produziu tantos

A VERDADE NO MULTICULTURALISMO

expoentes extraordinários de outras culturas, como Sir William Jones de Calcutá e Max Müller, que produziram obras sem as quais a literatura clássica da Índia seria hoje praticamente desconhecida.[2]

Ademais, somente uma visão limitada de nossa tradição artística é que não descobre em si uma abordagem multicultural muito mais imaginativa do que qualquer coisa que é atualmente ensinada com esse nome. Bem antes do Iluminismo, a cultura ocidental tinha o hábito de celebrar os valores humanos universais. Embora enraizado na experiência cristã, extraiu daquela fonte um manancial de sentimento humano que se alastra de modo imparcial por mundos imaginários. De *Orlando Furioso* e *Dom Quixote* a *Don Juan* de Byron, de *A Coroação de Popeia* de Verdi ao *Hiawatha* de Longfellow, de *O Conto de Inverno* de Helprin à *Madame Butterfly* de Puccini e à *Canção da Terra* de Mahler, a cultura ocidental tem se aventurado continuamente em um território espiritual que não tem espaço no mapa cristão. Essas conquistas estéticas grandiosas pertencem ao estado de direito secular, à jurisdição territorial e à aspiração à cidadania como produtos das lealdades que permitem homens e mulheres a se identificarem, na imaginação, com os que pertencem "a outros lugares".

A cultura do repúdio marca, de outros modos, a desintegração do Iluminismo. Como é frequentemente comentado, o espírito do livre exame está, agora, desparecendo das escolas e universidades no Ocidente. Livros são inseridos ou retirados do currículo com base no politicamente correto; códigos de fala e serviços públicos de aconselhamento policiam a linguagem e a conduta de estudantes e de professores; muitos cursos são elaborados para transmitir uma conformidade ideológica em vez de estimular a livre investigação, e os alunos muitas vezes são penalizados por chegarem a

---

[2] A história é contada, em parte, por Robert Irwin no livro *Dangerous Knowledge: Orientalism and its Discontens*. Woodstock: Overlook Press, 2006. Irwin formulou uma refutação devastadora da visão de Said.

138 COMO SER UM CONSERVADOR

alguma conclusão considerada herética sobre os principais assuntos do dia. Em áreas delicadas, como o estudo de raça e sexo, a censura é dirigida de modo patente não só aos estudantes, mas também a qualquer professor, por mais imparcial e escrupuloso, que chegue às conclusões equivocadas.

A cultura do repúdio, portanto, nos recorda que a livre investigação não é um exercício normal da razão humana e só é atraente quando vista como via de acesso à condição de membro de um grupo. Quando a experiência de pertença a uma sociedade não pode mais ser vivenciada dessa maneira, toma posse um novo tipo de dúvida, explicitamente dirigida ao objetivo social prometido e apresentada como sucedânea das antigas e rejeitadas formas de vínculo. Um tema único perpassa as Humanidades do modo como são, com frequência, ensinadas nas universidades americanas e europeias: a ilegitimidade da civilização ocidental. Todas as distinções são "culturais", portanto "construídas", portanto "ideológicas", no sentido utilizado por Marx — formuladas pelos grupos ou classes dominantes para servir aos próprios interesses para reforçar o próprio poder. A civilização ocidental é simplesmente o registro desses processos opressivos e o propósito principal de estudá-la é descontruir nosso título de associação como membros. Essa é a crença central que um grande número de estudantes nas Humanidades é obrigado a engolir, preferivelmente antes de adquirir uma educação intelectual que permita questioná-la ou posicionar-se contra a literatura que a demonstra insustentável.

Para expor a questão de outro modo, o Iluminismo deslocou a teologia no centro do currículo para colocar em seu lugar a busca desinteressada pela verdade. Entretanto, em um período muito curto, vimos a universidade ser dominada por outro tipo de teologia — uma teologia ímpia, sem dúvida, mas não menos insistente na submissão incondicional à doutrina e não menos fervorosa na busca por hereges, céticos e desmascaradores. As pessoas não são mais queimadas na fogueira por suas opiniões: hoje, simplesmente

A VERDADE NO MULTICULTURALISMO   139

perdem o emprego ou, se forem alunos, são reprovados nos exames do curso. O efeito, porém, é similar, isto é, reforçar uma ortodoxia em que ninguém, de fato, acredita.

Aristóteles afirmou-nos que todos os seres humanos desejam conhecer; mas errou ao indicar que só o fazem quando têm certeza, primeiro, de que o conhecimento será reconfortante. As pessoas esquivam-se das verdades inconvenientes e constroem muros para tirá-las de vista. É difícil construir esse muro por conta própria, mas, em parceria com outros e protegidos por uma instituição com muitos recursos, podemos adicionar à muralha o próprio bloco de prosa inflexível. O objetivo não é contar mentiras, mas criar uma *doutrina pública* aceitável. E uma doutrina pública é aceitável se fornecer o fundamento para uma comunidade humana estável e internamente segura. Em suma, as amplas mudanças na vida cultural das sociedades ocidentais têm sua origem na busca pela comunidade por pessoas para as quais as antigas lealdades perderam o encanto.

No lugar das antigas crenças baseadas na religiosidade, no discernimento e no vínculo histórico, os jovens recebem as novas crenças baseadas na igualdade e na inclusão e são informados de que reprovar outros estilos de vida é crime. Se o objetivo fosse apenas substituir um sistema de crença por outro, haveria uma abertura para o debate racional. No entanto, o propósito é substituir uma *comunidade* por outra. O projeto, contudo, é puramente negativo — cortar dos jovens os vínculos que perderam o dinamismo moral e religioso. A atitude de "não emitir juízos de valor" a respeito de outras culturas anda de mãos dadas com a denúncia feroz daquilo que pode ser a própria cultura — algo que temos visto repetidamente nas elites americanas formadoras de opinião desde o acontecimento de 11 de setembro de 2001. Infelizmente, porém, não existe tal coisa como uma comunidade baseada no repúdio. O ataque contra a antiga herança cultural não conduz a uma nova forma de associação, mas somente a uma espécie de alienação. É por essa razão, parece-me, que devemos ser conservadores culturais. A alternativa é um

140 COMO SER UM CONSERVADOR

tipo de niilismo que se esconde sob a superfície dos textos de Rorty, Said, Derrida e Foucault.

Talvez o pior aspecto desse niilismo seja a acusação rotineira de "racismo" feita contra qualquer um que se ofereça para endossar, ensinar ou defender os valores da civilização ocidental. O temor da acusação de racismo tem levado comentaristas, políticos e forças policiais em todo o mundo ocidental a se absterem de criticar ou tomar medidas contra muitos costumes abertamente criminosos que se instalaram no seio da sociedade — costumes como o casamento forçado, a mutilação genital feminina, o crime de "honra" e a intimidação crescente por parte dos islamistas a qualquer um que venha, remotamente, a criticar a sua fé.

A acusação de racismo representa a tentativa de dar orientação religiosa à cultura do repúdio — de fazer da cultura de não pertença um novo tipo de pertença, com inimigos, estandartes, em uma marcha progressiva para a vitória sobre o *statu quo*. Baseia-se em uma inverdade profunda — a mentira de que raça e cultura são a mesma coisa, considerando que, de fato, ambas não têm nenhuma relação. Há uma contradição na ideia de que Felix Mendelssohn era judeu pela raça e alemão pela cultura — ou de que era, realmente, o representante mais imbuído de espírito público da cultura alemã de sua época. Nem há qualquer contradição em dizer que uma única pessoa pertence a duas culturas. Moses, o avô de Felix, foi um grande rabino, representante íntegro da herança cultural judaica e também fundador do Iluminismo alemão. Muitos filólogos alemães que o Iluminismo produziu eram tão multiculturais quanto Moses Mendelssohn — Max Müller, por exemplo, alemão por nascimento e inglês por adoção, foi quem mais se aprofundou na cultura clássica da Índia, comparado a qualquer um hoje. Wagner tinha de fazer absurdos malabarismos e contorcionismos mentais para encontrar "judaísmo" na música de Felix Mendelssohn, de quem tanto absorveu. E o repugnante ensaio de Wagner sobre o judaísmo na música é um dos primeiros exemplos da mentira que somos obrigados a

A VERDADE NO MULTICULTURALISMO

superar — a mentira que vê raça e cultura como a mesma ideia e que nos diz que, ao exigirmos uma medida de uniformidade cultural, também estamos afirmando o predomínio de uma única raça.

Uma vez que distinguimos raça e cultura, o caminho está aberto para reconhecer que nem todas as culturas são igualmente admiráveis e que nem todas as culturas podem existir confortavelmente lado a lado. Negar isso é renunciar a própria possibilidade de um juízo moral e, portanto, negar a experiência fundamental de comunidade. É exatamente o que tem feito os multiculturalistas hesitarem. É a cultura, não a natureza, que diz a uma família que, caso a filha se apaixone por alguém de fora do círculo permitido, deverá ser morta, que meninas devem se submeter à mutilação genital caso queiram ser dignas de respeito, que o infiel deve ser eliminado quando Alá ordenar. Podemos ler sobre essas coisas e achar que pertencem à pré-história do nosso mundo. Mas, quando de repente acontecem em nosso meio, estamos aptos a despertar para a verdade sobre a cultura que os multiculturalistas defendem. Estamos aptos para afirmar que essa não é a *nossa* cultura e que ela não tem qualquer direito de estar aqui. E é provável que fiquemos tentados a passar para a fase seguinte, a fase a que o Iluminismo naturalmente nos convida, e dizer que aquela cultura não tem nenhum direito de existir em lugar algum.

O que está sendo trazido ao debate, por experiências dolorosas que poderíamos ter evitado caso nos fosse permitido até agora dizer a verdade, é que nós, como qualquer pessoa, contamos com uma cultura comum para ter segurança, prosperidade e liberdade de existir. Não exigimos de todos que tenham a mesma fé, que levem o mesmo tipo de vida familiar ou participem dos mesmos festivais. Partilhamos, entretanto, de uma cultura cívica comum, um idioma comum e um ambiente público comum. Nossas sociedades foram erigidas sob o ideal judaico-cristão de amor ao próximo, segundo o qual os forasteiros e os locais merecem igual atenção. Exige de cada um o respeito pela liberdade e pela soberania de cada pessoa, e o reconhecimento do limiar da privacidade além do qual constitui transgressão ultrapassar, a menos que sejamos autorizados. Nossas sociedades se fiam na obediência à lei e nos contratos públicos, e reforçam esses elementos por tradições educacionais que moldaram um currículo comum. Não se trata de um imperialismo cultural arbitrário que nos leva a valorizar a filosofia e a literatura gregas, a Bíblia hebraica, o direito romano e os épicos e romances medievais, e que nos faz ensinar tais coisas nas escolas. São *nossas* da mesma maneira que a ordem legal e as instituições políticas nos pertencem: compõem parte daquilo que nos constitui e transmitem a mensagem de que é correto ser o que somos. E a razão endossa tais coisas e nos diz que a nossa cultura cívica não é algo provinciano que pertence a comunidades autocentradas, mas um modo de vida legítimo.

Ao longo do tempo, imigrantes podem vir a partilhar tais coisas conosco: a experiência dos Estados Unidos dá amplo testemunho disso. E o fazem mais facilmente quando reconhecem que, em todos os sentidos, a nossa cultura também é uma multicultura que incorporou elementos absorvidos, nos tempos antigos, de todo o entorno da bacia mediterrânea e, nos tempos modernos, das aventuras dos comerciantes e exploradores europeus ao redor do mundo. Entretanto, essa cultura caleidoscópica ainda é a *única* dotada em seu âmago de um conjunto de princípios invioláveis; e é a fonte de coesão social em toda a Europa e nos Estados Unidos. Nossa cultura permite uma grande variedade de modos de vida; permite que as pessoas tornem privados a religião e os costumes familiares, embora continuem a pertencer à esfera das relações públicas e se sujeitem às mesmas leis. Isso é o que define a esfera pública em termos legais e territoriais, e não em termos de crença ou de consanguinidade.

E o que acontece quando pessoas cuja identidade é determinada pela crença ou consanguinidade imigram para lugares estruturados pela cultura ocidental? Os ativistas dizem que devemos abrir-lhes caminho cedendo espaço para que a culturas *delas* possa se desenvolver. Nossa classe política finalmente reconhece que essa é a

A VERDADE NO MULTICULTURALISMO 143

receita para o desastre e que só podemos receber imigrantes se os acolhermos *dentro*, não afastados ou em oposição a nossa cultura. No entanto, isso significa dizer-lhes para aceitar as regras, os costumes e as maneiras de agir que podem ser discrepantes aos antigos modos de vida. É uma injustiça? Não acho que seja. Se os imigrantes vêm é porque se beneficiam ao vir. É, portanto, razoável lembrá-los de que também há um custo. Só agora, porém, a nossa classe política está preparada para dizê-lo e insistir que o custo seja pago.

8

A verdade no ambientalismo

Conservadores defendem a visão de sociedade de Burke como uma parceria entre os vivos, os mortos e os que estão por nascer; acreditam em uma associação entre vizinhos em vez de uma intervenção do Estado; e acreditam que a coisa mais importante que os vivos podem fazer é radicar-se, construir um lar e deixá-lo como legado para os filhos. *Oikophilia*, o amor pelo lar, serve à causa do ambientalismo, e é extraordinário que muitos partidos conservadores no mundo de língua inglesa não tenham se apoderado dessa causa.

Há duas razões para isso, creio. A primeira é que a causa conservadora foi poluída pela ideologia do grande capital, por ambições globais das empresas multinacionais e pela supremacia da economia sobre o pensamento dos políticos modernos. Esses fatores têm levado os conservadores a firmar aliança com pessoas que consideram fútil e pitoresco o esforço de conservar as coisas. A segunda razão é que a verdade no ambientalismo foi obscurecida pela propaganda alvoroçada dos ambientalistas e pela imensidão de problemas que nos apresentaram. Quando a atenção do mundo estava voltada para o aquecimento global, a mudança climática, a extinção em massa e o derretimento das calotas polares — tudo fora do alcance de qualquer governo nacional e para nenhum deles foi apresentada uma solução imediata —, o resultado foi a perda de confiança na política comum, uma desesperança na capacidade humana e a adoção de última hora de planos internacionalistas radicais que envolviam renúncia de soberania.

No próximo capítulo, direi algo sobre a verdade no internacionalismo. No entanto, é bom reconhecer neste momento o grande perigo que este representa ao funcionamento da política ao alavancar a transferência do poder dos políticos eleitos obrigados a prestar contas publicamente para os burocratas que não foram eleitos e que não têm essa responsabilidade. Uma vez realizada, essa influência induz os cidadãos comuns a desistir da questão e enterrar as cabeças na areia.

A verdade no ambientalismo, todavia, é fundamental à ideia de ordem política e foi reconhecida pelo *common law* inglês ao longo da história. Em uma ampla variedade de casos, os problemas ambientais surgiram do nosso hábito, bastante razoável, de desfrutar os benefícios das atividades e de transferir os custos. O meio ambiente é degradado porque externalizamos os custos daquilo que fazemos; e a solução é descobrir os motivos que farão regressar os custos para quem os criou.

Há uma tendência entre os ambientalistas de apontar os grandes agentes do mercado como os principais culpados: imputam crimes ambientais àqueles — como empresas petrolíferas, fabricantes de carros, madeireiras, agroindústria, supermercados — que geram lucro ao exportar os custos para terceiros (inclusive para os que ainda estão por nascer). Porém, isso é confundir o resultado com a causa. Em uma economia livre, essas formas de ganhar dinheiro surgem pela mão invisível a partir de escolhas feitas por todos. É a procura por carros, petróleo, comida barata e luxos supérfluos a verdadeira origem das indústrias que oferecem esses produtos. Obviamente, é verdade que os grandes agentes externalizam os custos sempre que podem. Assim como nós. Sempre que viajamos de avião, vamos ao supermercado ou consumimos combustíveis fósseis estamos exportando os nossos custos para terceiros e para as futuras gerações. Uma economia livre é orientada pela demanda individual; os indivíduos, assim como muitos grandes negócios, empenham-se para exportar o custo daquilo que fazem.

A solução não é a socialista, a abolição da livre economia, já que isso simplesmente coloca um imenso poder econômico nas mãos de inúmeros burocratas que também estão exportando seus custos, enquanto desfrutam dos vencimentos seguros do produto social. A solução é ajustar as nossas demandas, assim como assumirmos os seus custos e encontrar uma maneira de pressionar as empresas a fazer o mesmo. E só podemos nos corrigir se tivermos motivos para fazê-lo — razões fortes o suficiente para restringir os apetites.

O autointeresse racional tem um papel importante a desempenhar. Entretanto, está sujeito aos famosos paradoxos da escolha social que surgem quando os agentes autointeressados se associam em busca de recursos que são atingidos por suas decisões. Aos conhecidos problemas do carona e os criados pelo dilema do prisioneiro, os ambientalistas adicionaram "a tragédia dos comuns" — a situação que surge quando as pessoas competem por parte de um recurso finito e, como resultado, o exaurem. Os teóricos do contrato social, de Hobbes a Rawls, tentaram solucionar os problemas da escolha social, mas sempre se deparavam com alguma versão da dificuldade inicial: por que é mais sensato ser fiel ao contrato do que fingir que o aceita e executa? Cada vez mais, a solução para esses problemas é burocrática: instituir um sistema de regulações que gere incentivos para conservar, em vez de esgotar, os recursos dos quais dependemos coletivamente. No entanto, como tentei mostrar no livro *Green Philosophy*, essa solução, embora muitas vezes seja um primeiro passo necessário, gera os próprios incentivos negativos, visto que retira o problema das mãos dos mais capacitados a resolvê-lo.

A necessidade por razões não egoístas é aquilo que pode ser suscitado nos membros comuns da sociedade e invocado para atender ao objetivo ecológico de longo prazo. Devemos reconhecer que a proteção do meio ambiente é uma causa perdida, caso não consigamos descobrir os incentivos que levariam as pessoas, em geral, e não somente os representantes autodenominados e não eleitos, a

148   COMO SER UM CONSERVADOR

fazê-la progredir. Eis onde os ambientalistas e conservadores podem e devem tornar à causa comum. E essa causa comum é o território — o objeto de um amor que encontra a sua expressão política
mais forte no Estado-nação.

Muitos ambientalistas reconhecerão que as lealdades e as preocupações locais devem ter um espaço apropriado na tomada de
decisão se quisermos combater os efeitos negativos da economia
global. Por isso, o lema muitas vezes repetido: "Pense globalmente,
aja localmente." Porém, tendem a relutar diante da sugestão de que
a lealdade local deveria ser vista em termos nacionais, e não como
uma expressão em menor escala de um universalismo humano.
Existe, no entanto, uma razão muito boa para enfatizar a nacionalidade. Nações são comunidades com uma configuração política.
E estão predispostas a afirmar a soberania vertendo o sentimento
comum de pertença em decisões coletivas e leis autoimpostas. A nacionalidade é uma forma de vínculo territorial, mas também é um
arranjo protolegislativo. Além disso, as nações são agentes coletivos
na esfera global de tomada de decisão. Por ser membro de uma nação, o indivíduo tem voz nos assuntos globais.

É no desenvolvimento dessa ideia, de um sentimento territorial
que traz dentro de si as sementes da soberania, que os conservadores dão uma contribuição diferenciada ao pensamento ecológico.
Se os conservadores tivessem de adotar um lema, este deveria ser:
"Experimente localmente, pense nacionalmente." Na atual crise
ambiental, não existe outro agente diferente do Estado-nação para
tomar as medidas cabíveis e não há nenhum outro ponto de conver-
gência de lealdade que lhes garanta aprovação. Por isso, em vez de
tentar corrigir os problemas ambientais e sociais no âmbito global,
os conservadores buscam reafirmar a soberania local nos ambientes
conhecidos e administrados. Trata-se de afirmar o direito de autonomia das nações e da adoção de políticas que harmonizarão com
as lealdades e os costumes locais. Isso também subentende uma

A VERDADE NO AMBIENTALISMO 149

oposição à tendência generalizada do governo moderno à centralização e devolver efetivamente aos poderes locais os poderes confiscados pelas burocracias centrais — incluindo aqueles usurpados pelas instituições transnacionais como a Organização Mundial do Comércio (OMC), as Nações Unidas (ONU) e a União Europeia (UE).

De fato, só é realista esperar por melhoria no âmbito local. Não há evidência de que as instituições políticas globais farão qualquer coisa para limitar o estrago — pelo contrário, ao encorajar a comunicação ao redor do mundo e corroer a soberania nacional e as barreiras legislativas, alimentaram a entropia global e enfraqueceram as únicas e verdadeiras fontes de resistência. Sei que muitos ambientalistas concordam comigo que a OMC e o Banco Mundial são ameaças potenciais ao meio ambiente, não apenas destruindo as autossuficientes e autorreprodutivas economias de subsistência, mas também corroendo a soberania nacional onde quer que represente um obstáculo ao objetivo do livre mercado.[1] Muitos parecem também concordar comigo que as comunidades tradicionais merecem ser protegidas da mudança súbita concebida externamente, não apenas pelo bem de suas economias sustentáveis, mas também em virtude dos valores e lealdades que constituem a parte essencial de seu capital social.

Entretanto, também merecemos ser protegidos da entropia global e igualmente devemos preservar o que pudermos das lealdades que nos vinculam ao território e fazem desse território um lar. Ainda vemos que qualquer tentativa bem-sucedida de restringir o curso da destruição ecológica é oriunda de projetos locais ou nacionais

---

[1] Críticas contra essas instituições feitas pela esquerda foram reunidas nos sites do Global Justice Center e do Global Justice Ecology Project. Ver também o ceticismo esclarecido de Joseph Stiglitz nos livros *A globalização e seus malefícios* (São Paulo: Editora Futura, 2002) e *Globalização: Como dar certo* (São Paulo: Companhia das Letras, 2007).

150 COMO SER UM CONSERVADOR

de proteção dos lugares reconhecidos como "nossos" — definidos, em outras palavras, por alguma legitimidade herdada. Penso nos voluntários e ativistas que se propuseram a proteger o ambiente natural da Grã-Bretanha no século XIX; o English National Trust,* uma associação civil com 4 milhões de membros dedicada a conservar a zona rural e os povoados; a iniciativa de americanos, verdadeiros amantes da natureza, que atuam junto ao Congresso dos Estados Unidos para criar parques nacionais; a atuação da Islândia para proteger os criadouros do bacalhau do Atlântico; a legislação que libertou a Irlanda do uso de sacolas de polietileno; as inciativas na área de energia limpa na Suécia e na Noruega; as leis de planejamento da Suíça que permitiram às comunidades locais manter o controle sobre seu meio ambiente e administrá-lo em regime de posse compartilhada; as políticas britânicas de "Cinturão Verde" que levaram ao fim da expansão urbana; as iniciativas dos pescadores de lagosta no Maine e de bacalhau na Noruega para estabelecer uma autorregulação na indústria da pesca comandada por gente local. São conquistas em pequena escala, mas concretas, e, se reproduzidas de forma mais abrangente, poderiam mudar para melhor a face da Terra.[2] Além disso, são bem-sucedidas porque apelam a um motivo natural — o vínculo compartilhado com um lugar comum e com os recursos que oferecem para os que nele vivem.

Esse, parece-me, é o objetivo a ser perseguido pelo ambientalismo sério e pelo conservadorismo sério — isto é, o lar, o lugar onde

---

* Instituição inglesa privada que cuida do patrimônio histórico nacional, desde paisagens naturais a monumentos como castelos e palácios rurais. (*N. do T.*)

[2] Algumas dessas soluções consensuais foram objeto de um importante estudo realizado por Elinor Ostrom. Dediquei-me aos seus argumentos no capítulo 5 do livro *Green Philosophy*. Algumas também foram comprovadas no capítulo 5 do livro de William A. Shutkin. *The Land that Could Be: Environmentalism and Democracy in the Twenty-First Century*. Cambridge: MIT Press, 2001.

A VERDADE NO AMBIENTALISMO

estamos e compartilhamos, o lugar que nos define, do qual somos depositários para nossos descendentes e que não queremos que deteriore. Ninguém parece ter identificado um motivo mais plausível do que esse para servir à causa do meio ambiente. É uma motivação para as pessoas comuns. Pode oferecer um fundamento para uma abordagem conservadora das instituições e para uma abordagem conservacionista para a Terra. É uma razão que permitiria reconciliar a demanda por participação democrática com o respeito pelas futuras gerações e o dever de tutela. É, na minha visão, o único recurso relevante que temos na luta para preservar a ordem local em face do estímulo global à decadência.

Pretensos conservadores foram muito criticados — muitas vezes corretamente — pela crença de que todas as decisões políticas são, realmente, decisões econômicas e que as soluções do mercado são as únicas que existem. No entanto, como proponho no capítulo 2, devemos colocar o *oikos* de volta na *oikonomia*. Respeito pelo *oikos* é a razão concreta pela qual os conservadores se dissociam das formas de ativismo ambientalista atualmente em voga. Ambientalistas radicais têm uma tendência a definir as finalidades em termos globais e internacionais, e apoiam organizações não governamentais e grupos de pressão que lutarão contra as predadoras multinacionais no território delas e utilizando armas que prescindem da soberania nacional. Mas, como tentei mostrar detalhadamente no *Green Philosophy*, os argumentos não vão a lugar algum justamente porque não identificam a motivação que animará as pessoas comuns e passivas, cuja cooperação é imprescindível para a solução ser viável.

A verdade no ambientalismo é, pois, a verdade de que seres racionais externalizam os custos quando falta-lhes a motivação para agir de outra maneira. A resposta conservadora é encontrar a motivação necessária. Quando as pessoas na Grã-Bretanha começam a se conscientizar sobre o meio ambiente e sobre o modo negligente como o destruíam, o objeto principal da preocupação era a floresta

152 COMO SER UM CONSERVADOR

— a floresta frondosa do mito de Robin Hood, celebrada em grande parte da poesia popular e da música da época de Shakespeare e transformada em uma *causa célebre* por John Evelyn no livro *Silva, or a Discourse on Forestation* [Silva, ou um discurso sobre arborização], publicado pela primeira vez em 1664. Isso aconteceu mais de duzentos anos antes de o movimento ambientalista surgir de fato e, até aquele momento, a arte, a literatura e a religião inglesas fizeram da conservação da paisagem um de seus temas recorrentes. Quando o movimento realmente decolou, o fez em reação à Revolução Industrial; o seu principal líder, John Ruskin, definia-se como um Tory, não como um progressista ou socialista — apesar de esses rótulos serem sempre enganosos quando empregados a pessoas genuinamente inteligentes.

A proteção ambiental foi incorporada à legislação inglesa em 1865 com o *leading case** no processo *Rylands contra Fletcher*. Estabeleceu-se um regime de responsabilidade civil objetiva, de modo que aquele cuja atividade provocou um dano deverá indenizar as vítimas. Era uma decisão dos tribunais sob os princípios do *common law* e não uma tarefa do Parlamento. Algo similar aconteceu um século mais tarde quando a Associação dos Pescadores usou os princípios do *common law* para conseguir uma decisão contra os maiores poluidores do rio, que eram os governos locais e os distribuidores de energia nacionalizados.[3] Em geral, devemos estar cientes quanto à prevenção desses preciosos instrumentos legais que já possuímos e que muitas vezes estão subordinados aos princípios da

---

* *Leading case* é "uma decisão que se tenha constituído em regra importante, em torno da qual outras decisões gravitam (com especificações, exceções interpretativas, extensões de aplicação)", segundo Guido Fernando Silva Soares. *Common Law: Introdução ao Direito dos EUA*. São Paulo: Editora Revista dos Tribunais, 1999. p. 40. (*N. do T.*)

[3] Discuto esses casos e o raciocínio que os embasa no capítulo 5 do meu livro *Green Philosophy*.

A VERDADE NO AMBIENTALISMO

153

igualdade e da lei natural e não de uma legislação hierarquicamente descendente.

O ambientalismo, contudo, também não nos alertou para outra verdade que diz respeito à interconectividade de tudo o que acontece em nosso meio ambiente e à impossibilidade de corrigir as externalidades apenas observando o nosso próprio terreno? Nenhum evento ocorrido no universo está isolado da rede causal a que tudo está ligado: nem as fronteiras nacionais nem os vínculos históricos respeitam os ecossistemas do globo. Em resposta a essa observação, os ativistas ambientais tendem a procurar por tratados, comitês internacionais e reguladores transnacionais — em suma, burocracias sem vinculação com os lugares sobre os quais exercem o poder, mas com uma competência internacionalmente reconhecida.

Essa resposta é compreensível, mas sofre de defeitos cruciais, e tais defeitos são cada vez mais evidentes na situação que nos desafia atualmente. É verdade que as nações do mundo assinaram prontamente o Protocolo de Montreal sobre Substâncias que Destroem a Camada de Ozônio. Nesse caso, os benefícios foram imediatos e não adiados por décadas (como seria o caso de qualquer acordo sobre emissões de gases de efeito estufa). A tecnologia para substituir as emissões nocivas já foi desenvolvida no setor privado e, ao aceitar o acordo, nenhuma nação incorreu em altos custos ou no risco de perturbar a vida de seus cidadãos. Esse tratado certamente lança um raio de esperança no nevoeiro de incertezas. Deve ser visto, entretanto, como exceção, não como regra. Quando surgem problemas concretos gigantescos, devemos reconhecer que a disposição para obedecer a tratados que não são de interesse dos signatários é uma característica rara dos sistemas políticos. Isso só acontece em Estados construídos a partir da tradição de responsabilidade pública com prestação de contas — em outras palavras, Estados-nação em que a soberania do povo é reconhecida pelas instituições do governo. Dentre os grandes poluidores, é certo que os Estados

Unidos obedeceriam a um tratado quando fosse sentido o custo de cumpri-lo; é incerto que a Índia cumpriria; é certo que a China desertaria.

À luz disso, parece-me, devemos reconhecer que o problema da mudança climática que hoje ocupa as negociações internacionais não é, de fato, uma questão diplomática. É primordialmente um problema científico: descobrir uma fonte barata e eficiente de energia limpa que eliminará o custo de assinar um tratado e a motivação para abandoná-lo. A solução para esse problema científico é mais provável de ser encontrada por meio da cooperação internacional — mas entre cientistas, não entre Estados.

É verdade, os cientistas precisam de financiamento. A pesquisa é muitas vezes financiada por empresas privadas, que esperam utilizar o resultado para ganhar uma vantagem competitiva. Nenhum negócio existente tem, portanto, interesse em energia limpa que seja suficiente para financiar a enorme quantidade de pesquisa necessária para descobri-la. Por essa razão, é pelo financiamento do governo que essa pesquisa deve prosseguir e isso significa financiamento suficientemente abundante e imbuído de espírito público para que sejam confiados os recursos necessários. Só existe uma única nação no mundo com força econômica, capacidade de adaptação, responsabilidade para com seus cidadãos e vontade política para enfrentar o problema da energia limpa. E essa nação — os Estados Unidos da América — está passando por uma crise econômica prolongada no exato momento em que a maior necessidade é de pesquisas dispendiosas e políticas de longo alcance, que só eles têm recursos para financiar e, de fato, só os Estados Unidos têm a vontade política para levar adiante. Até agora, nenhum dos Estados-nação responsáveis pela emissão de gás de efeito estufa foi capaz de chegar aos patamares de redução — se autoimposto ou consentido sob o Protocolo de Quioto. A razão é clara: toda política de grande alcance precisa de energia para ser implementada. E, se a única energia disponível é baseada em carbono, nenhuma política voltada à redução substancial da emissão pode ser bem-sucedida. Somente a descoberta

A VERDADE NO AMBIENTALISMO 155

de energia limpa a preço acessível pode resolver o problema, e, até que seja descoberta, todos os tratados serão, no mínimo, medidas provisórias.

Esses tratados podem, contudo, ser necessários. E têm, entretanto, de ser realistas e fundados em conhecidas propensões dos signatários. A relutância da esquerda em reconhecer a verdade acerca do comunismo também influencia a atuação na China moderna, onde a destruição do meio ambiente prossegue a um ritmo assustador e onde os sistemas econômico, social e político foram libertados das velhas formas de homeostase e estabeleceu uma via de mão única rumo à catástrofe. Enquanto isso, devemos reconhecer que a busca por tratados que envolvem mudança climática, conduzidos, como o são, em uma atmosfera de incerteza científica, interrompidos por momentos de pânico cego, utilizam o poder esparso das nações de estabelecer os tratados a respeito de um problema que nenhum acordo pode atualmente resolver. Isso nos leva, portanto, a ignorar os problemas que *poderiam* ser resolvidos — como a sobrepesca nos criadouros, a destruição da biodiversidade pelos pesticidas e o mau uso das embalagens, que é a principal causa de mortes de espécies nos oceanos.

Não poderia ser parte da resposta conservadora para o aquecimento global dizer simplesmente: nada de mudança. Pelo contrário, muitas coisas *devem* mudar se estamos experimentando um sucesso sem precedentes de prosperidade, longevidade e reprodução que fazem de nossa espécie um fardo para o planeta. Porém, somos convidados a tirar a mudança climática da pilha dos problemas ambientais e elevá-la acima de todas as outras. O efeito é neutralizar os modos mais enraizados e moderados de acomodar as mudanças. A hipótese é que estamos lidando com um novo tipo e uma nova ordem de mudança à qual não *conseguimos* nos adaptar. E, se é assim, isso caracteriza um sério afastamento para nossa espécie, que sobreviveu por adaptação e que agregou à lista de adaptações biológicas uma enorme coda de adaptações sociais e políticas das quais a economia de mercado, o estado de direito, o método científico e a religião são apenas quatro, responsáveis entre si pela vasta expansão das espécies e, por essa razão, pelos atuais problemas ambientais. O perturbador é a ideia de que todas as nossas adaptações — biológicas, sociais, culturais e espirituais — agora possam ser ineficazes. Esse pensamento, todavia, não é de modo algum apoiado pela história recente da mudança ambiental. "Soluções baseadas na resiliência", portanto, deveriam fazer parte do repertório de todo pensamento ambientalista.

Consideremos as transformações ocorridas na Grã-Bretanha durante o século XIX, quando a população se deslocou em massa para as cidades fabris e áreas inteiras da zona rural foram abandonadas. Os primeiros observadores, como William Cobbett, profetizaram um colapso completo da agricultura e a deterioração da paisagem junto com a perda da batalha contra a corrupção moral, doença e escravidão em conurbações cada vez maiores. Em duas gerações, porém, as pessoas começaram a adaptar-se ao novo ambiente. Surgiram novas e menos penosas formas de trabalho na agricultura, ao passo que as reformas na legislação da terra assentada permitiram aos fazendeiros empreendedores comprar parte das propriedades rurais decadentes. O aproveitamento da energia do carvão conduziu, por fim, a um aumento sem precedente no padrão de vida não somente nas cidades, mas em todo o país, assim como as ferrovias começaram a conectá-las, a trazer mercados e a gerar emprego nos lugares intermediários.

Muito embora as decisões políticas ajudem no processo de adaptação, não o iniciam e são, elas mesmas, o resultado de campanhas e movimentos oriundos da sociedade civil. A sociedade britânica adaptou-se à Revolução Industrial da mesma maneira que se propôs a dar andamento a ela: pela iniciativa privada e associação civil. Já no fim do século XVIII, as Sociedades de Amigos — instituições de caridade que ofereciam a famílias de baixa renda empréstimos para compra de imóvel — começaram a enfrentar o problema da superlotação e da falta de moradia nas cidades. Durante os cinquenta anos seguintes, a rede de contatos das escolas anglicanas e dissidentes expandiu-se para oferecer educação à maioria das crianças da nação. Graças às iniciativas beneficentes, entre elas a fundação da Associação Médica Britânica em 1832, a saúde da população melhorou rapidamente. A excitação filantrópica levou às Leis Fabris, a primeira aprovada em 1802. Essa legislação (particularmente a Lei de 1844) combateu os piores abusos e obrigou os empregadores de crianças a limitar as horas de trabalho e a garantir que elas tivessem acesso ao ensino básico. No final do século, novos centros de civilização, como a Manchester vitoriana e Leeds, tornaram-se, para todos os moradores, um lar que passou a ser celebrado na arte e literatura e foi completamente incorporado à simpatia das pessoas.

O processo que conduziu ao crescimento dessas cidades foi pródigo em privações, injustiças e problemas de saúde, e recebeu comentário mordaz de Charles Dickens na descrição de Coketown (no livro *Tempos difíceis*, de 1869). No entanto, também era igualmente rico em fé, esperança e caridade, e de iniciativas ambientais que levaram, entre tantas outras coisas, ao controle público do saneamento e do lixo. Algumas dessas iniciativas resultaram em legislação; outras surgiram por meio da responsabilização civil promovida pelo *common law*. Todo esse processo ilustra de forma exemplar a maneira como a sociedade civil, agindo em conjunto com um legislativo responsável, adapta e administra a mudança no meio ambiente de acordo com os interesses dos membros. Comentaristas como a senhora Gaskell* e Charles Dickens não tiveram equivalentes nos séculos anteriores, não porque a situação era melhor na época, mas porque eram piores. As fábricas libertaram as crianças das propriedades rurais, onde trabalhavam arduamente e sem esperança de

---

* Elizabeth Gaskell foi uma romancista inglesa da era vitoriana muito conhecida por oferecer descrições detalhadas das várias classes sociais em suas obras, especialmente das mais pobres. (*N. do T.*)

superar tal condição. O trabalho das crianças nas fábricas passou a estar sob o olhar da população educada, que poderia se dar ao luxo da compaixão, e, em algumas décadas, as Leis Fabris salvaram-nas da escravidão.

Não devemos descartar a esperança de adaptação à mudança climática de uma maneira semelhante à exemplificada pela resposta à Revolução Industrial? É claro, caso as profecias dos alarmistas se cumpram, não será possível a adaptação. A antiga Inglaterra sobreviverá da maneira como sobrevive no diário do taxista que é o subtexto do romance *O livro de Dave*, de Will Self. Muitas cidades europeias e norte-americanas cresceram como Londres e Bristol, com saídas para o mar e para os bens por lá transportados para comercialização. Caso o nível do mar se elevasse, tais cidades seriam afetadas de um modo tanto dispendioso quanto doloroso. Contudo, o que nos permitiria a adaptação à mudança? Certamente, a mesma coisa que permitiu que nos adaptássemos à Revolução Industrial, ou seja, o crescimento de novas formas de vínculos locais, novos modos de associação civil, novos modos de cooperação com o próximo em grupos voluntários e cumpridores da lei. De modo idêntico, as mudanças que estão por vir são gerenciáveis ou não o são. E, se forem, será porque as motivações sociais herdadas conseguiram abarcá-las e não porque o Estado tem algum poder, que não temos, para gerenciá-las em nosso nome.

Então, qual é a resposta? Não revanchismo, mas tutela; não tratados inexequíveis, mas exemplos concretos de administração bem-sucedida; não ataques contra os mercados, mas a utilização destes para restaurar o equilíbrio. Por essa razão, a verdade no ambientalismo aponta para a razoabilidade do conservadorismo e para a necessidade de incorporar o propósito da administração de bens nas políticas conservadoras.

Assim como as outras verdades que tenho discutido, no entanto, a verdade no ambientalismo pode ser distorcida até se transformar em uma mentira, e, assim como em outros exemplos, essa transição

A VERDADE NO AMBIENTALISMO

do verdadeiro para o falso ocorre quando o impulso religioso substitui o ímpeto político. A questão ambiental foi apresentada pelos ativistas das ONGs e pelos políticos verdes como um confronto entre a força das trevas e a força da luz. A força das trevas corresponde ao alvo tradicional da crítica da esquerda: o grande capital, o mercado, a "ganância" e o "egoísmo" que nos destroem. Contra essas forças poderosas estão alinhadas as forças da luz: os ativistas, as ONGs, as pessoas motivadas por uma preocupação altruísta com as futuras gerações e não com o próprio conforto. E, porque essas pessoas não desfrutam do enorme poder institucional e econômico de seus adversários, devem apelar para outra força superior que as represente, a força do Estado, que pode usar a lei para subjugar o comportamento egoísta daqueles que, não fosse isso, destruiriam o planeta.

Apresentada dessa forma, com todos os ornamentos ideológicos com que estamos familiarizados, a posição de esquerda traz à existência, segundo a sua própria lógica, uma posição de direita que defende a liberdade individual e os mercados contra o bicho-papão do controle estatal e da ditadura que governa de cima para baixo. E, à medida que o conflito esquenta, todo tipo de coisa é questionado e não deveria sê-lo, fatos são inventados e a pesquisa é politizada, o uso legítimo do Estado e a esfera legítima da iniciativa privada, ambos, são perdidos de vista diante da enxurrada de acusações. A lição que os conservadores deveriam aprender é a mesma que deveriam extrair de outros movimentos de massa dedicados à solidariedade que mencionei. Deveriam aprender que dos conflitos relativos ao meio ambiente surgem, da base, as soluções políticas, moldadas por causas de pessoas reais. Não são impostas de cima por aqueles que olham com suspeita para seus pares humanos, e que almejam substituí-los por algo melhor.

9

A verdade no internacionalismo

O conservadorismo não é, por natureza, internacionalista e desconfia de todas as tentativas de controlar o legislativo e o governo do país a partir de um lugar além das fronteiras. Reconhece a verdade no liberalismo, segundo a qual o processo político só pode ser fundamentado no consentimento se os direitos do indivíduo forem reconhecidos. Mas a oposição, a discordância, a livre manifestação de perspectivas provocadoras e a regra da solução conciliatória pressupõem uma identidade comum.

Argumentei que o tipo de primeira pessoa do plural de que precisamos para proteger os direitos da oposição e da política de solução conciliatória é um "nós" nacional, não um religioso. Salvo se, e até que, as pessoas se identifiquem com o país, com o território e com o legado cultural — algo parecido com a maneira como as pessoas identificam-se com a família —, não surgirá uma política de solução conciliatória. Como expus no capítulo 3, as pessoas devem levar os semelhantes a sério, pois têm igual direito à proteção e podem solicitá-la, em momentos de crise, para enfrentar um perigo mortal.

Por essa razão, os conservadores olharão inevitavelmente com desconfiança para as tentativas de legislar a partir de um lugar externo à jurisdição da nação e precisarão ser persuadidos antes de assinar um tratado de renúncia ou redução da soberania em alguma questão vital que seja fonte de preocupação nacional. Os muitos projetos de governança global, ou os que reduzem radicalmente a

162 COMO SER UM CONSERVADOR

soberania dos Estados-nação, estão inclinados a sofrer rejeição pelos conservadores por serem utópicos, uma vez que propõem um novo tipo de cidadania que não é baseado em um vínculo pré-político. Estão procurando uma ordem política sem a ligação afetiva que a tornaria possível. Assim, ao menos, parece.

Entretanto, devemos reconhecer a verdade no internacionalismo. A solução das disputas entre soberanias por meio de um tratado e não da força é de origem antiga, e durante a Idade Média foram feitas tentativas para deduzir das nações um tipo de *common law* a partir dos pressupostos que fundamentam a elaboração dos tratados. O grande trabalho de Hugo Grócio, *De Jure Belli ac Pacis* (1625) — sobre a lei da guerra e da paz — foi uma tentativa de adaptar os princípios da lei natural ao governo nas relações entre Estados soberanos. Grócio estabeleceu os fundamentos do Direito Internacional como o conhecemos. Kant, no breve discurso *À paz perpétua*, reconheceu que o Direito Internacional estaria sempre incompleto se não houvesse uma maneira de aplicá-lo para abreviar a guerra. Por isso, defendeu uma "Liga das Nações" por meio da qual os vários Estados-nação elaborariam um acordo em que os litígios seriam entregues a um órgão central com poder para arbitrá-los e em que todos estariam representados. Essa sugestão inspirou a fundação da Liga das Nações em seguida à Primeira Guerra Mundial, e que teve vida curta, e da Organização das Nações Unidas (ONU) após a Segunda Guerra Mundial. Embora haja muitas coisas passíveis de crítica na ONU, e apesar de as instituições e procedimentos não serem, dada a natureza do caso, uma demonstração contrária ao seu aprisionamento pelos Estados pária e por tiranias disfarçadas de soberanias legítimas, é bem aceito que a existência da organização contribuiu para a solução de muitos conflitos que, do contrário, teriam saído do controle.

A verdade no internacionalismo é que os Estados soberanos são pessoas jurídicas e devem negociar entre si por meio de um sistema

A VERDADE NO INTERNACIONALISMO

de direitos, deveres, obrigações e responsabilidades: em outras palavras, por meio do "cálculo dos direitos e deveres" aos quais me referi no capítulo 6. Os Estados soberanos devem estabelecer acordos voluntários que tenham força de contrato por lei, e esses pactos deveriam ser vinculativos aos governos consecutivos, da mesma maneira que um contrato de um escritório de advocacia vincula os sucessivos diretores. Para fazer com que esses acordos sejam possíveis, os Estados devem ser soberanos — ou seja, capazes de decidir as questões por si mesmos — e também estarem dispostos a renunciar os poderes para essas entidades responsáveis pela manutenção dos acordos internacionais e da lei que as rege.

Muito disso é bom senso. Não é isso, no entanto, que hoje corresponde ao internacionalismo. Mais uma vez, a verdade fundamental foi capturada por pessoas com uma agenda e, assim, ela se converteu em uma falsidade. Essa transformação da ideia internacionalista influenciou não somente a ONU, mas, de modo mais concreto, a União Europeia e o Tribunal Europeu de Direitos Humanos, instituições que surgiram a partir das guerras europeias como o resultado da pressão exercida por internacionalistas utópicos.

A ideia de uma integração europeia, no formato atual, foi concebida durante a Primeira Guerra Mundial, tornou-se uma realidade política como consequência da Segunda Guerra e foi marcada pelos conflitos que a criaram. Em 1950, parecia sensato, até mesmo imperativo, reunir as nações da Europa de modo que as guerras que por duas vezes quase destruíram o continente fossem evitadas. E, porque os conflitos geraram radicalismo, a nova Europa foi idealizada a partir de um plano abrangente — um plano que eliminaria as fontes do conflito europeu e que depositasse, no coração da ordem continental, cooperação, e não rivalidade.

Os arquitetos do plano, em sua maioria democratas cristãos, tinham pouco em comum além da crença na civilização europeia e a desconfiança em relação ao Estado-nação. A *eminência parda*, Jean Monnet, era um burocrata transnacional influenciado pela visão de

164 COMO SER UM CONSERVADOR

uma Europa unida onde guerra fosse coisa do passado. Seu colaborador mais próximo, Walter Hallstein, era um acadêmico alemão tecnocrata que acreditava na jurisdição internacional como o sucesso natural das leis dos Estados-nação. Monnet e Hallstein juntaram-se a Altiero Spinelli, um comunista romântico que defendia os Estados Unidos da Europa legitimados por um parlamento europeu democraticamente eleito. Essas pessoas não eram entusiastas solitários, mas faziam parte de um amplo movimento da classe política do pós-guerra. Escolheram líderes como Konrad Adenauer, Robert Schuman e Alcide De Gasperi como porta-vozes de suas ideias e propuseram a Comunidade Europeia do Carvão e do Aço (o Plano Schuman) como objetivo inicial — acreditando que um projeto mais amplo adquiriria legitimidade se pudesse, antes, ser compreendido e aceito nesse formato restrito.

Não pretendo negar as conquistas dessas pessoas, imbuídas do melhor espírito público. Porém, devemos lembrar que, quando os primeiros instrumentos da cooperação europeia foram idealizados, nosso continente estava dividido pela Cortina de Ferro, com metade da Alemanha e todos os países eslavos sob ocupação soviética, além de regimes autoritários instalados em Portugal e na Espanha. A França estava em constante turbilhão com um Partido Comunista dominando mais de um terço do eleitorado do país; a Europa que permanecia livre era fundamentalmente dependente da Aliança Atlântica e as marcas da ocupação e da derrota estavam aparentes em todos os lugares (exceto na Grã-Bretanha e na Península Ibérica). Parecia que somente medidas radicais poderiam restaurar a saúde política e econômica do continente e substituir os velhos antagonismos por um novo espírito de amizade. Como consequência, a integração europeia foi concebida em termos unidimensionais como um processo de *unidade* cada vez maior sob uma estrutura de comando centralizada. Cada aumento do poder central correspondia a uma redução do poder nacional. Cada cimeira, cada

A VERDADE NO INTERNACIONALISMO   165

diretiva e cada estalo do dente de engrenagem da *acquis communautaire*,* desde então, carregavam dentro de si essa equação específica. E, porque chegamos a um novo ponto de inflexão para a Europa, devemos agora considerar as consequências.

Tivemos muitas conquistas inegáveis desde aquela época: prosperidade material, longevidade, saúde e segurança diante das ameaças externas. E esses benefícios foram impulsionados por instituições internacionais criadas em decorrência da Segunda Guerra Mundial — por exemplo, pela ONU e os esforços de manutenção da paz, pela Organização do Tratado do Atlântico Norte (OTAN), cuja atuação contribuiu para o colapso da União Soviética, e pelo Acordo Geral sobre Tarifas e Comércio (GATT, na sigla em inglês), que foi suplantado pela OMC. As instituições europeias tiveram uma parcela equivalente na execução. Providenciando conexões estáveis para o mundo ao seu redor, facilitaram a democratização de países anteriormente sujeitos a ditaduras fascistas e comunistas; e, ao unir França e Alemanha, estabilizaram os dois países, tanto no plano interno quanto no externo.

No entanto, também devemos reconhecer que as condições mudaram e os instrumentos de cinquenta anos atrás para lidar com os problemas não são, necessariamente, adequados para os dias de hoje. Apesar do colapso, o império soviético deixou um legado de desconfiança política e de ilegalidade dissimulada que só pode ser superado pelo fortalecimento, e não pelo enfraquecimento, dos vínculos afetivos nacionais. A rápida diminuição da participação da Europa na riqueza e no comércio mundial evidencia um tipo de alteração do poder raramente visto ao longo dos séculos. A imigração em massa a partir da África, Ásia e Oriente Médio criou minorias potencialmente desleais e, em todo o caso, antinacionais, no coração

---

* Expressão em francês para *acervo comunitário*, conjunto normativo vigente na União Europeia que vincula os Estados membros e obriga à aceitação das decisões aprovadas por maioria. (*N. do T.*)

da França, da Alemanha, dos Países Baixos, dos países escandinavos e da Grã-Bretanha. A fé cristã decresceu na vida pública, deixando um vácuo no qual o niilismo, o materialismo e a militância islâmica fluíram sem resistência. A população está envelhecendo e diminuindo — exceto na Grã-Bretanha, destino de muitos imigrantes europeus e que, como resultado, experimenta um conflito profundo. Ao confrontar esses males, que definem a nova crise da Europa tão seguramente quanto a ascensão do totalitarismo definiu a crise do passado, a ênfase exclusiva na "integração" é, na melhor das hipóteses, uma irrelevância e, na pior, um erro fatal.

Por mais radical que seja a nossa visão quanto ao futuro da Europa, teremos de depender dos Estados-nação para concretizá-la. Ao substituir a responsabilidade pública pela burocracia distante, o mecanismo da União Europeia nos deixou desarmados e desnorteados perante a crise atual. O aumento constante de poderes e privilégios sem qualquer tentativa recíproca de contabilizar o seu exercício está arruinando, pouco a pouco, toda a confiança no processo político. Por estar constantemente contra a diversidade enraizada, de modo profundo, nas nações europeias, o projeto de "união cada vez mais estreita" não apenas alienou os povos da Europa, mas mostrou a incapacidade para utilizar os verdadeiros recursos e o potencial criativo de nossa população, revitalizando a ideia de civilização europeia.

É verdade que Bismarck uniu os principados germânicos pela imposição de um sistema legal unificado e de uma burocracia centralmente administrada. E, muito provavelmente, o êxito de Bismarck inspirou homens como Jacques Delors, que desejava promover uma unificação semelhante em toda a Europa. Porém, a intenção de Bismarck era criar um Estado-nação; partiu do pressuposto de uma língua comum, costumes comuns e fronteiras historicamente vindicadas. Em seu *Kulturkampf* contra a Igreja Católica, deixou bem claro que pretendia neutralizar as fontes transnacionais de autoridade, não endossá-las. É certamente ingênuo pensar que esse projeto de

A VERDADE NO INTERNACIONALISMO

"unidade via regulação" poderia ter êxito sem o objetivo declarado de Bismarck de construção da nação. Não criou somente uma estrutura política unificada; estava criando um novo centro de lealdade, que subsumiu as fidelidades tradicionais dos povos de língua germânica e lhes deu uma identidade comum no mundo industrial emergente. A União Europeia fez tentativas débeis de apropriar-se de lealdades e identidades das nações europeias; mas a futilidade da tarefa e o absurdo de sua manifestação apenas lembraram aos povos da Europa que as leis feitas em Bruxelas são leis feitas por *outros*, que estão desvinculados da fidelidade que une a nação.

Os integracionistas tentaram acalmar o crescente descontentamento entre as pessoas com a doutrina da "subsidiariedade". Essa palavra, incorporada ao Tratado de Maastrich, e ostensivamente protetora da soberania local, ganhou o sentido atual em uma encíclica de 1931, do papa Pio XI, que descrevia a descentralização do poder como um item fundamental da doutrina social da Igreja. De acordo com Pio XI, "subsidiariedade" significa que as decisões são sempre tomadas na esfera mais baixa compatível com a autoridade abrangente do governo. O termo foi apropriado por Wilhelm Röpke, o economista alemão que, exilado da Alemanha nazista para a Suíça, ficou surpreendido e estimulado ao descobrir uma sociedade que de tantas maneiras era o oposto daquela de onde havia escapado.[1] Viu que a sociedade suíça era organizada de baixo para cima e solucionava os problemas na esfera local por meio de associações livres de cidadãos que eram aqueles "pequenos pelotões" aos quais Edmund Burke dedicou apelos veementes quando censurava publicamente a ditadura de cima para baixo da Revolução Francesa. Subsidiariedade, segundo o entendimento de Röpke, referia-se ao direito das comunidades locais de tomar decisões por conta própria, dentre elas, a de renunciar a questão para ser discutida em

---

[1] Wilhelm Röpke. *A Humane Economy: The Social Framework of the Free Market.* Londres: O. Wolff, 1960.

um fórum mais elevado. Subsidiariedade põe um freio absoluto nos poderes centralizados ao permitir o seu envolvimento somente quando requisitado. É a maneira de harmonizar uma economia de mercado com as lealdades locais e com o espírito público que, de outro modo, seriam corroídos.

Na União Europeia de hoje, o termo "subsidiariedade" indica não os meios pelos quais os poderes são transmitidos a partir de baixo, mas os instrumentos pelos quais são alocados de cima. É a União Europeia e as suas instituições que decidem onde os poderes subsidiários começam e terminam, e, ao pretender conceder poderes na própria palavra que os remove, o termo "subsidiariedade" deixa toda a ideia de governo descentralizado envolta em mistério. Para os eurocratas, os governos nacionais só são autônomos em nível "subsidiário", com as instituições europeias tendo poderes somente para determinar que nível é esse. Não é de surpreender que o povo suíço, observando a consequência disso e desafiando a sua classe política, tenha constantemente se recusado a aderir à União Europeia.

Os conservadores são defensores da subsidiariedade, entendendo o termo da mesma forma que Röpke e Publius (Alexander Hamilton), na defesa da constituição "federal" dos Estados Unidos, ou seja: um arranjo político no qual "o poder é outorgado pela liberdade, não a liberdade pelo poder".[2] Como obter esse arranjo, assim como restaurar a responsabilidade pública, a flexibilidade e a vantagem competitiva na União Europeia, é uma questão que não se consegue resolver facilmente. Porém, creio, sem uma forma genuína de subsidiariedade não pode haver um futuro concreto para a União Europeia, que se fragmentará sob a pressão de seu ônus legislativo desequilibrado e das consequências perturbadoras da imigração em

---

[2] "Publius" foi o pseudônimo adotado por Alexander Hamilton, James Madison e John Jay em *O federalista*, publicado pela primeira vez em dois volumes em 1788. A citação é de uma frase de Hamilton na Carta 39.

A VERDADE NO INTERNACIONALISMO

massa — consequências que já levaram a um poderoso movimento na Grã-Bretanha em defesa da secessão.

A crise em que as instituições da Europa foram a primeira resposta foi o resultado, sobretudo, de uma coisa — a abordagem centralizada e ditatorial na política exemplificada pelo belicismo do Partido Nazista, pelo controle totalitário do Partido Comunista e pelo domínio fascista na Itália e na Espanha. A União Europeia tem origens benignas e intenções nobres que não permitem comparação com aquelas desaparecidas ordens do dia. No entanto, a mesma abordagem ditatorial foi construída dentro do processo europeu e só tem um, e só um, caminho a seguir, isto é, "mais leis, mais regras, mais governo, mais poder para o centro". As ameaças concomitantes a essa concentração de poderes não são ofensivas, militares ou totalitárias. São sutis e insidiosas: os perigos da alienação cívica, da perda de competitividade econômica e do domínio da tomada de decisão por uma elite cada vez mais irresponsável.

A soberania nacional é uma precondição da democracia. E a soberania nacional inclui o direito de determinar quem reside dentro das fronteiras nacionais, quem controla os ativos da nação e quem tem direito aos benefícios da cidadania. Isso pressupõe um "nós" a partir do qual começa a nossa negociação e os interesses que atende. Tratados entre Estados soberanos não precisam envolver uma perda de autonomia, não mais do que um contrato entre indivíduos inclui a perda de liberdade. Pelo contrário, contrato e tratado são, ambos, expressões de soberania e o axioma *pacta sunt servanda* (acordos devem ser honrados), como o imperativo categórico de Kant, é uma lei que expressa a liberdade daqueles que estão por ele vinculados.

O Tratado de Roma, se interpretado de acordo com o espírito no qual foi assinado originalmente, ainda poderia funcionar como uma expressão de vontade da soberania de seus signatários. Pois, se a autonomia individual é uma precondição do livre mercado, então a soberania nacional é uma precondição do livre-comércio. Da maneira como é hoje interpretado, porém, o Tratado vai além de qualquer interpretação convencional de como os tratados funcionam e se transformou em uma capitulação irreversível, mais parecendo um casamento do que um contrato. Quando a regulação pode penetrar no núcleo dos concorrentes econômicos, eliminando os costumes que fazem de cada indivíduo o que ele é, então o que temos não é o livre-comércio entre nações soberanas, mas a abolição das nações e, portanto, do comércio entre elas. Talvez fosse isso o que Jean Monnet pretendia; mas não foi dessa maneira que o projeto europeu foi vendido à população. A globalização não diminuiu o sentimento de nacionalidade: sob a sua influência, as nações tornaram-se os receptáculos preferenciais e primordiais da confiança dos cidadãos e os instrumentos indispensáveis para compreender e desfrutar a nova condição do mundo.

Pelos instrumentos da máquina legislativa da União Europeia, um país cuja economia foi paralisada por leis relativas a horas e condições de trabalho pode exportar o custo dessas leis ao impô-las aos competidores. Ou, um país pode tentar influenciar legisladores para criar regulações que favoreçam as instituições financeiras nativas em detrimento das suas concorrentes estrangeiras. Essas coisas acontecem continuamente no processo da União Europeia, visto que não está mais absolutamente claro se o comércio entre os Estados-nação da Europa é beneficiado ou obstruído pelo regime regulatório. O certo é que a vida econômica da Europa está cada vez mais controlada pelo centro. E esse processo prejudica os interesses concretos de todos os povos europeus, tornando a Europa, como um todo, cada vez menos competitiva em relação ao restante do mundo.

Dessa maneira, como o comércio entre os Estados-nação europeus deveria ser organizado e que tipo de regime legal conciliará a soberania nacional com a livre circulação de bens e serviços ao fomentar as boas relações de vizinhança de que precisa a Europa? Não podemos, somente por regulação, conciliar os diferentes interesses e identidades de nosso continente, nem deveríamos tentar. Quando

A VERDADE NO INTERNACIONALISMO

as nações concordam em reduzir as barreiras para o comércio recíproco, renunciam somente àqueles poderes contestados por quem tem pretensões de parcerias comerciais — poderes para alterar, por exemplo, barreiras tarifárias ou não tarifárias ou para intervir em fusões e na concorrência. Se os parceiros insistem em manter as próprias leis relativas às horas de trabalho, pensão, direitos laborais, feriados religiosos ou sobre o que quer que seja, trata-se do direito que possuem como entidades soberanas. Negociacões sem salvaguardas para ativos que foram protegidos como fundamentais para o *quem somos* envolvem uma ab-rogação da própria coisa que torna possível a livre negociação, ou seja, a autonomia dos parceiros. Essa verdade elementar, que nada mais é do que uma verdade da lógica, é perfeitamente compatível com a existência de tratados de livre-comércio em toda a Europa e de um tribunal de justiça europeu com poderes para dirimir conflitos no âmbito desses tratados. Contudo, isso não é compatível com o tipo de máquina legislativa criada pela Comissão Europeia com a dissolução forçada das fronteiras nacionais ou com o surgimento de um governo irresponsável em relação à transparência e à prestação de contas, e ocupado por uma elite de políticos decadentes.

A questão que não sai da cabeça das pessoas é como esse enorme equívoco pode ser corrigido? O pior erro na política foi aquele cometido por Lenin — destruir as instituições e procedimentos por meio dos quais os erros poderiam ser identificados. Algo semelhante está acontecendo na União Europeia, cujas elites, diante de problemas cada vez maiores colocados pelo descontentamento popular, pela imigração em massa, pela problemática moeda única e pelo colapso das economias periféricas, respondem com um único clamor: mais Europa. Em outras palavras, não regressar ao que sabemos, mas avançar para o vazio. A coisa extraordinária é que nossos representantes eleitos deixaram para dizer na última hora o que deveriam ter dito trinta anos antes, ou seja, que não se trata de mais, mas de menos Europa.

172 COMO SER UM CONSERVADOR

No entanto, suponhamos que as nações da Europa fossem capazes de recuperar as soberanias. Qual deve ser a relação, e a relação das democracias em geral, com o restante do mundo? Duas visões rivais sobre relações internacionais competem, hoje, por influência entre nossas elites políticas, o "nacional" e o "transnacional", e os recentes acontecimentos no Oriente Médio aguçaram o conflito. Segundo a perspectiva nacional, a tarefa dos políticos é manter a lei, a ordem, a paz, a liberdade e a segurança dentro das fronteiras de um Estado soberano. O modo de manter a paz, na visão nacional, é defender a soberania nacional em toda área sob ameaça e preservar um equilíbrio de poder entre os vizinhos. O comportamento ameaçador de qualquer Estado estrangeiro deve ser enfrentado com uma contra-ameaça que seja suficiente para conter a agressão. E, onde for possível, o equilíbrio de poder deve ser complementado com pactos de não agressão e tratados que reconheçam interesses comuns — contanto que esses tratados não enfraqueçam ou comprometam a soberania nacional. A Primeira Guerra Mundial, com seus incompreensíveis objetivos e como um massacre sem sentido, desacreditou, na cabeça de muita gente, essa abordagem de "equilíbrio de poder" em relação ao conflito. A Liga das Nações substituiu a visão nacional pela alternativa transnacional.

De acordo com a visão transnacional, a beligerância entre Estados soberanos não pode ser impedida pela ameaça de uso da força, mas somente pelo estado de direito. Os conflitos entre Estados devem ser resolvidos da mesma maneira que os litígios entre cidadãos — isto é, recorrendo à lei e à imposição de uma sentença judicial. Isso exigirá um governo transnacional com instituições que legislem e apliquem a lei. Kant é a autoridade habitualmente citada em defesa dessa abordagem.[3] De acordo com a sua proposta da Liga das Nações, as nações soberanas se submeteriam a uma jurisdição comum que seria exercida por meio de sanções.

---

[3] Immanuel Kant. *À paz perpétua*. Porto Alegre: L&PM, 2008; *Kant: Political Writings*. Cambridge: Cambridge University Press, 1991.

A VERDADE NO INTERNACIONALISMO

O que Kant tinha em mente, porém, estava longe desse governo transnacional que agora é concebido. Ele foi inflexível na ideia de que não poderia haver garantia de paz a menos que os poderes que aderissem ao tratado fossem repúblicas. Governo republicano, como definido por Kant em *À paz perpétua* e noutros de seus textos políticos, significa um governo representativo sob o império da lei,[4] e a sua Liga é aquela que vincula governos autônomos e nações soberanas nas quais as pessoas gozam dos direitos e dos deveres de cidadania. Para Kant, o tipo de direito internacional necessário à paz "pressupõe a separação de muitos Estados vizinhos independentes uns dos outros [...] [unidos sob] uma união federativa entre eles [que] não previne a eclosão das hostilidades". Esse estado de coisas é preferível a "uma fusão deles por uma potência".[5] E, em seguida, apresenta a principal objeção ao governo transnacional, ou seja, aquelas "leis, com a abrangência aumentada do governo, [que] sofrem danos com sua pressão sempre maior e um despotismo vazio de alma, [que] depois que extirpou os germes do bem, degenera, ao fim, em anarquia".[6]

Parece, então, que Kant só endossou parcialmente o governo transnacional como o conhecemos. Sua Liga das Nações somente poderia ser uma realidade, pensou, se os Estados por ela unidos fossem genuinamente soberanos, genuinamente representativos de seu povo e genuinamente regidos pela lei. Evidentemente, este não é o caso, hoje em dia, de grande parte dos membros da ONU e certamente não é daqueles que, como a Coreia do Norte, têm representado uma gigantesca ameaça aos vizinhos mais próximos. Esses Estados não são corpos realmente soberanos, mas sim tropas

---

[4] Immanuel Kant. *À paz perpétua*. p. 28-30. Aqui Kant apresenta uma de suas várias definições, nenhuma delas coincidindo uma com a outra, mas todas apontando para a mesma direção.

[5] Idem, p. 52.

[6] Ibidem.

174 COMO SER UM CONSERVADOR

recrutadas nas mãos de criminosos.[7] O poder é exercido por esses criminosos, não por um governo representativo e menos ainda sob a lei, mas pela engrenagem de uma ditadura de partido único complementada por um clientelismo mafioso e por laços familiares. Os defensores do internacionalismo kantiano estão, portanto, presos a um dilema. Se a lei deve ser efetiva na resolução dos conflitos, todas as partes devem ser membros da comunidade das nações cumpridoras da lei. O que então devemos fazer com o Estado pária? Devemos ter o direito de depor os soberanos assim como trocar os súditos pelos cidadãos, os soberanos pelos representantes e a força pela lei? Se não, devemos nos considerar *realmente* sujeitos à lei e aos tratados diante dos quais o Estado pária apenas *finge* obedecer? Nesse caso, qual garantia essas leis e tratados oferecem para uma "paz perpétua"?

Não obstante as ressalvas de Kant, os defensores da ideia transnacional têm sustentado persistentemente que todos os conflitos entre Estados devem ser submetidos ao direito internacional e que a beligerância nunca pode ser justificada até que sejam inteiramente explorados e esgotados todos os meios legais. Essa posição foi mantida até mesmo quando um partido na disputa detinha um poder completamente despótico e totalitário e que governava com a força, não com a lei. Pois, se mantido, tal poder poderia ser forçado a cumprir com suas obrigações mediante as sanções previstas no direito internacional, sanções aquém da beligerância, uma vez que respeitam a soberania e independência do Estado contra o qual são aplicadas.

Agora, não resta dúvida de que as sanções prejudicam as pessoas dos Estados onde são aplicadas. Escassez de suprimentos vitais, colapso das empresas dependentes da exportação e da importação,

---

[7] No caso da Coreia do Norte, Christopher Hitchens argumentou plausivelmente, não tropas recrutadas, mas um campo de concentração nas mãos de uma família de loucos. Ver Christopher Hitchens. *Arguably*. Londres: Atlantic Books, 2011, p. 553-558.

A VERDADE NO INTERNACIONALISMO

enfraquecimento geral das relações sociais em virtude do mercado negro, tudo colabora para disseminar a pobreza e a desconfiança entre as pessoas, levando a privações e até à fome — como foi afirmado em relação ao Iraque sob Saddam Hussein. Mas, por essa mesma razão, as sanções tanto podem reforçar quanto exaurir o poder da elite no comando. A família Kim e seus clientes foram enormemente beneficiados pela fome que infligiram ao povo norte-coreano, e a colaboração da comunidade internacional em assegurar-lhe que a população vivesse sem esperança foi só mais um presente dado ao tirano no poder. As privações suportadas pelos norte-coreanos significam que não têm força, nem confiança mútua, para desafiar seus opressores. O mesmo se aplica ao Iraque sob Saddam. Além disso, o círculo de Saddam, formado por criminosos Ba'athist, enriqueceu pelo contrabando e pelo mercado negro, assim como a elite do partido na Rússia soviética enriqueceu por meio das privações do povo soviético. As sanções dão uma contribuição substancial ao poder baseado na privação e só podem arruinar uma tirania quando esta depende, de alguma maneira, do bem-estar dos que a ela estão submetidos.

Além disso, a corrupção inerente às burocracias transnacionais garante que a ONU se transforme em um meio para burlar a lei em vez de fazê-la cumprir. Aparentemente, Saddam era hábil em usar o grande fluxo de dinheiro do programa auxiliar "Petróleo por Comida" para enriquecer não só a si mesmo e aos amigos íntimos, mas aos apoiadores estrangeiros, sem melhorar a sina dos iraquianos pobres que eram os supostos beneficiários do projeto. De fato, provou ser mais fácil para a elite iraquiana enriquecer por meio das vendas de petróleo limitadas pelas sanções do que pelas vendas em tempos de paz no mercado aberto.[8]

No entanto, essas não são as únicas consequências negativas das sanções. Ao ajudar a manter a ficção de um caminho "legal" para

---

[8] Relatório apresentado por Claude Hankes-Drielsma no Congresso em 21 de abril de 2004.

o objetivo de que sejam cumpridas, as sanções postergam o uso da força que pode ser necessária para atingi-lo. Obviamente, o direito internacional admite o uso legítimo da força — especialmente para se opor a uma agressão ou repelir uma invasão. Mas sempre estabelece limites restritos para o seu uso porque entende a força como o último recurso cujo propósito é corrigir a força usada por terceiros. Por essa razão, os Estados Unidos conseguiram o aval da ONU para a primeira Guerra do Golfo, sob o entendimento de que a intenção era repelir o invasor do Kuwait. Mas qualquer outra ação, como a invasão do Iraque e a deposição de Saddam Hussein, seria ilegal. Os Estados Unidos respeitaram a lei criando dessa maneira as condições pelas quais Saddam poderia reafirmar o controle sobre o povo iraquiano e punir aqueles que, como os residentes de Basra, foram por um breve momento enganados de que o tempo do tirano havia acabado. Mais uma vez, o direito internacional agiu para postergar a solução do conflito e, ao impedir a marcha sobre Bagdá, assegurou que o avanço só ocorresse em circunstâncias muito menos prováveis de minimizar a perda de vidas ou obter o consentimento do povo iraquiano.

Kant propôs em *À paz perpétua* uma jurisdição internacional com um único objetivo — garantir a paz entre as jurisdições vizinhas. A Liga das Nações fracassou porque o pressuposto antecedente não foi cumprido — isto é, que seus membros deveriam ser republicanos unidos pela cidadania e pelo império da lei. (A ascensão do governo totalitário na Rússia e na Alemanha significou a abolição da cidadania naqueles países; e foram esses os países agressores na Segunda Guerra Mundial.) Os defensores do governo transnacional têm ignorado vivamente o pressuposto de Kant. Mais grave, eles também ignoram a restrição da jurisdição internacional ao objetivo da paz exposta por Kant. Nossas jurisdições nacionais são, hoje, bombardeadas por leis externas, muito embora dificilmente qualquer dessas leis esteja preocupada em evitar a guerra. Nós, os cidadãos, somos impotentes em relação a esse assunto e eles, os legisladores, estão completamente sem resposta para nos dar, nós que

A VERDADE NO INTERNACIONALISMO

devemos obedecer a elas. Isso é exatamente o que Kant temia como o caminho certo para o despotismo e em seguida para a anarquia. O crescimento da visão transnacional da resolução do conflito tem, por essa razão, levado a um grave atar de mãos — não nos Estados fora da lei cujas mãos precisariam ser atadas, embora nunca pela lei, mas pelas democracias que a respeitam. Nós, que nos consideramos vinculados pelos tratados, também estamos sujeitos a perder seus benefícios.

Um exemplo disso merece ser mencionado, uma vez que é uma enorme contribuição para a perda de segurança na Europa. A Convenção de Genebra para refugiados e asilados foi ratificada em 1951, quando não existiam refugiados sem atendimento na Europa e bem poucos pedidos de asilo — um fato que significou que não havia custo envolvido na ratificação da convenção. Isso vinculou os legislativos dos Estados-nação desde então, apesar de as circunstâncias terem mudado radicalmente. A convenção permite ao ditador exportar os oponentes sem a má reputação que ganharia, caso os tivesse assassinado. O custo integral da convenção é, portanto, financiado pelos Estados cumpridores da lei. Um silêncio preocupante tem prevalecido até agora a respeito disso, uma das questões mais importantes para a Europa moderna. Muitos daqueles que reivindicam asilo trazem com eles o furor islâmico dos países de onde escaparam. Alguns exigem os benefícios da cidadania, inclusive apelando para eles como "direitos humanos", ao mesmo tempo que admitem não ter qualquer dever a cumprir em contrapartida para com o Estado. Existem hoje cidadãos britânicos engajados em uma *jihad* contra o povo britânico[9] e para quem a acusação de traição é

---

[9] O caso de Al-Mahajiroun é agora suficientemente notório: ver John Marks e Caroline Cox. *The "West", Islam and Islamism*. Londres: Civitas, 2003; e o meu *The West and the Rest*. Wilmington: ISI Books, 2002. Este é um dos muitos casos, contudo, que ilustram o que acontece à cidadania quando dissociada da ideia nacional. A cidadania é comprada e vendida como um passaporte falso, para se tornar um imposto sobre a lealdade de outras pessoas.

178   COMO SER UM CONSERVADOR

tão incompreensível quanto a sugestão de que há traição na lua. Não deveríamos lidar com esse problema consultando o interesse nacional em vez de nos rendermos a um tratado assinado antes de a maioria de nós ter nascido?

Os internacionalistas tendem a ser cosmopolitas que se identificam como "cidadãos do mundo" e repudiam conscientemente as antigas lealdades nacionais que os vinculam a uma nação em particular, a um país em particular e a uma jurisdição específica. Porém, pode ser que a perspectiva nacional seja mais favorável à segurança nacional e também a uma ordem mundial do que a uma filosofia que interpreta todas as pessoas de todas as partes de acordo com o modelo de não envolvimento direto dos progressistas. O nacionalismo, elaborado como uma declaração beligerante dos "direitos" da nação diante de seus vizinhos, foi, definitivamente, uma força destrutiva na política europeia, como indiquei no capítulo 3. Entretanto, os Estados-nação, nos quais os procedimentos constitucionais e democráticos se apoiam no vínculo afetivo nacional, têm sido, no todo, membros pacíficos da comunidade internacional. Embora a fronteira entre Canadá e Estados Unidos seja objeto de disputa, e foi assim durante um século ou mais, as chances de essa contenda conduzir à guerra são de zero. A perspectiva nacional encoraja pretensões realistas sobre compaixão, provisões, energias e intelectos dos seres humanos. Admite-se que as pessoas para as quais se dirige são cidadãos, cuja concordância deve ser obtida para qualquer ato de beligerância e que preferem imensamente a negociação e a solução conciliatória à intransigência da guerra.

Se as democracias servem para proteger-nos das crescentes ameaças de que são alvo, por isso é mais necessário do que nunca adotar a perspectiva nacional em vez da transnacional. A globalização, a facilidade para viajar e a remoção das barreiras à imigração mudaram a natureza da ameaça. Não modificaram, todavia, a resposta eficaz contra ela que, como Clausewitz nos ensinou, está em desarmar o inimigo para que assim possamos impor a nossa vontade. O inimigo agora está escondido nas redes globais. Isso, no entanto,

A VERDADE NO INTERNACIONALISMO

não tornou a abordagem internacional mais útil para nós, tornou-a menos útil. Os inimigos só podem se confrontados se primeiro forem derrubados. E isso significa trazê-los à terra para *algum lugar*, como os americanos fizeram com a Al-Qaeda no Afeganistão. A globalização pode ter tornado mais difícil nos defendermos contra os ataques terroristas, mas estamos, contudo, defendendo o território, o lugar onde estamos, e caçando os inimigos no lugar onde *eles* estão.

Essa observação lembra outro ponto, para mim decisivo, em favor de uma abordagem nacional para o conflito. A perspectiva cosmopolita do marxismo-leninismo justificou durante quarenta anos a ocupação soviética no Leste Europeu. A visão antinacional dos islâmicos encoraja os aspirantes a *mujahidin* a se unirem aos que estão tentando impor um governo islâmico ao redor do mundo, independentemente de a população local concordar ou não. Em contrapartida, os poderes que entram em guerra para defender o território nacional precisam ter uma única intenção, que é retirar-se do conflito quando a batalha está vencida — da mesma maneira que os norte-americanos e seus aliados estão atualmente tentando sair do Afeganistão. Esses poderes estão em uma posição de reconhecer que a era do império acabou e que o conflito só cessará quando as nações, obedecendo à vontade do povo, concordarem com os termos sob os quais podem coexistir. Essa é a direção para a qual os conservadores desejam que o mundo caminhe; e o maior obstáculo é o desejo internacionalista de dissolver todas as fronteiras e governar o mundo de lugar nenhum.

10

A verdade no conservadorismo

O negócio do conservadorismo não é corrigir a natureza humana ou moldá-la de acordo com alguma concepção ideal de um ser racional que faz escolhas. O conservadorismo tenta compreender como as sociedades funcionam e criar o espaço necessário para que sejam bem-sucedidas ao funcionar. O ponto de partida é a psicologia profunda da pessoa humana. Quem melhor apreendeu a sua filosofia fundamental foi Hegel, no livro *Fenomenologia do espírito*, em que mostra como a autoconsciência e a liberdade surgem pelo aventurar-se do Eu rumo ao Outro; como as relações de conflito e de dominação são superadas pelo reconhecimento dos direitos e deveres mútuos, e como, no decorrer disso, o indivíduo conquista não somente a liberdade de agir, mas também adquire um sentido do próprio valor e do valor dos demais. O processo pelo qual os seres humanos adquirem a própria liberdade também constrói vínculos afetivos, e as instituições da lei, do ensino e da política são parte disso — não coisas que escolhemos livremente a partir de uma posição de distanciamento, mas coisas pelas quais *conquistamos* nossa liberdade e sem as quais não poderíamos existir como agentes plenamente autoconscientes.

Deixo para o leitor interessado decifrar o argumento de Hegel em detalhes.[1] O que surge a partir dele é a visão de seres humanos

---

[1] Porém, ofereço uma pequena ajuda no texto "Hegel as a Conservative Thinker" do livro *Philosopher on Dover Beach*. South Bend: St Augustine's Press, 1998.

COMO SER UM CONSERVADOR

como responsáveis uns pelos outros, vinculados em associações de responsabilidade mútua e encontrando realização na família e na vida da sociedade civil. Nossa existência como cidadãos, participando livremente na *pólis*, é possível graças aos vínculos afetivos duradouros às coisas que nos são caras. Nossa condição não é a do *homo oeconomicus*, buscando em tudo um modo de satisfazer os desejos privados. Somos criaturas que constroem lares, em busca de valores intrínsecos e o que nos importa são os fins, não os meios, de nossa existência.

Associação e discriminação

A verdade no conservadorismo repousa nessas ideias. A livre associação nos é necessária não só porque "nenhum homem é uma ilha", mas porque os valores intrínsecos surgem a partir da cooperação social. Não são impostos por alguma autoridade externa ou incutidos pelo medo. Crescem de baixo para cima por relações de amor, de respeito e de responsabilidade. Não preciso criticar aqui a falácia intelectual de que podemos planejar uma sociedade em que a plena realização está disponível, sem grande esforço, pronta para ser distribuída por uma burocracia benigna a todos os que chegam.[2] O ponto importante é que aquilo que importa nos vem por meio dos esforços para construí-lo e raramente, ou nunca, de cima, exceto naquelas emergências para as quais é indispensável um comando do alto.

Da matéria-prima do afeto humano construímos associações duradouras com regras, ocupações, cerimônias e hierarquias que atribuem às atividades um valor intrínseco. Escolas, igrejas, bibliotecas; coros, orquestras, bandas, grupos teatrais; clubes de críquete, times de futebol, campeonatos de xadrez; sociedade histórica, instituto

---

[2] Ver Roger Scruton. "The Planning Fallacy". In: *The Uses of Pessimism*. Londres: Atlantic Books e Nova York: Oxford University Press, 2010.

A VERDADE NO CONSERVADORISMO

de mulheres, museu, clube de caça e de pesca — de mil maneiras, as pessoas se reúnem não apenas em círculos de amizade, mas em associações formais, adotando ou submetendo-se voluntariamente às normas e aos procedimentos que regem a conduta e as tornam responsáveis por fazer as coisas corretamente. Essas associações são uma fonte não só de divertimento mas também de orgulho: criam hierarquias, ocupações e regras às quais as pessoas se submetem voluntariamente porque podem constatar a sua relevância. E são vistas com desconfiança por aqueles que acreditam que a sociedade civil deveria ser dirigida por aqueles que sabem mais.

Quando o Partido Comunista tomou o comando do Leste Europeu, a primeira tarefa foi destruir as associações civis que não estavam sob o seu controle.[3] Janos Kadar, quando ministro dos Assuntos Internos do governo de Matyas Rakosi, na Hungria, depois de 1948, mandou fechar cinco mil associações como essas no decurso de um ano: grupos de metais, coros, grupos teatrais, escoteiros, sociedades de leitura, clubes de caminhada, escolas privadas, instituições clericais, instituições de caridade de combate à pobreza, sociedades de debates, bibliotecas, festivais de vinho, clubes de caça e de pesca. Sob o comunismo, toda a caridade privada foi declarada ilegal e as contas bancárias criadas com base na confiança para fins de filantropia foram confiscadas pelo partido. A dimensão desse mal não é extensamente conhecida no Ocidente, nem o seu significado é, com frequência, considerado. Uma vez que a associação civil é absorvida pelo grandioso empreendimento do progresso, já que o futuro é feito soberano sobre o presente e o passado, visto que o grande objetivo está em vigor com o Estado ou o partido conduzindo todos os cidadãos em sua direção, então tudo é reduzido aos meios, e os fins da vida humana se recolhem na privacidade e na escuridão.

---

[3] Ver Anne Applebaum. *Iron Curtain*. Nova York: Allen Lane, 2012.

Obviamente, em todos os sistemas de governo é necessário estabelecer os limites para associação. Organizações conspiratórias e subversivas surgem espontaneamente até mesmo nas sociedades mais gentis, e todas as ordens políticas têm boas razões para suprimi-las. Além disso, existem associações com objetivos criminosos, imorais ou socialmente destrutivos e o Estado deve manter o direito de controlá-las ou de impedi-las de agir. Mas não foram, em regra, essas associações que hoje se tornaram sujeitas à controvérsia em nossas sociedades. Se as pessoas são livres para se associarem, podem formar instituições duradouras fora do controle do Estado. Essas instituições podem atribuir vantagens aos membros na forma de conhecimento, habilidades, redes de confiança e de boa vontade. Contribuirão para a estratificação da sociedade ao oferecer seletivamente tais benefícios. Uma lei de associação diz que incluir é excluir; e a exclusão pode causar danos.

De fato, em nenhuma outra área a tensão entre liberdade e igualdade se revela mais nítida do que aqui. A livre associação naturalmente leva à discriminação e a defesa da não discriminação conduz naturalmente ao controle hierárquico descendente. Como escolhemos o meio-termo aceitável e a quem outorgamos o direito de nos proibir? Os libertários nos dizem que ninguém tem o direito de exercer esse tipo de controle e que este sempre cairá nas mãos erradas — nas mãos daqueles que mais querem nos conduzir para onde menos queremos ir. Há verdade nisso — mas não é a verdade total. Sabemos que as liberdades estão reduzidas caso nossos concidadãos sejam impedidos de exercê-las. Os privilégios dos membros da sociedade não deveriam ser negados às pessoas por critérios — como de raça ou classe — puramente irrelevantes ao seu exercício. Por essa razão, a maioria aceita que, onde a discriminação traz consigo uma punição inaceitável, como nos contratos de trabalho e na admissão nas escolas e faculdades, faz parte da verdadeira liberdade civil proibir tais formas de desagregação.

A VERDADE NO CONSERVADORISMO

A questão permanece à medida que as associações devem estar sujeitas a esse tipo de controle. O movimento pelos direitos civis acabou com a segregação racial nos Estados Unidos e as pessoas decentes aplaudiram o desfecho. Entretanto, essas mesmas pessoas talvez tenham ficado menos felizes ao saber que a Igreja Católica na Europa não pode mais conduzir agências de adoção para crianças que estão aos seus cuidados, uma vez que a atitude da Igreja em relação aos casais homossexuais viola as cláusulas de não discriminação do Direito Europeu. Devem se preocupar porque causas semelhantes estão começando a influenciar as atividades dos escoteiros e das organizações juvenis das igrejas tanto na Europa quanto nos Estados Unidos.[4] Deveríamos simplesmente aceitar tal controle como o preço a ser pago pela igualdade concreta? Ou devemos, em vez disso, preservar a liberdade de associação da maneira que quisermos e a consciência nos exige?

O problema é ilustrado pela história de todos os clubes masculinos nos Estados Unidos. Homens dependem de um "elo masculino" que lhes permite fazer negócios, competir pacificamente e formar redes de empreendimento e de assunção de riscos, que enchem as suas vidas de propósito ao mesmo tempo que neutralizam o instinto de luta. Por isso, fundam clubes onde se encontram durante a noite entre comes e bebes, e compartilham qualquer fofoca, deliciosa ou brutal, o que atenua a competitividade mútua.

Que mal há nisso? Um grande mal, dizem as feministas. Os clubes se tornaram uma arena de privilégio, um lugar de negócios e promoção de carreiras. E os negócios e as carreiras só são oferecidos aos membros e, portanto, apenas para os homens. Por essa razão,

---

[4] Ver o caso complexo e interessante de *Cradle of Liberty Council versus Município da Filadélfia* (2008), em que o governo municipal tentou desapropriar os escoteiros do prédio público que lhes havia sido dado sob o argumento de que as políticas dos escoteiros em relação ao homossexualismo violavam o código municipal de não discriminação.

o clube masculino é um instrumento de discriminação injusta de tipo sexista. Somente se mulheres forem admitidas ao clube, sua existência poderá ser conciliada com as demandas da justiça social. Como resultado desse argumento, os clubes exclusivamente masculinos foram proibidos legalmente nos Estados Unidos — um ataque consideravelmente radical contra a livre associação em nome de um princípio igualitário.

Um exemplo igualmente revelador é o da escola privada, e especialmente o da escola privada (chamada "pública") na Grã-Bretanha.* Deixando de lado a história complexa dessa instituição, é sabido por todo lado que as escolas públicas, pela própria autonomia, foram capazes de desenvolver recursos, competência e tradições que transmitiram não só conhecimento, mas também estilo, charme e influência para as crianças que por lá passaram. E as escolas oferecem tais coisas seletivamente para os que são capazes de arcar com o custo financeiro ou são inteligentes o suficiente para conquistar uma bolsa de estudo. Por isso, tiram o sustento das divisões de classe da sociedade britânica.

De tempos em tempos, os igualitaristas têm procurado tornar ilegal esse tipo de escola e assim subordinar todo o ensino ao Estado. No entanto, o mais sábio dentre eles reconheceu que isso não mudará muito as coisas. Se obrigarmos todas as crianças a frequentar escolas estatais, os pais mais ricos compensarão essa situação com aulas particulares, com a leitura em casa e com todas as vantagens que os pais transmitem aos filhos, de modo natural e de propósito, por amor. A solução de Platão era considerar as crianças como propriedades do Estado, que deveriam ser criadas em

---

* Tais escolas também são conhecidas como *Independent Schools* (escolas independentes) e, por vezes, são chamadas de "públicas" por não levar em conta a procedência geográfica ou a religião do candidato a aluno. São escolas pagas, mas contam com certa autonomia em relação a muitas regras governamentais. Na Inglaterra, hoje, existem cerca de 2.500 escolas desse tipo. (*N. do T.*)

A VERDADE NO CONSERVADORISMO

fazendas coletivas sob a regência de guardiões imparciais. Existe, contudo, um tipo de resiliência no afeto dos pais que derrota todas as tentativas de eliminá-lo; e as classes médias sempre conseguirão transmitir suas vantagens como fizeram sob o comunismo, por meio dos pequenos pelotões que descrevi no capítulo 2.

Sendo assim, qual é a resposta conservadora para essa situação? Uma é afirmar, com alguma plausibilidade, que a discriminação só é inaceitável se for, de alguma maneira, injustificada. E supor que uma instituição seja injusta apenas porque confere aos seus membros benefícios que não atribui aos demais é, na realidade, impedir todas as associações livres e defender um Estado totalitário. Os argumentos complexos elaborados em torno desse tópico — com alguns seguindo Rawls, ao crer na justiça como equidade, outros seguindo Nozick e, por fim, Kant, acreditando que a justiça reside no respeito às transações voluntárias — não devem nos preocupar. Pois, sendo ou não *de fato* injusta a existência de escolas privadas, muitas pessoas acreditam que sim. A educação privada é, por isso, o alvo do ressentimento, e este tem de ser controlado, mesmo que a injustiça esteja no ressentimento e não na sua causa.

Instituições autônomas

Nas circunstâncias da vida moderna só existe uma única solução para o problema do ressentimento, e esta é a mobilidade social. A pior coisa que o Estado pode fazer é criar aquelas armadilhas — a armadilha da pobreza, do bem-estar, do ensino — que privam as pessoas das motivações e habilidades que melhoram a sua sorte e as mantêm em um estado de dependência e insatisfação constante, em um mundo onde não podem entrar completamente. Na Grã-Bretanha, o sistema de ensino estatal evoluiu a partir do controle gradual exercido pelo Estado, durante o século XIX, sobre as escolas criadas pelas instituições de caridade, ou como as *grammar schools* autônomas, suprindo as ambições dos pobres. No início, o Estado apenas as financiava para permitir que tais escolas oferecessem os serviços sem cobrar. Inevitavelmente, porém, o financiamento levou ao controle estatal, e o controle estatal à "política de metas".

Já me referi às consequências disso (ver capítulo 4). Quando os igualitaristas terminaram o trabalho, as *grammar schools* tinham, em grande parte, retornado ao setor privado, escolas foram fundidas para impedir que os pais as escolhessem, e a finalidade da igualdade foi imposta de cima para baixo, independentemente do efeito sobre as oportunidades à disposição para os pobres. O resultado foi que a Grã-Bretanha, que saiu da Segunda Guerra Mundial com o melhor sistema de ensino do mundo desenvolvido, está agora próxima da média de proficiência de leitura e de matemática segundo a avaliação da Organização para a Cooperação e Desenvolvimento Econômico (OCDE). As posições do topo da sociedade britânica continuam a ser ocupadas pelos educados nas escolas privadas — contra as quais os igualitaristas reagem pedindo o fechamento para que todos possam estar no mesmo barco. Isso, porém, não mudaria as coisas. Os pais mais ricos simplesmente se associariam, tornando as escolas irrelevantes às chances de um futuro bem-sucedido para os filhos.

As oportunidades aumentam não por fechar coisas, mas por abrir. É ao permitir que as instituições autônomas cresçam, protegendo o espaço em que se desenvolvem e, se necessário, ao oferecer financiamento público na forma de *vouchers* escolares, que o Estado pode aumentar as oportunidades disponíveis para os membros mais pobres da sociedade. Aos poucos, essa verdade está começando a despontar na classe política, de modo que até mesmo socialistas começam a aceitar que o pobre não é ajudado vingando-se do rico, mas abrindo as portas para o progresso social. Já que o ensino se desenvolveu por meio de instituições autônomas, precisamos mais dessas instituições, não menos, e de maneira a garantir que os mais pobres tenham acesso a elas.

A VERDADE NO CONSERVADORISMO

Isso significa reverter a tendência da legislação do pós-guerra no mundo ocidental. Vimos que o desejo de policiar os hábitos assistiu à investida das instituições autônomas (de escolas às agências de adoção, das tropas de escoteiros às caçadas), que deixaram de obedecer a alguma forma de direção do politicamente correto. O resultado disso, no longo prazo, é a absorção da sociedade civil pelo Estado e a submissão de toda a vida social a um tipo de escrutínio ideológico. A verdade no conservadorismo é que a sociedade civil pode ser morta pelas classes mais altas, mas ela se desenvolve de baixo. Desenvolve-se por meio do impulso associativo dos seres humanos, que criam associações civis que não são empreendimentos voltados para propósitos determinados, mas lugares de uma ordem voluntariamente sancionada. Políticos, muitas vezes, tentam compelir tais associações a modelos discrepantes e transformá-las em instrumentos para objetivos externos, que podem conflitar com sua característica interna. Foi o que aconteceu com as escolas estatais quando recrutadas para buscar a igualdade social. Foi o que aconteceu nas universidades quando a pressão dos governos exigiu resultados mensuráveis como um *quid pro quo* para o financiamento. Foi o que aconteceu com todos os pequenos pelotões das terras da Hungria, Eslováquia e República Tcheca, quando o Partido Comunista os transformou na "engrenagem de transmissão" da agenda socialista.

Instituições autônomas são exatamente isso: instituições que seguem os próprios impulsos internos. É assim com o conhecimento, que subsiste nas instituições que o transmitem como o sangue que corre pelas veias, dando e recebendo vida. Embora seja útil, o conhecimento surge porque o valorizamos, tenhamos ou não um uso para ele, como as pessoas valorizavam o estudo das línguas clássicas e da história antiga, o estudo da lógica e da teoria dos conjuntos, o estudo da probabilidade e da inferência estatística. Ninguém imaginaria que eram exigidos exatamente dez anos de estudo de Latim e Grego como preparação dos funcionários públicos britânicos para viajar ao redor do globo na administração de um império multicultural; ninguém teria previsto que as operações da álgebra de George Boole e da lógica de Gottlob Frege conduziriam à era da tecnologia digital; ninguém, muito menos o reverendo Thomas Bayes, tinha a menor ideia do que o teorema de Bayes no cálculo da probabilidade significaria para a compreensão da estatística. Todo esse conhecimento surgiu porque as pessoas o buscavam, por amor à sabedoria, no contexto das instituições mantidas pela curiosidade e não por metas. As consequências dessa curiosidade podem ser benéficas e os governos podem decidir quais modelos de pesquisa ou de conhecimento seriam mais adequados para o financiamento em favor de um bem social reconhecidamente importante. Tais decisões, no entanto, são suposições inteligentes, não silogismos práticos. A astrofísica precisa de muita verba e produziu resultados maravilhosos e inspiradores. Talvez resolva o problema da mudança climática. Até agora, contudo, demonstrou-se completamente inútil e é, de fato, um exemplo ilustrativo do uso de coisas inúteis.

O modelo de conversação

A sociedade civil, segundo Hayek, é, ou deveria ser, uma ordem espontânea: uma ordem que emerge de uma mão invisível, a partir das relações de uns com os outros. É, ou deveria ser, consensual, mas no sentido de surgirem de transações voluntárias e dos passos que damos para adequá-las, acomodá-las e corrigi-las.

Uma maneira de compreender essa ideia é aludir à arte da conversação — arte algumas vezes mencionada por Oakeshott como um paradigma da associação civil.[5] As conversações acontecem entre seres racionais e que falam livremente. Podem envolver duas,

---

[5] Ver o célebre ensaio de Oakeshott: "The Voice of Poetry in the Conversation of Mankind", no livro *Rationalism in Politics and Other Essays*. Indianápolis: Liberty Fund, 1962. p. 488-541.

A VERDADE NO CONSERVADORISMO

três, quatro ou mais pessoas até o limite em que a conversação geral se divida em grupos menores. Mas, em geral, à medida que o número aumenta, reduz-se a apreciação e cresce a possibilidade de fragmentação. Uma conversação generalizada entre um grupo grande de pessoas exige disciplina, regras e tradição de polidez. No mundo antigo, as conversações podiam adotar a forma de um simpósio e havia um participante denominado *arconte* cuja tarefa era manter a ordem entre os participantes, com cada qual falando na sua vez. Essa tendência natural da conversação à convenção, à tradição e à disciplina imposta por alguma autoridade central duplica as características que observamos em todas as formas de ordem política. Isso sugere que a conversação não é, como Oakeshott às vezes parece deduzir, uma *alternativa* à soberania hierarquicamente decrescente, mas, na melhor das hipóteses, aquilo que, por baixo, a suaviza e a invoca.

Posso falar com alguém para transmitir uma mensagem, estabelecer um acordo ou comunicar uma ordem. Esses atos de fala estão fora dos limites normais de conversação, pois envolvem uma finalidade anterior ao ato de falar. Em uma conversação normal, os objetivos surgem *a partir da* conversação e não conseguem ser facilmente definidos de antemão. Se uma pessoa conversa comigo de modo que fique evidente que seu interesse está inteiramente subordinado a uma agenda, de que tem um propósito em mente que, uma vez atingido, levará ao fim do encontro, essa pessoa não está, na verdade, *conversando*. A conversação é uma forma de reciprocidade em que cada um de nós pode influenciar e desviar as finalidades, e interesses do outro, e que nenhum objetivo único determina o que é dito.

Isso não significa que não exista distinção entre a boa e a má conversação, ou que não haja uma medida pela qual uma conversação possa ser considerada bem-sucedida. A conversação é, em regra, um prazer, uma fonte realmente importante de felicidade. Entretanto, o bem resultante da conversação é um efeito secundário, não uma finalidade, como a euforia advinda de um jogo de futebol ou a felicidade proveniente do amor.

Em todos os aspectos que mencionei até agora, a conversação enquadra-se no projeto de uma livre associação que não está subordinada a nenhum propósito além de si mesma e que é destruída pela postura prepotente e pelas urgências do planejador, do utópico e do racionalista. Por outro lado, as conversações têm de ser entre poucos participantes caso devam prescindir de algum tipo de disciplina central ou dos procedimentos e privilégios aceitos. À medida que ampliam, cresce, então, a necessidade de disciplina. Por essa razão, na maioria dos sistemas legais (sendo a lei islâmica a notória exceção), as proibições têm um espaço muito maior do que os comandos, e é em termos de amplitude e intromissão dessas proibições que deveria ser mensurada a liberalidade comparativa de um sistema legal. O ponto é mais bem exposto nos termos apresentados por Robert Nozick,[6] isto é, que um sistema legal liberal é um sistema de restrições indiretas. Não corrige as metas ou os projetos de vida dos indivíduos, nem os cercam de proibições para as quais elas mesmas não conseguem encontrar justificativa. Limitam simplesmente a conduta a fim de que os objetivos possam ser perseguidos com o mínimo de conflito e de modo que, quando o conflito ocorrer, possa ser resolvido pacificamente.

É certamente o que se esperaria de uma conversação disciplinada e é o que está implícito na concepção de boas maneiras. Além disso, há uma diferença interessante entre uma conversação mantida pelas boas maneiras e outra mantida por um *arconte* ou por um presidente que exerce um comando hierarquizado de cima para baixo. Há um ideal de civilização, exemplificado em um seminário impecável ou na conversação à mesa de jantar, em que cada um dá o seu melhor em prol do outro, ninguém comanda ou monopoliza o tema e as boas maneiras asseguram que cada um ceda o lugar

---

[6] Em *Anarquia, Estado e utopia*, op. cit.

A VERDADE NO CONSERVADORISMO

no momento exigido coletivamente para que, assim, a conversação possa tomar seu curso imprevisível. É raro nos depararmos com tal conversação, porém, é bastante evidente que ela só pode ocorrer entre pessoas de certa espécie — pessoas que internalizam as regras do convívio social não ficam contentes em comandar e são bem--humoradas o suficiente para contribuir da melhor maneira possível.

Trabalho e lazer

Há outra característica das conversações a que devemos prestar atenção, antes de tirar quaisquer conclusões para o estudo da ordem política, que é o fato de serem, no todo, ramificações do lazer. Por certo, isso é verdade para aquelas conversações que avançam de pessoa em pessoa de uma maneira que podemos descrever (tomando emprestado de Kant) como "intencionalidade sem intenção".* O espaço para essas conversações deve ser adquirido e, por isso, é razoável supor que, antes que possa existir nas condições atuais, é exigida uma considerável herança de ordem política. O lazer só existe porque as pessoas produzem um excedente e o tipo de que desfrutamos será marcado pela espécie de trabalho realizado para criá-lo. Nas sociedades aristocráticas, aqueles que desfrutam do lazer não são os que realizam o trabalho, e os prazeres da conversação entre as pessoas tidas como educadas são adquiridos mediante o trabalho realizado por outros que, em geral, não o são.

Por essa razão, se moldarmos a ordem política de acordo com a conversação precisamos ser muito claros sobre qual tipo temos em mente e qual espécie de trabalho é exigido para estabelecê-la. Em uma democracia, que oferece a cada cidadão uma fração no processo político, a conversação deve servir de base para o trabalho

---

* Immanuel Kant. *Crítica da faculdade do juízo*. São Paulo: Forense Universitária, 1993. Int. V. p. 257-261. (*N. do T.*)

194 COMO SER UM CONSERVADOR

que a granjeia. O trabalho não deve ser uma esfera de auxílio e de raciocínio instrumental, em que tudo, incluindo as palavras e as relações, é tratado apenas como meios visando a um fim. Deve ter o caráter de um fim em si mesmo, no qual as pessoas podem encontrar consolo e renovação da espécie que obtemos pelo esporte, pelo jogo e pela amizade.

Como resultado das grandes transformações sociais e intelectuais que se seguiram ao Iluminismo, esse problema foi longamente debatido por Schiller, Hegel e Marx, na Alemanha, e por Ruskin e Morris, na Inglaterra. É, na minha visão, uma grande pena isso ter se afastado tanto da ordem do dia da ciência política moderna. Seguramente, reconhecemos que aquilo que, às vezes, é chamado de "trabalho relevante" é um ingrediente importante na realização humana como lazer relevante. Embora o trabalho seja uma atividade intencional, tem de ser intrinsecamente interessante se é para ser totalmente aceito por quem nele se engaja.

Em um dos primeiros trabalhos de filosofia a conectar a ordem política à esfera dos valores intrínsecos, Schiller descreveu a arte como um paradigma da realização humana.[7] No entanto, foi além e sugeriu que a busca pela beleza por meio da arte é simplesmente um tipo de disposição mais geral para *desfrutar* coisas. Com o bom e o útil, escreveu, o homem é apenas sério; mas com o belo, brinca. E, com o brincar, tentou unir a arte e a estética com a dança e o esporte, como continuação, na vida adulta, de uma bênção que recebemos quando crianças.

A função da arte, para Schiller, é a *comunicação total* e, por meio dela, o artista fala ao mundo. Poucos de nós, no entanto, somos artistas e muitos devem se contentar com formas menores de expressão pessoal. Além disso, um trabalho de arte é bem-sucedido quando

---

[7] Friedrich von Schiller. *Letters on the Aesthetic Education of Mankind.* Oxford: Clarendon Press, 1967.

A VERDADE NO CONSERVADORISMO   195

silencia aqueles que com ele se deparam: não é algo a que temos de dar uma resposta. Para os meros mortais, a forma de realização pessoal por meio da arte tanto é inalcançável como é um convite ao egoísmo e à fraude.

Ao mesmo tempo, a arte ilustra, no que há de melhor, um impulso que todos os seres racionais compartilham: o forte desejo de reconhecimento. O artista está produzindo algo que busca a atenção e a aprovação de uma audiência. É inegável que os seres humanos buscam espontaneamente o reconhecimento por aquilo que fazem. Dançar é reconhecer-se mutuamente, o esporte é agir para o reconhecimento do time ou — para o espectador — um modo de identificar-se com tal tentativa. A amizade é a forma mais elevada que o reconhecimento pode alcançar quando a outra pessoa o valoriza pelo que você é, busca seu conselho e a sua companhia, e vincula a vida dele à sua.

O aspecto crucial formulado em função do argumento de Schiller é que essa tentativa de reconhecimento pode ocorrer tanto no trabalho quanto nos divertimentos. Segundo Hegel, é pelo reconhecimento que os escravos conquistam a liberdade, ao passo que os senhores o perdem. Marx descreveu a atividade nas indústrias como "alienação do trabalho"; mas aquilo que pode ser alienado deve, pelo próprio argumento, ter uma forma normal e inalienada. As ações das pessoas são, pela própria natureza, direcionadas a um mundo mais amplo e, mesmo que só os outros trabalhadores estejam em posição de julgar aquilo que fazem, as pessoas procuram relacionar-se com esses trabalhadores pelo trabalho e obter a aprovação deles. O trabalho em equipe conquista, na melhor das hipóteses, um tipo de reciprocidade de julgamento que não é diferente de uma conversação na capacidade de trazer as pessoas para uma relação livre.

Os seres humanos têm apenas uma quantidade limitada de energia, devem preparar-se para ser educados — ao desfrutar a companhia uns dos outros —, mas nem sempre estão nos melhores dias. Para muitos deles, a intencionalidade social que estimula o trabalho exaure as reservas que poderiam, de outro modo, preencher as horas de lazer. Por isso, para muitas pessoas, as relações no trabalho são as mais constantes que têm. Nas atuais condições, portanto, é no trabalho que as possibilidades de uma vida plena e significativa devem se apresentar. Assim, as virtudes da conversação devem ser reproduzidas no local de trabalho, caso o modelo de conversação da ordem política seja convincente. O trabalho deve ter algum valor intrínseco que Schiller atribuiu ao divertimento — deve ser tanto uma ação para o reconhecimento quanto uma manifestação de liberdade. Nem no trabalho, nem nos divertimentos deveríamos ser "apenas sérios".

As conversas podem ser tanto como as de trabalho, como as de lazer. Ambas as formas de conversação são manifestações da liberdade, estabelecem paz e vínculos afetivos, são intrinsecamente vantajosas. No entanto, a primeira não existiria sem um propósito compartilhado, ao passo que a segunda não tem propósito além de si mesma. Muitas pessoas suspeitariam de uma filosofia, como a de Oakeshott, que parece ser exclusivamente focada na conversação do segundo tipo. Parece envolver um tipo de "estetização" da esfera política e uma recusa a reconhecer a validade de coisas como o trabalhar e lutar, que criam o espaço no qual se desenvolvem as conversas. O mesmo acontece com os paradigmas da arte e do divertimento de Schiller e também seria verdade em relação a uma filosofia política que adota a dança como modelo. Somente se o *ethos* do lazer realimenta o local de trabalho, pode haver uma ordem política satisfatória. Isso também poderia fazer parte do "princípio feudal" de Disraeli: relações responsáveis deveriam estar em tudo o que fazemos, de modo que tanto no trabalho como no lazer estamos em uma livre conversação com nossos colegas. Em uma vida humana realizada, o intencional e o despropositado deveriam

A VERDADE NO CONSERVADORISMO   197

misturar-se, pois nossas atividades, tanto quanto possível, nunca seriam meramente instrumentais, jamais seriam questões somente de cálculo, mas seriam sempre redimidas pela compreensão de seu valor intrínseco.

Amizade, conversação e valor

Aristóteles dividiu a amizade em três espécies: amizades de utilidade, de prazer e de virtude. A divisão também se aplica à conversação. Há uma conversação de utilidade que comanda uma tarefa compartilhada, uma conversação de prazer que conduz ao descanso e uma conversação de virtude que indica o vínculo entre as pessoas que admiram e valorizam o que encontram umas nas outras. Todas as conversas vigentes envolvem uma mescla desses elementos. E, ao adotarmos a conversação como nosso modelo de ordem política, estamos revertendo para algo como a concepção de *pólis* de Aristóteles, como um lugar de amizade — mas sem a defesa da escravidão formulada por Aristóteles como o aspecto da ordem civil imposta àqueles que são "naturalmente escravos". Isso me sugere que o contraste exposto por Oakeshott entre associação civil e associação empresarial deveria ser complementado por outro contraste ainda mais radical entre comunidades de cooperação e comunidades de comando. A associação empresarial é uma forma de cooperação que tem entrada própria no mundo da conversação e o próprio papel a desempenhar na construção da amizade. É um modo de livre associação regida pela lei, pela moralidade e pelas boas maneiras, tal como o tempo livre é administrado.

A visão de *pólis* apresentada por Aristóteles é de uma sociedade organizada por e para o propósito da amizade, em que a amizade de virtude mais excelsa é estimulada, não somente entre os indivíduos, mas entre eles e o Estado. O cidadão é um amigo do Estado, que retribui a amizade. Só uma *pólis* virtuosa pode ser baseada em

COMO SER UM CONSERVADOR

uma amizade dessa espécie, e uma *pólis* virtuosa é aquela que estimula a virtude nos cidadãos.

Essa sugestão nos lembra que a *pólis* virtuosa é um ideal e que é possível outro tipo de *pólis*, em que a amizade que une os cidadãos é a da utilidade, não a da virtude. E alguns ficariam com aquela, que é a que melhor descreve hoje a nossa posição, e não a concepção nobre apresentada por Aristóteles. Parece, muitas vezes, que é algo como se os Estados modernos oferecessem aos cidadãos um *acordo* e que não exigem nada deles além do respeito aos termos do acordo. É isso o que Philip Bobbitt quis dizer com "Estado mercado": aquele em que as antigas noções de lealdade nacional e dever patriótico são substituídas pela fidelidade condicional em troca dos benefícios materiais.[8] Se os benefícios não são bons o suficiente, o cidadão os buscará em outro lugar, perambulando pelo mundo em busca de um acordo melhor. Pode haver conversação no centro do Estado-mercado, mas será como a conversação no trabalho, baseada em uma necessidade possivelmente temporária, embora comum, de lucrar. Será aquela em que as lealdades mais profundas serão suspensas e os vínculos afetivos, cautelosamente evitados.

As distinções formuladas por Aristóteles nos lembram que existe ainda outro tipo de *pólis*, novamente dependente da amizade, mas, dessa vez, da amizade do prazer. Essa ordem política não é fundada nem no dever nem no contrato, mas na diversão. Todos os cidadãos fazem parte de uma única máquina de diversão, como os cidadãos do livro *Admirável mundo novo*, de Aldous Huxley. As emoções são de curta duração e impregnadas de prazer; o espírito trágico imergiu completamente sob o seu horizonte; e a lealdade ao Estado foi adquirida pelo fornecimento constante de *soma*.* A conversação nesse mundo é uma questão de sorrisos e de imagens

---

[8] Philip Bobbitt. *The Shield of Achilles: War and Peace in the Course of History*. Nova York: Alfred A. Knopf, 2002.

* Nome da droga utilizada pelas personagens em *Admirável mundo novo* para obterem a sensação de felicidade e, com isso, evitar a tristeza. (*N. do T.*)

A VERDADE NO CONSERVADORISMO   199

instantâneas, de emoções breves e de prazer contínuos. Alguns acham que as sociedades ocidentais estão se aproximando dessa condição à medida que o consumo assume o lugar da reprodução para se tornar o aspecto mais elevado do drama humano.

Se nos opomos à conversação como o modelo de ordem política, consequentemente devemos responder às seguintes questões: conversação em quais circunstâncias, entre quem e de que tipo? As conversações surgem na sociedade humana mesmo nos nossos interesses e atividades mais instrumentalizados. E Aristóteles ajuda-nos a observar como a verdade no conservadorismo transforma-se em uma outra falsidade totalizante. Os conservadores estão corretos em enfatizar a livre associação como a raiz da sociedade civil. Quando, todavia, a livre associação torna-se a pedra de toque, quando todas as formas de comunidade são consideradas igualmente válidas, contanto que os participantes concordem, então perdemos de vista a distinção entre as associações nas quais as pessoas não exigem nada umas das outras e aquelas nas quais a disciplina moral cresce entre os participantes, e que informa e transforma as suas vidas. A verdade no conservadorismo depende do reconhecimento de que a livre associação deve ser valorizada somente se também for uma fonte de valor — em outras palavras, somente se for direcionada para a satisfação, e não para a mera utilidade ou recreação. No vale-tudo libertário, o que há de pior na natureza humana está, em igualdade de condições, com aquilo que há de melhor, e a disciplina é repudiada como uma intrusão intervencionista. O conservadorismo é uma tentativa de afirmar essa disciplina e construir, no âmbito da livre associação, uma esfera duradoura de valor.

Defendendo a liberdade

Quando as pessoas veem as relações sociais em termos de utilidade, como no Estado mercado de Bobbitt, ou como meras distrações, a exemplo do *Admirável mundo novo*, o vínculo da sociedade é enfraquecido. As sociedades só podem sobreviver a uma grande crise se puderem contar com uma fonte de sentimento patriótico. Onde falta esse senso, a ordem social rui diante do primeiro ataque e as pessoas lutam para garantir a própria segurança, independentemente de seus semelhantes. Assim foi ao longo da costa do Pacífico quando o Japão lançou a ofensiva para o domínio imperial, e assim foi na França, de acordo com alguns relatos, com a deflagração da Segunda Guerra Mundial. É a partir dessa consciência que os conservadores sempre têm enfatizado a conexão entre uma nação e seu braço militar. O verdadeiro cidadão está pronto para o seu país nos momentos de necessidade e vê suas instituições militares como uma expressão de vínculo afetivo profundo que mantém as coisas em ordem.

A visão política conservadora vê o exército como algo que expressa, de modo independente, a ordem civil existente. Era essa a ideia dos antigos regimentos dos condados da Grã-Bretanha e da Irlanda e, hoje, incorporados nos colégios militares norte-americanos. Suas raízes encontram-se na democracia ateniense, que considerava o serviço militar um dever do cidadão a ser exercido unicamente em defesa da *pólis* e não como um instrumento político. Essa atitude contrasta com a ideia espartana do militarismo como a expressão do poder estatal utilizado para subjugar a sociedade em tempos de paz e agir impiedosamente em tempos de guerra. Os Estados totalitários do século XX, de modo notável a Alemanha e a União Soviética, ilustravam a mesma ideia de um exército que era instrumento do poder estatal, e não a expressão do vínculo afetivo social. Os nazistas e comunistas usavam regularmente a força militar dentro do Estado contra as minorias, muitas vezes mantendo tropas especiais com esse objetivo, a exemplo da Alemanha. As marchas, a disciplina e a consciência limpa dos recrutas, todas foram testemunho dessa concepção do militarismo como braço executivo do governo. A sociedade civil deveria respeitar os militares, assim como deveria respeitar o Estado.

A VERDADE NO CONSERVADORISMO

Nem é preciso dizer que as instituições, a disciplina, a pompa da vida militar, como o conservador as concebe, são muito diferentes das exemplificadas por uma ditadura militar, assim como o trabalho em equipe é distinto da escravidão. E o que é a verdade do militarismo é, ou deveria ser, a verdade da força policial. Essa também deveria ser uma expressão da sociedade civil, enraizada na comunidade local e tanto suscetível às condições locais quanto às exigências do governo nacional. Assim era na Inglaterra da minha juventude, realmente famosa no mundo pela postura e *ethos* de sua força policial. Nossa polícia não era um braço do governo central, mas uma organização local responsável perante os conselhos municipais. O próprio policial* era treinado como um amigo da comunidade que servia, e um indicador disso era andar armado apenas com um bloco de notas e um cômico apito feito de estanho. Conhecia as pessoas na área em que fazia a sua ronda e tinha um interesse benigno e paternal pelo bem-estar delas. As crianças iam até ele quando estavam perdidas, estrangeiros pediam orientações e todos o cumprimentavam com um sorriso. Idealizados, mas não caricaturados, nas séries de TV dedicadas ao mundo do policial Dixon, de Dock Green,** sua função era consertar o que estivesse errado, restaurar o equilíbrio e orientar a própria comunidade ao longo de seu caminho pacífico para qualquer lugar. O policial Dixon cultivava begônias, cantava no coro da polícia, era membro da equipe policial de dardos, e, em geral, era um digno participante dos "pequenos pelotões" de Dock Green, como qualquer um daqueles que poderiam ser chamados para servir no júri.

---

* No original, "Bobby" é o apelido dos policiais britânicos em referência a Sir Robert Peel, que criou o sistema de polícia metropolitana de Londres, aprovado pelo Parlamento em 1829. (*N. do T.*)

** *Dixon of Dock Green* era o nome de uma série da BBC que retratava a vida diária da estação policial de Londres e tinha como personagem principal o simpático policial George Dixon. A série teve 432 episódios e foi exibida entre os anos de 1955 a 1976. (*N. do T.*)

Concebida dessa maneira, a força policial inglesa servia para enfatizar uma verdade fundamental sobre a lei inglesa, que existe não para controlar o indivíduo, mas para libertá-lo. O *common law* está do lado do cidadão contra os que desejam subjugá-lo sem o seu consentimento — sejam políticos usurpadores ou criminosos comuns. É essa concepção de lei que constitui a base da política conservadora no mundo de língua inglesa e é isso, hoje, o que deve ser defendido contra as forças que se unem para a ela se opor.[9]

---

[9] Quem melhor defendeu essa concepção foi o filósofo canadense George Parkin Grant, no livro *English Speaking Justice*. Sackville: Mount Allison University, 1974.

11

Esferas de valor

Ao reunir os argumentos dos capítulos anteriores, cheguei à seguinte conclusão geral: o papel do Estado é, ou deveria ser, menor do que aquele que os socialistas exigem e maior do que os liberais clássicos permitem. O Estado tem uma finalidade, que é proteger a sociedade civil dos inimigos externos e das desordens internas. Não pode ser somente o "Estado guarda-noturno" defendido por Robert Nozick, porque a sociedade civil depende dos vínculos afetivos que devem ser renovados e, nas atuais circunstâncias, esses vínculos não podem ser renovados sem a oferta coletiva de bem-estar social. Por outro lado, o Estado não pode ser o provedor e o regulador universal como defendido pelos igualitaristas, pois o valor e o compromisso emergem de associações autônomas que só brotam se puderem crescer de baixo para cima. Além disso, o Estado só pode redistribuir a riqueza se esta for criada, e a riqueza é criada por aqueles que esperam deter uma parcela dela.

A obsessão socialista com a distribuição é um reflexo não apenas do "igualitarismo padrão" a partir do qual começa a democracia, mas também do materialismo crescente de nossas sociedades. Esse materialismo informa, em todos os níveis, o discurso político, convertendo a riqueza e sua distribuição na única questão a ser discutida por muito tempo. Como consequência, as pessoas pensam no conservadorismo apenas como uma forma de condescendência em relação ao atual sistema de recompensas materiais que não tem absolutamente nada a dizer sobre o que o "dinheiro não

204 COMO SER UM CONSERVADOR

pode comprar" ou sobre o efeito da sociedade de consumo nos valores mais profundos. No entanto, é precisamente nesse aspecto que reside a força da visão conservadora, e neste capítulo vou tentar defender uma concepção mais abrangente de sociedade civil que torna o conservadorismo, para mim, tão atraente.

Desde os seus primórdios no mundo do Iluminismo, o conservadorismo esteve envolvido em um trabalho de recuperação. Novos movimentos sociais, novos modos de produção industrial, novas aspirações políticas, todos ameaçavam destruir ou desestabilizar os costumes, as instituições e as formas de vida em que as pessoas, de uma maneira ou de outra, confiavam. E a questão suscitada era como tais coisas poderiam ser protegidas e se havia algo que um *político* poderia fazer para apoiá-las. O conservador é o único que, por natureza, tem a resposta: sim, elas podem ser protegidas, mas não, o político não deve adotá-las como objetivo. Tudo o que os políticos podem fazer é ampliar o espaço em que a sociedade pode prosperar. Os valores nos chegam de várias maneiras e, onde quer que surjam, trazem consigo autoridade, paz e um sentimento de pertença. Mas isso não pode vir por meio de um programa político.

Nem pode chegar por intermédio da economia. Segundo a famosa definição dada por Lionel Robbins, a economia é "a ciência que estuda o comportamento humano como um relacionamento entre fins e meios escassos, que tem aplicações alternativas".[1] A economia admite que não temos apenas o conhecimento de nossos fins, mas que também estamos preparados para atribui-lhes um preço; e isso institui um poder supremo sobre a imaginação humana ao precificar tudo o que os seres humanos podem querer, necessitar, admirar ou valorizar, substituindo dessa maneira as grandes questões da vida humana pelo abracadabra dos especialistas. Para o economista, valor e preço são indiscerníveis e a definição de cínico,

---

[1] Lionel Robbins. *An Essay on the Nature and Significance of Economic Science.* Londres: Macmillan, 1932. p. 16.

formulada por Oscar Wilde, como o "homem que sabe o preço de tudo, mas não sabe o valor de nada", expressa uma verdade que não tem tradução na "ciência sombria".* No entanto, aquelas coisas que valorizamos de verdade são exatamente as que hesitamos em atribuir um preço, como a vida, o amor e o conhecimento. O valor começa onde termina o cálculo, pois o que mais nos importa é a aquilo que não trocaremos.

Além disso, os valores não são dados antes que os descubramos. Não vivemos tendo objetivos claros e usamos a razão apenas para conquistá-los. Os valores *emergem* por meio dos nossos esforços cooperativos: aquelas coisas às quais nos tornamos mais ligados são, muitas vezes, imprevisíveis antes de nos envolver, como o amor erótico, o amor dos filhos, a devoção religiosa, a experiência da beleza. E todas essas coisas estão enraizadas na natureza social, assim como aprendemos a entendê-las e nos concentramos nelas como fins em si mesmas apenas quando estão em diálogo com outras e, raramente, antes de obtê-las. A economia, a ciência de raciocínio instrumental, é, portanto, silente em relação aos valores, e, caso pretenda lidar com eles, isso só é possível ao colocar o *homo oeconomicus* no lugar que deveria ser ocupado por seres humanos reais. Os valores vêm à tona porque nós, humanos, os criamos e o fazemos por meio das tradições, dos costumes e das instituições que consagram e promovem a responsabilidade mútua.

A primeira dentre essas tradições e instituições é a religião, que faz brilhar a luz de nossos sentimentos sociais na distância do cosmos incognoscível. Quando Burke e Maistre se propuseram a elaborar um argumento contra a Revolução Francesa, estavam

---

* No original, *dismal science*, expressão cunhada por Thomas Carlyle no século XIX para referir-se à ciência econômica da época, que hoje chamaríamos de economia política, diante das previsões pessimistas formuladas por Thomas Malthus em relação às consequências do crescimento da população mundial. (*N. do T.*)

206   COMO SER UM CONSERVADOR

impressionados por nada mais do que o seu fervor antirreligioso. A perseguição à Igreja não era apenas uma questão de eliminar o poder social e a propriedade — ambos poderiam ser facilmente eliminados e isso já poderia ter sido feito dois séculos antes por Henrique VIII e Thomas Cromwell, na Inglaterra. Os revolucionários queriam dominar as almas que a Igreja havia recrutado e, para tal finalidade, insistiram em que os padres fizessem um Juramento à Revolução, que devia prevalecer sobre os votos de castidade e de obediência. Os que se recusavam corriam risco de vida e eram perseguidos de um extremo a outro da França.

De forma semelhante, as revoluções seguintes consideraram a Igreja o "inimigo público número 1" exatamente por criar uma esfera de valor e de autoridade fora do alcance do Estado. É necessário, na consciência revolucionária, entrar nessa esfera e roubar a sua mágica. Maistre acreditava que se poderia colocar a magia de volta ao lugar de onde provinha, restaurando não apenas o Estado Monárquico, mas o consenso religioso com que contava. Burke era menos confiante. Com uma experiência de vida variada, filho de mãe católica e pai protestante, e a partir do exemplo de sua Irlanda natal, ele era menos otimista quanto à ideia de que o governo deveria manter a religião à distância, caso fosse para manter a paz civil.

Na verdade, Burke prenunciou o que viria a se tornar a posição conservadora usual na Grã-Bretanha no decorrer do século XIX. Considerou que uma religião instituída, tolerante quanto à divergência pacífica, é parte da sociedade civil, vincula as pessoas aos lares e aos semelhantes, e dota os sentimentos de certezas morais que as pessoas não conseguiriam adquirir facilmente de outro modo. Também reconheceu, no entanto, que não cabia ao Estado impor ao cidadão uma religião ou exigir submissão doutrinária.

Essa posição, presumo, reflete a opinião dos conservadores britânicos até meados do século XIX. Naquela época, porém, a secularização da sociedade avançara a tal ritmo que falar de uma "religião instituída" tinha um sabor totalmente irônico. A maior parte do

ESFERAS DE VALOR

povo britânico ainda escrevia "Igreja da Inglaterra"* em qualquer documento oficial que requeresse uma declaração de filiação religiosa. Entretanto, isso não significava que as pessoas frequentavam a Igreja Anglicana — mas eram indiferentes em relação a tal questão, a ponto de acreditarem que Deus não se oporia caso fingissem que iam à Igreja. Os conservadores norte-americanos, todavia, aderiram à primeira emenda da Constituição dos Estados Unidos, que lhes dizia que o Congresso não deveria estabelecer uma religião e que a fé era um assunto entre as pessoas e o seu Deus. Diante da questão "Qual Deus?", o povo britânico estava inclinado a dizer que isso não importava, visto que os norte-americanos aderiam, de uma forma ou de outra, ao Deus judaico-cristão da Bíblia — um Deus cuja mudança de caráter radical entre o Velho e o Novo Testamento não os incomodava particularmente, pois isso havia acontecido antes de Ele ter sido invocado para lidar com o caso muito mais interessante dos Estados Unidos.

Tudo isso, a propósito, é para formular a pergunta: "Onde está a religião na cosmovisão do conservador moderno?" E a resposta, creio, é a seguinte: a religião desempenha um papel inegável na vida da sociedade, introduzindo as ideias do sagrado e do transcendental que espraiam influência em todos os costumes e cerimônias associativas. A obediência religiosa, no entanto, não é um elemento necessário da cidadania e, em qualquer conflito, são os deveres do cidadão, não os do crente, que devem prevalecer. Essa é uma das conquistas da civilização cristã, ter se mantido fiel à visão cristã do destino humano ao mesmo tempo que reconhece a prioridade da lei secular. Isso não foi conquistado sem um conflito intenso e um reconhecimento lento, estável, de que a sociedade poderia ser fundada nos deveres da boa vizinhança e, mesmo assim, permitir a

---

* No texto original, o autor utilizou a sigla "C. of E.", letras que se referem à *Church of England*, e em português, Igreja da Inglaterra. (*N. do T.*)

diferenciação da fé. A conquista da civilização cristã é ter dotado as instituições de autoridade religiosa sem exigir-lhes uma obediência *religiosa*, em oposição à secular.

Como isso foi feito? Cristo, chamado para explicar a lei e como devemos a ela aderir, disse o seguinte: "Amarás, pois, ao Senhor teu Deus de todo o teu coração, e de toda a tua alma, e de todo o teu entendimento, e de todas as tuas forças; este é o primeiro mandamento. E o segundo, semelhante a este, é: Amarás o teu próximo como a ti mesmo. Não há outro mandamento maior do que estes."* Ao reduzir os mandamentos a esses dois comandos, Cristo estava seguindo uma antiga tradição rabínica que verificamos na Torá, especialmente no livro de Levítico e nos ensinamentos do contemporâneo de Cristo, o rabino Hilel. A declaração de Cristo sobre a lei seria adotada como ortodoxia por seus seguidores, que, por isso, viram a antiga lei de proibições como uma *dedução* dos dois mandamentos mais importantes, que não adotavam a forma de proibições, mas de deveres, e que nada prescreviam, especificamente, no mundo dos assuntos humanos. Os dois deveres nos ordenam a olhar o mundo com uma perspectiva de amar o que encontramos, e devemos obedecer-lhes interiormente, antes que possam ser transformados em atos. Não se pode demonstrar exatamente *a priori* o que virá depois dos atos, como Cristo prosseguiu demonstrando na parábola do Bom Samaritano. Ao confrontar o mundo na postura ordenada por Cristo, já estaremos abertos para a inovação legal. De fato, a lei se torna apenas um dos muitos instrumentos pelos quais assumimos o controle de nossas vidas, e tentamos preencher os corações com o amor de Deus e o nosso mundo com o amor ao próximo.

A história do Bom Samaritano, apresentada em resposta à pergunta "Quem é o meu próximo?", nos mostra que o "amor ao próximo", como dever religioso, não exige a imposição de uma

---

* Marcos, 12:30-31. (*N. do T.*)

ESFERAS DE VALOR

obediência religiosa e não é uma forma de irmandade. Destina-se tanto ao desconhecido quanto ao amigo. Amamos ao próximo ao ajudá-lo a suprir as necessidades na adversidade, não importando se ele pertence à família, à fé ou à identidade étnica.

Segundo essa visão, as leis que nos governam não exigem o tipo de submissão coletiva desejada pelos islamistas e a ordem secular pode encarregar-se dos acordos mútuos dos quais todos dependemos para sobreviver. A sugestão foi dada pelo próprio Cristo na parábola do dinheiro do tributo,* ordenando aos seus seguidores a dar "a César o que é de César e a Deus o que é de Deus".** Apesar de o cristianismo ter apresentado ao longo de sua história uma parcela significativa de intolerância que é subproduto regular da fé religiosa, não é ilógico perceber um movimento constante em direção à ideia de liberdade religiosa como um dever cristão — o dever de permitir que os outros sejam o que fundamentalmente são sob o manto do amor ao próximo. Este é "o amor que nos comanda", como Kant o descreveu ao sugerir que o imperativo categórico sempre trata o outro como um fim e nunca somente como um meio. Como hoje a compreendemos, com toda a retrospectiva de nossa história conflituosa, e com o benefício da tradição da teologia cristã desde Santo Agostinho a Henri de Lubac e Karl Barth, seria sensato afirmar que, no significado profundo, a religião cristã inclui um reconhecimento do Outro, como algo diferente de mim. É em parte isso que nos permitiu uma adaptação contínua do mundo da fé ao

---

* Mateus, 17:24-27. Na verdade, essa passagem, também conhecida como "moeda na boca do peixe", é o episódio em que São Pedro é questionado pelos coletores de imposto se Jesus paga os impostos devidos. Por conta da afirmativa de Pedro, Jesus faz surgir, na boca do peixe, as duas dracmas equivalentes a sua paga. A tradição, por esse motivo, chama a tilápia de São Pedro, muito embora a Bíblia não mencione a espécie do peixe milagroso. (N. do T.)

** Mateus, 22:15-22. A resposta surge mais adiante, no contexto da pergunta elaborada pelos inimigos de Jesus de se era lícito aos judeus pagar imposto aos conquistadores. (N. do T.)

mundo da política. Para muitos cristãos, atualmente, o Iluminismo foi o auge desse processo, o momento em que a civilização cristã reconheceu que a lei secular foi "ordenada por Deus".

Parece-me, portanto, que a liberdade religiosa é, em si mesma, um legado da religião que goza de precedência no mundo ocidental — a fé em que o desconhecido e o irmão têm direitos iguais. Quando a fé declina, como tem declinado em nossa época, resta apenas a casca da ordem política que se desenvolveu a partir dela. Muitas pessoas anseiam pela vida espiritual que a casca protegeu O cristianismo proveu essa vida; o Islã não consegue, em sua forma atual, provê-la, pois faz pressão na casca da lei secular e sempre ameaça substituí-la completamente por outra lei — uma lei que busca a irmandade e a partilha da submissão em vez de vizinhança e liberdade mútua. Essa lei é dirigida *contra* a alteridade dos outros em vez de se propor a protegê-la.

Os cristãos vivem sob o compromisso de dar o testemunho de sua fé, mas isso não significa incuti-la nas outras pessoas ou exigir-lhes forçosamente que a adotem. Como mostrou o fundador da fé cristã, as pessoas dão o testemunho não para vencer os rivais, mas para submeter-se ao juízo deles. A fé cristã, como hoje se compreende, não nos pede que silenciemos os críticos, ou até mesmo que os proibamos de praticar a sua fé.

Assim entendido, o direito de dar o testemunho é fundamental para a civilização ocidental. Declarar as nossas crenças sem ameaçar de violência aqueles que não as compartilham e sem o desejo de reivindicar nada além de um espaço para torná-las conhecidas é uma das premissas ocultas da cidadania, como viemos a compreender. Igualmente interessante, porém, a grandiosa exceção a essa prática não são os islamitas, mas os fanáticos pelos direitos humanos. O direito de usar uma cruz no local de trabalho, de colocá-la em uma sala de aula, de ensinar a moralidade cristã em assuntos de sexo e de vida familiar — tudo foi questionado pelos secularistas e é significativo o fato de que os casos apresentados perante o

ESFERAS DE VALOR

Tribunal Europeu de Direitos Humanos e os relatórios entregues ao Parlamento europeu têm como alvo, cada vez mais, os crentes cristãos, que, no todo, não fazem ameaças em nome de sua fé, ao contrário dos islamitas, que não reconhecem os direitos humanos, apenas um dever de obediência.[2]

Existem muitos conservadores norte-americanos, entre eles os influenciados pela tradição da filosofia da lei natural da Igreja Católica Romana, que acreditam que, no final, a posição conservadora baseia-se em fundamentos teológicos.[3] Para essas pessoas, as capacidades humanas concedidas por Deus são exercidas nos ofícios de governo e é a partir dessas capacidades que surge uma ordem civil livre e regida por lei. Nessa perspectiva, as características fundamentais da ordem democrática ocidental são ordenadas por Deus: a propriedade privada e a troca voluntária; a reponsabilidade e os direitos e deveres que dela emergem; instituições autônomas pelas quais o Espírito Santo opera entre nós e a partir das quais aprendemos os caminhos para a paz. A ênfase conservadora nas associações sem propósitos também tem o seu alicerce ideológico: pois é pela renúncia à vontade individual no trabalho da comunidade que aprendemos a humildade e o amor pelo próximo.

Presumo que, se os conservadores britânicos estão menos dispostos a pensar dessa maneira, isso, em parte, é em virtude da experiência do império e da necessidade de preservar a ordem civil entre as pessoas que não compartilham a perspectiva cristã. Na resposta sarcástica ao individualismo liberal de John Stuart Mill, Sir James Fitzjames Stephen — que ocupou postos administrativos e judiciais na Índia — apresentou uma filosofia política que era

---

[2] Ver os casos relatados pelo European Dignity Watch em seu site: <http://www.europeandignitywatch.org>. Acessado em 1º de fevereiro de 2014.

[3] Essa é a tradição de pensamento investigada e promovida por Russell Kirk ao longo do livro *The Conservative Mind: from Burke to Santayanna*, 1953, 7ª ed. (Washington, DC: Regnery, 2001) e defendida em nossa época pelo periódico *First Things*.

deliberadamente depurada de qualquer crença religiosa específica, embora reconhecesse a religião como elemento inalterável da psique humana.[4] E suponho que seja assim que a maioria dos britânicos encara o assunto. Consideramos a religião a origem das comunidades e um conforto na vida do indivíduo. Só lhe concedemos, no entanto, um papel cerimonial na vida do Estado, desenvolvido com base em princípios puramente seculares; entre eles, o princípio da liberdade religiosa. A esfera do valor religioso está aberta para todos: podemos nos unir às igrejas e aos templos, aprender os caminhos da santidade e da retidão, desfrutar a paz, a esperança e o consolo trazidos pela religião. Devemos, todavia, dar aos demais o direito de serem diferentes.

Isso não significa que os conservadores são plenamente seculares na abordagem da sociedade civil. Pelo contrário, reconhecem que muito daquilo que valorizamos é marcado pelas origens religiosas. Muitas das mais importantes causas conservadoras incluem a tentativa de preservar uma herança das coisas consagradas cuja aura nos é preciosa, mesmo que não mais as consideremos como concedidas pela divindade. Por isso, os conservadores são ativos na defesa da zona rural contra os agentes do progresso, na conservação de cidades e construções históricas, na defesa das formalidades e cerimônias da vida pública e na preservação da alta cultura da Europa. Dependemos da esfera das coisas sagradas mesmo que não acreditemos necessariamente em sua origem transcendental — razão pela qual a cultura, para nós, é importante.

É verdade que a Igreja Anglicana, sob a peculiar constituição tácita do Reino Unido, tem espaço no governo e atua no segundo plano da vida política como uma sombra débil projetada por alguma estrela distante. Embora seja importante em ocasiões solenes e de afirmação cívica, já não serve mais para distinguir a abordagem

---

[4] Sir James Fitzjames Stephen. *Liberty, Equality, Fraternity*. Londres: Holt and Williams, 1874.

ESFERAS DE VALOR

britânica da norte-americana em relação à liberdade religiosa. Devemos ver a presença cerimonial da Igreja Anglicana em nosso Parlamento como Bagehot via a Monarquia. Faz parte do aspecto "honrado" do governo, não do "eficiente".[5] Trata-se de uma recordação inofensiva de nossa história, de onde viemos e da origem de nossa perspectiva moral que está contida na lei e nos costumes. No entanto, nada arresta da cultura secular.

À medida que a religião se retira da vida pública, a educação moral torna-se, cada vez mais, uma preocupação da família, que é a base e a fonte dos vínculos afetivos fundamentais. A família foi considerada por todos, de St. Just a Lenin, como inimiga dos projetos revolucionários. Marx e Engels dedicaram um livro à destruição da "Família Sagrada", que viam como a excrescência ideológica da propriedade e da exploração. Os ataques contra a "família burguesa" eram a especialidade dos radicais dos anos de 1960 e foram retomados, mais recentemente, pelas feministas. Toda a ideia de normas sexuais e reprodutivas foi repudiada como ofensiva pelos defensores de um estilo de vida aberto e, é justo dizer que, como instituição, a família antiga, formada por pai e mãe, está cada vez mais sob ameaça, já que as pessoas tentam encontrar novas formas de viver juntas e outras maneiras de educar os filhos.

Tal como acontece com a religião, estamos lidando aqui com uma esfera de valor: um fórum em que as pessoas encontram conforto em atividades que não têm nenhum propósito além delas mesmas. Podem surgir novas formas de associação familiar, antigas configurações podem entrar em decadência, mas ainda permanece a verdade basilar de que a família é o lugar em que os propósitos da vida são erigidos e desfrutados. Isso fornece a nossa primeira imagem de lar, o lugar que almejamos redescobrir um dia (se as coisas derem certo), o tesouro de sentir que estamos novamente desimpedidos

---

[5] Walter Bagehot. *The English Constitution*. Londres: Chapman and Hall, 1867.

214 COMO SER UM CONSERVADOR

para os filhos. Por essa razão, em uma sociedade secular, os conservadores tendem a ficar mais preocupados com a família e com o seu destino do que com a religião, muito embora reconheçam que ambos são interligados e, em alguma medida, continuam sendo. E isso conduz a certo paradoxo. Ainda que admitam a família como uma instituição da sociedade civil, que cresce de baixo para cima e reflete os laços elementares da livre associação, os conservadores aceitam a visão dos revolucionários franceses de que o Estado tem o direito de moldá-la de acordo com as próprias necessidades.

O direito de família nasceu do desejo de proteger uma forma específica de vida doméstica baseada na união vitalícia entre um homem e uma mulher. Entretanto, uma vez que o Estado se envolveu na tarefa de promover os laços entre as pessoas, também agiu de igual maneira, se não maior, para desfazê-los em resposta aos reformadores radicais. Nossas leis contra o incesto, bigamia e casamento infantil refletem a crença de que o casamento, da maneira como é definido pelo Estado, deve ser julgado de acordo com um padrão mais elevado. No entanto, quando o casamento é reformulado como um contrato entre parceiros, em que as futuras gerações não têm voz, tais leis perdem a razão de ser. Consequentemente, por uma série de mudanças quase imperceptíveis, ao facilitar cada vez mais a obtenção do divórcio, e a negligência cada vez mais flagrante em relação às crianças, o Estado passa a supervisionar o desfazimento gradual dos votos de casamento, a ponto de a defesa do casamento homossexual parecer não uma mera consequência lógica de tudo o que o precedeu, mas uma oferta óbvia de "igualdade de tratamento" a uma minoria anteriormente marginalizada.

A sociedade ocidental evoluiu em matéria de relações homossexuais, aceitando esse modo de vida e o direito do Estado de endossá-lo por meio da união civil. Porém, o elo entre marido e mulher, como o que existe entre pai e filho, tem uma natureza moral que não deve ser resumida a um acordo voluntário. Os conservadores identificam-se principalmente com o antigo rito de passagem e se perguntam qual o propósito do Estado ao ignorá-lo sem claro mandado

ESFERAS DE VALOR 215

para fazê-lo. Uns estão preocupados com o raciocínio raso que dominou as discussões políticas em torno desse movimento, como se a ideia de igualdade fosse suficiente para resolver cada questão relacionada ao destino, no longo prazo, das sociedades humanas.

Todavia, se nos perguntarmos como foi que a defesa do casamento gay se tornou uma ortodoxia aceita por muitos de nossos líderes políticos, devemos certamente reconhecer que a intimidação teve certo papel nessa questão. Por menor que seja a hesitação a esse respeito, alguém nos acusará de "homofobia", ao passo que outros se organizarão para garantir que, mesmo que não se saiba mais nada a respeito de nossas opiniões, esta, pelo menos, será desacreditada. Só quem não tem nada a perder pode aventurar-se a discutir o assunto com o devido grau de prudência que este exige, e os políticos não figuram nesse grupo. Contudo, os conservadores reconhecerão que a consciência comum não ficará inteiramente à vontade com uma mudança que arruína as normas sociais nas quais as pessoas confiaram ao longo de toda a história de que se tem registro. Nisso, e em tantas outras coisas, pessoas de temperamento conservador olham ao redor em busca de outras que falem por elas e encontram somente um silêncio constrangedor. As minorias estridentes agem com disposição crescente para censurar os opositores e garantir que a questão mais profunda seja, finalmente, resolvida por argumentos superficiais.

Uma solução cristã é dizer simplesmente que o Estado pode definir o casamento como quiser, pode atribuir quaisquer privilégios legais sobre o que quer que os casais devam escolher para a sua proteção, mas que isso não tem nenhum suporte na realidade, pois é uma questão de metafísica, não de convenção. O casamento, por essa perspectiva, é um sacramento que não é feito nem desfeito pelo Estado. Nada, portanto, é alterado por uma nova ordem legal.

Essa solução é compreensível, mas também é míope. Em nossa sociedade secular, o Estado assume forçosamente muitas das funções

216 COMO SER UM CONSERVADOR

da religião. Além disso, não precisamos considerar o casamento um sacramento e um voto perante Deus para aderir à visão tradicional. Em toda sociedade que conhecemos, o casamento foi visto como um vínculo entre homem e mulher que interessava a toda a comunidade. O casamento é como as famílias se iniciam, e as obrigações assumidas pelos parceiros vão muito além de qualquer contrato entre as partes, ao incluir os que ainda não nasceram e que dependem do laço fundamental entre os pais. Era assim no direito romano, que considerava o casamento um vínculo civil, mas que não tinha relação com o contrato de coabitação. Como deixa claro o nome em latim — *matrimonium* —, o arranjo não significava amor sexual, mas maternidade. Marido e mulher não estavam simplesmente se comprometendo a construir uma vida juntos: estavam embarcando em uma transição *existencial*, de um estado de ser para outro, no qual o futuro filho seria o elemento mais importante. Essa ideia definiu a posição social da instituição, independentemente do fato de que poderia haver casamentos sem filhos e entre pessoas que passaram da idade de tê-los.

Igualmente nas sociedades tribais, as pessoas atingem uma nova posição por meio do casamento. Toda a tribo se envolve na confirmação do vínculo entre marido e mulher e o casamento é um reconhecimento cerimonial de que os parceiros estão se dedicando não apenas um ao outro, mas à descendência dessa união e ao futuro da tribo. Os ritos de casamento celebram a união e a diferença sexual, atribuindo ao casal de noivos a obrigação sagrada de ser fértil em nome do futuro coletivo e também de gerar filhos que serão complacentes com a sociedade.

Obviamente, não vivemos mais em tribos e antigas acomodações devem, por sua vez, adaptar-se às novas condições. Mesmo para nós, o casamento é o principal modo pelo qual o capital social é transferido de uma geração para outra. Mesmo para nós, ter filhos e preparar-se para a vida familiar estão no âmago do laço conjugal. Experimentamos isso durante a cerimônia de casamento, ao ver

ESFERAS DE VALOR

reforçada a percepção de alteridade do sexo e do casamento como o limiar do território do sexo.

Isso não significa que somente as pessoas férteis deveriam se casar ou que não poderia haver casamentos que não terminassem em divórcio. Significa que o casamento é construído em torno de uma norma que é invocada, embora reservadamente, em todas as variações exigidas por nossa natureza e fragilidade. Removamos tal norma e a instituição desestruturar-se-á, como uma tenda da qual se retira o mastro central. Não será mais um vínculo de gerações que tem a criação dos filhos como objetivo, mas um contrato de coabitação, tão temporário e anulável quanto qualquer outro acordo.

Muitos responderão dizendo que não há como voltar às normas maritais das gerações anteriores. Cada vez mais as pessoas vivem sozinhas ou passam de uma relação temporária para outra e evitam ter filhos por considerar o custo inaceitável. Muitos homens não consideram mais a existência de filhos como a razão para manter um casamento que perdeu o encanto. Afinal, o Estado aí está para fazer a vida voltar ao normal. Tudo isso é familiar e representa um sério desafio à cosmovisão conservadora. Toda a história do casamento, desde que o Estado assumiu o direito de criá-lo, foi uma história de ruptura. A solução correta, parece-me, não é tentar pôr o Estado em outra direção de modo a transformá-lo no guardião dos negócios domésticos, pois isso seria atribuir uma função muito importante: o Estado teria o direito de organizar a sociedade civil segundo os próprios preceitos. A solução correta é dar o exemplo ao viver de outra maneira e ao reconhecer a verdade espiritual fundamental, de que o casamento é um compromisso firmado pelos votos dos parceiros e não pelo carimbo de um cartório.

Quanto à lei do casamento civil e ao direito de família, estes devem ser modificados em resposta à mudança social, mas não devem ser os agentes da mudança. Tanto nessa área quanto em outras, o Estado existe para proteger a sociedade civil, não para moldá-la de

218 COMO SER UM CONSERVADOR

acordo com algum propósito que já não esteja implícito no tecido social. Somente se o casamento for redescoberto como uma "união essencial" da qual surge uma personalidade diferente e coletiva, é que retornaremos à esfera do valor doméstico. Não sabemos hoje qual formato terá a família em qualquer tempo futuro. Sabemos, todavia, que, quando ela surge do mútuo compromisso existencial dos pais e destes para com a própria descendência, então se desenvolverá como um bem intrínseco, como uma associação em que todos os membros poderão encontrar realização e apoio nas relações mútuas. Se o Estado tem um papel aqui, este é o de desobstruir e proteger o espaço em que esse tipo de união pode acontecer.

Religião e família são duas esferas de valor. A primeira, contudo, é cada vez mais secundária nas vidas das pessoas urbanas modernas e a segunda está começando a perder sua posição privilegiada como o espaço em que devem ser encontradas a paz e a realização. Para muitas pessoas hoje em dia, o trabalho e o lazer definem os campos primários de associação. E são nesses dois campos que nossas visões políticas são testadas de forma mais séria. A consciência socialista, que irrompeu na civilização ocidental durante o decurso do século XIX, era menos uma reação à pobreza da classe trabalhadora urbana do que à natureza do trabalho que a escravizava. Ficou nas ideias de conservadores como Ruskin e de radicais como William Morris a visão de outro tipo de labor, no qual a produção de bens também era a produção da sociedade, em que a perícia, as habilidades e a dedicação aos produtos como um todo manifestavam a liberdade e o autoconceito do trabalhador e no qual o trabalho espelhava quem a ele se dedicava, assim como a obra de arte reflete o artista e o trabalho do governo enquadra o estadista. Essa visão romântica foi desenvolvida por Hegel e transmitida para Marx, que tanto a valorizou como um ideal (como verificamos na invocação do comunismo pleno em *A ideologia alemã*) como a menosprezou como uma ilusão. O "trabalho alienado" do processo industrial era, para Marx, um estágio necessário no processo pelo qual o capitalismo seria destruído e os trabalhadores, reconciliados com a essência humana.

No capítulo anterior, dei certo crédito a ideias semifilosóficas e semirrapsódicas. É inegável, porém, que elas têm para nós, neste momento, um ar antiquado. A produção industrial é somente um pequeno fragmento de uma economia moderna, voltada, em grande medida, aos serviços industriais. Além disso, há um número cada vez maior de profissionais autônomos que dependem das redes de carência e de oferta que abundam na cidade moderna. Ao mesmo tempo, continua sendo verdade que existe uma ampla diferença entre o cumprimento e a alienação de uma ocupação, e que as pessoas só se satisfazem no trabalho caso o vejam como uma esfera de valores — em outras palavras, algo que é tanto um fim quanto um meio. Os que têm uma habilidade ou que têm o próprio negócio, no qual investiram não apenas tempo e esforço, mas também uma parte das aspirações de vida, estão muito mais propensos a encontrar realização no trabalho do que aqueles empregados em uma atividade em que se envolveram apenas por dinheiro. E os que encontram, no local de trabalho, o companheirismo e um espírito de equipe que recompensa a presença estão muito mais propensos a comparecer ao trabalho com uma perspectiva de satisfação do que os que se sentam incomunicáveis diante da máquina que silenciosamente operam.

A imagem pintada por Marx em *O capital* e por Engels no livro *A situação da classe trabalhadora na Inglaterra* está, atualmente, tão longe da verdade que poderíamos nos perguntar se a natureza do trabalho, ainda hoje, é um problema. Já não passamos por tudo isso? Não iniciamos agora um caminho claro para o futuro cuja maneira normal de trabalhar é a do trabalhador autônomo, que pode claramente integrar suas habilidades em algum ponto da economia da informação e viver de seu produto?

Por duas razões, o panorama não é tão auspicioso. Primeiro, trabalhos braçais como embalar, limpar e eliminar resíduos são

220 COMO SER UM CONSERVADOR

abundantes, mesmo quando o único produto real da economia é a informação, já que faz parte da manutenção e da assistência do item em que mais se fia tal produto; a saber, as pessoas. Segundo, testemunhamos a desqualificação das sociedades modernas na saída dos assuntos técnicos do âmbito escolar e uma tendência geral do sistema educacional para o incerto e para a aspiração. Uma pesquisa sobre a escola infantil, realizada na década de 1980, mostrou que as escolhas prioritárias de carreira profissional eram o magistério, as finanças e a medicina. Parece que as crianças visavam a ser socialmente úteis e respeitadas. Uma pesquisa similar, encomendada pelo canal Watch da Sky Television em 2008, revelou que as escolhas profissionais mais desejadas eram ser astro do esporte, astro da música pop e ator: carreiras que chegam por algum giro imprevisível da roda da fortuna e que chamam a atenção pública para a pessoa que as busca, sem que a torne, necessariamente, útil ou respeitável aos olhos de todos.[6] É uma questão delicada a maneira como a lei trabalhista e a política social devem enfrentar esses problemas. Por certo, alegraria o coração de todo conservador pensar que tarefas não qualificadas ou semiqualificadas como limpeza e eliminação de resíduos pudessem ser cada vez mais libertadas do âmbito do emprego e concedidas aos autônomos. Um limpador autônomo tem a chance de estabelecer uma relação contratual com os clientes, adequar a natureza do trabalho às exigências individuais e ter orgulho de sua conquista pessoal. Um trabalho penoso significa desenvolver uma tarefa ingrata para uma pessoa desprezível — e qualquer um que esteja em uma posição inferior do mercado de trabalho sabe bem o que isso significa. A abolição do emprego e a sua substituição

---

[6] Ver Kwasi Kwarteng *et al.* "Work Ethic". In: *Britannia Unchained: Global Lessons for Growth and Prosperity*. Londres: Palgrave Macmillan, 2012. O capítulo 4 desse livro, escrito por quatro jovens parlamentares conservadores, apresenta um relatório surpreendente sobre o problema trabalhista na Grã-Bretanha moderna.

ESFERAS DE VALOR

pelo trabalho autônomo seria, na minha visão, um passo no sentido de superar as piores humilhações do trabalho braçal.

A desqualificação da sociedade surgiu em parte porque o sistema educacional mudou em razão da oferta, e não da demanda por produtos. O crescimento dos cursos de má qualidade e da especialização de araque foi ampliado pela disponibilidade do financiamento estatal para aqueles que reivindicavam uma paga no processo educacional. As vítimas são os estudantes, seduzidos pelo pensamento de que um diploma em Comunicação Social era o caminho para conseguir trabalho na imprensa ou que um certificado em "Estudos sobre a Paz" era uma maneira de consertar o mundo. Há grande necessidade, em todo o mundo ocidental, de um sistema mais livre de educação superior que ofereça, aos estudantes, qualificações que lhes serão úteis e professores que tenham de provar os próprios conhecimentos. As faculdades norte-americanas de artes liberais são um exemplo dessa conexão e há sinais de que os europeus estão dispostos a considerar a criação de instituições semelhantes, fora do controle do Estado e dependentes apenas do financiamento dos que estão dispostos a adquirir o produto. Esse movimento de quebra do monopólio estatal, que é particularmente persistente, enfrentará, é claro, resistência. No entanto, está acontecendo e o resultado não será apenas uma requalificação da sociedade, mas uma transformação do local de trabalho, com as pessoas verdadeiramente habilitadas, orgulhosas de exercer suas tarefas e a juntar-se a outros para formar tipos de comunidade de interesse que surgem das profissões.

O problema do trabalho gratificante não é novo: é mencionado por Geoffrey Chaucer, William Shakespeare, George Herbert, Laurence Sterne e Henry Fielding muito antes de Dickens, em *Tempos difíceis*, colocá-lo justamente no centro das atenções. Não era uma questão que incomodava muito os gregos, que descreviam o trabalho como *ascholia* — a ausência de tempo livre —, dando a entender que o trabalho nunca foi mais do que um meio pelo qual

222   COMO SER UM CONSERVADOR

nos tornamos merecedores de momentos que realmente importam, quando nos expandimos, por assim dizer, em nosso próprio espaço. Esses momentos, de acordo com Aristóteles, dedicamos ao bem mais excelso, que é a *theoria*, ou a vida do intelecto. E presumo que, para muitas pessoas, hoje em dia, o que fazemos com o tempo livre se transformou na fonte principal de preocupação social. O tempo livre era, para Aristóteles, uma arena de formação de comunidade em que desfrutamos das amizades e das virtudes despertadas pela felicidade. Graças à internet, a amizade e o tempo livre estão hoje muito longe do ideal de Aristóteles. Antigamente, nas condições normais de contato humano, as pessoas tornavam-se amigas por estar na presença umas das outras, por compreender todos os sinais sutis, verbais e corporais pelos quais o outro dá testemunho de seu caráter, emoções e intenções, e por construir, conjuntamente, afeição e confiança. A atenção estava voltada ao rosto, às palavras e aos gestos do outro. E a natureza de indivíduo corporificado era o foco dos sentimentos de amizade que ele ou ela inspiravam. As pessoas que se tornam amigas dessa maneira estão profundamente cientes de que se mostram ao outro como o outro se lhes mostra. A face do outro é o espelho no qual enxergam a si mesmas. Exatamente porque a atenção está voltada para o outro é que existe uma oportunidade para o autoconhecimento e para a autodescoberta, para essa expansão de liberdade diante do outro que é uma das alegrias da vida humana. O objeto dos sentimentos de amizade remete à pessoa do outro e responde, gratuitamente, à sua atividade livre, ampliando a consciência do outro e a própria. Em suma, a amizade, na concepção tradicional, era uma rota para o autoconhecimento.

Quando a atenção está voltada para uma tela, porém, há uma nítida mudança de ênfase. O dedo está no botão. A qualquer momento, podemos desligar a imagem ou passar para um novo encontro. O outro é livre no próprio espaço, mas não é realmente livre no nosso, pois depende inteiramente de nossa decisão de mantê-lo lá. Conservamos um controle supremo e, importante,

ESFERAS DE VALOR 223

não nos arriscamos na amizade ao encontrar, face a face, o outro. Obviamente, o outro pode prender nossa atenção com mensagens, imagens e solicitações, e ficamos grudados na tela do computador. Ainda assim, estamos grudados na *tela*, não no rosto que nela vejo. Toda interação com o outro é à distância e só nos afeta se escolhemos ser afetados. Por intermédio dessa pessoa, desfrutamos de um poder cuja verdadeira consciência a própria pessoa não possui — pois não tem conhecimento da extensão de nosso desejo de mantê-la presente perante nós no espaço. Portanto, não se colocará em risco; aparecerá na tela somente na condição de preservar o controle supremo. Trata-se de algo que sabemos a seu respeito e que ela sabe que sabemos, e vice-versa. Aumenta entre nós um encontro de menor risco, em que cada um está ciente de que o outro está fundamentalmente retirado, soberano em seu cyber-castelo inexpugnável. A retração é reforçada pelas conhecidas sanções da intimidade e da indiscrição: a observação reveladora, a expressão do desejo, a necessidade ou ternura estarão por "toda a rede", uma vez que surjam na tela.

Segundo Hegel, a liberdade acarreta um engajamento ativo com o mundo, em que a oposição é encontrada e superada, os riscos são assumidos e a gratificação, ponderada: é, em suma, o exercício da razão prática na busca pelos objetivos cujo valor deve justificar os esforços necessários para atingi-los. Assim como a autoconsciência, na modalidade plenamente compreendida, tem como consequência não só uma abertura para a experiência presente, mas um senso da própria existência como indivíduo, com planos e projetos que podem ser realizados ou frustrados, e com uma concepção clara daquilo que *eu faço*, para que faço e com que expectativa de felicidade.

Todas essas ideias estão contidas no termo introduzido pela primeira vez por Fichte para indicar a finalidade interior de uma vida privada livre: *Selbstbestimmung*, ou autoconfiança. A afirmação crucial de Hegel é a de que a vida da liberdade e da autoconfiança só pode ser conquistada por intermédio dos outros. Só me torno pleno em contextos que me obrigam a reconhecer que sou outro aos olhos dos demais. Não adquiro a minha liberdade e individualidade e, em seguida, por assim dizer, as submeto a um teste no mundo das relações humanas. Somente ao entrar nesse mundo, com seus riscos, conflitos e responsabilidades, é que me reconheço como livre para desfrutar a própria perspectiva e individualidade, e me torno uma pessoa realizada no meio de pessoas.

Ao esforçar-se para "colocar Hegel a seus pés", o jovem Marx estabeleceu um contraste importante entre a verdadeira liberdade, que nos chega através do relacionamento com outros indivíduos, e a escravidão oculta, que aparece quando nossos empreendimentos externos não estão relacionados aos indivíduos, mas aos objetos. Em outras palavras, segundo Marx, devemos distinguir a realização do Eu, nas relações voluntárias com outras pessoas, da alienação do Eu no sistema das coisas. Esse é o núcleo de sua crítica contra a propriedade privada e se trata de uma análise que tanto se relaciona à alegoria e aos contos, quanto aos argumentos hegelianos originais. Nos escritos tardios, a crítica é transformada em uma teoria do "fetichismo", segundo a qual as pessoas perdem a liberdade ao converter as mercadorias em fetiches. Um fetiche é algo animado por uma vida *transferida* de outra fonte. O consumidor em uma sociedade capitalista, de acordo com Marx, transfere a própria vida para as mercadorias que o enfeitiçam e, assim, perde a vida ao se tornar seu escravo, precisamente por ver o mercado como bens, e não como as interações voluntárias das pessoas, como o lugar onde os desejos são intermediados e realizados.

Não endosso essas críticas contra a propriedade e o mercado e as vejo como ramificações extravagantes de uma filosofia que, se entendida adequadamente, apoia as transações voluntárias no mercado tanto quanto apoia as relações voluntárias entre as pessoas em geral, considerando, de fato, a primeira como a aplicação da segunda. No entanto, a crítica marxista tem aplicação direta aos problemas que vemos surgir em nosso novo mundo de vício na internet.

ESFERAS DE VALOR

Parece-me incontestável que, considerando a liberdade como um valor, ela também é um artefato que surge da interação mútua entre as pessoas. Essa interação mútua é o que nos eleva da condição animal para a condição pessoal, permitindo-nos assumir a responsabilidade por nossas vidas e atos, avaliar as finalidades e o caráter, e compreender tanto a natureza da realização pessoal quanto desejá-la e planejá-la. Esse processo é crucial para o desenvolvimento do ser humano como um agente dotado de autoconhecimento, capaz de se divertir e agir por motivações, com uma perspectiva aumentada de primeira pessoa e uma percepção da própria realidade como um tópico entre outros. Trata-se de um processo que depende de conflitos e soluções concretas em um espaço público compartilhado em que todos são responsáveis por aquilo que somos e fazemos. Qualquer coisa que interfira nesse processo, ao debilitar o crescimento das relações interpessoais, ao confiscar a responsabilidade ou ao impedir ou desencorajar um indivíduo de fazer as escolhas racionais de longo prazo e de adotar uma visão concreta de realização, é um mal. Pode ser um mal inevitável, mas continua sendo um mal — contra o qual devemos resistir, se pudermos.

Somos seres racionais dotados tanto de raciocínio prático quanto teórico. E o nosso raciocínio prático se desenvolve pelo confronto com o risco e com a incerteza. Enquanto mantivermos uma postura passiva, a vida na tela está imune aos riscos: não corremos risco iminente à integridade física, ao constrangimento emocional ou a ter responsabilidade para com outros quando clicamos para entrar em algum site novo. Isso é nitidamente aparente no caso da pornografia — e a natureza viciante da pornografia é familiar a todos os que trabalham aconselhando pessoas que entraram em um estado de dependência desesperada.[7] O viciado em pornografia tem alguns

---

[7] Ver Jean B. Elshtain, James R. Stoner e Donna M. Hughes (eds.). *The Social Costs of Pornography: A Collection of Papers*. Princeton: Witherspoon Institute, 2010.

dos benefícios da excitação sexual sem assumir quaisquer dos custos normais; mas os custos fazem parte daquilo que significa o sexo em uma vida emocional madura e, ao evitá-los, estamos debilitando a própria capacidade de estabelecer um vínculo sexual real. Essa libertação do risco também se espalha por outras áreas e é uma das características mais significativas dos sites sociais discutidos anteriormente. Podemos entrar e sair de relacionamentos via tela do computador, sem qualquer constrangimento, mantendo o anonimato ou agindo com pseudônimo, e até mesmo nos escondendo atrás de uma fotografia falsa. Podemos decidir "matar" nossa identidade virtual a qualquer momento e não sofreremos consequência alguma. Por que, então, devemos nos preocupar de entrar no mundo dos encontros reais quando temos à disposição um substituto fácil? E, quando o substituto se torna um hábito, as virtudes necessárias para um encontro concreto não são desenvolvidas.

Evitar os riscos nas relações humanas significa evitar a *responsabilidade*, recusar ser *julgado* aos olhos do outro, negar estar *face a face* com outra pessoa, não querer doar-se em nenhuma medida a ele ou a ela ou se expor ao risco de rejeição. Responsabilidade não é algo que devemos evitar; é algo que devemos aprender. Sem ela, nunca conseguiremos adquirir a capacidade de amar ou a virtude da justiça. As demais pessoas continuarão a ser, para nós, apenas mecanismos complexos a serem negociados como fazemos com os animais, em benefício próprio e sem abrir a possibilidade para uma decisão mútua. Justiça é a capacidade de ver o outro ter um direito sobre nós, ser tão livre quanto o somos, e demandando nossa responsabilidade. Para adquirir tal virtude temos de aprender o hábito dos encontros face a face, em que pedimos o consentimento e a cooperação do outro, em vez de impormos a nossa vontade. O refúgio por trás da tela de computador é a maneira de manter o controle total do encontro, sem nunca reconhecer o ponto de vista do outro. Inclui assentar a própria vontade fora de si, como característica da realidade virtual, evitando colocá-la em risco como se deveria, caso

ESFERAS DE VALOR

encontrássemos verdadeiramente o outro. Ir ao encontro do outro em sua liberdade é reconhecer-lhe soberania e direito: é reconhecer que a situação apresentada não está mais sob nosso controle exclusivo, mas que nela estamos envolvidos, tornamo-la concreta e respeitável aos olhos do outro, pelas mesmas razões que tornamos o outro real e respeitável aos nossos olhos.

Nos encontros sexuais é seguramente óbvio que esse processo de "sair" com o outro deve ocorrer se houver amor genuíno ou se o ato sexual for algo mais do que a fricção das partes do corpo. Aprender a "sair" dessa maneira é um processo moral complexo que não pode ser simplificado sem deixar o sexo de fora do processo de vinculação psicológica. Parece-me claro que o que está cada vez mais em risco é a criação de vínculos e a causa é, precisamente, o prazer sexual vir sem justiça ou compromisso. Se confiarmos na tela do computador como o foro do desenvolvimento pessoal, adquirimos hábitos de relacionamento sem a disciplina da responsabilidade, de modo que o sexo será considerado da mesma maneira narcisista que os estímulos vicários pelos quais é ensaiado. Ocorrerá naquele "outro lugar" indefinível, donde a alma alça voo, até mesmo no momento de prazer.

Tanta coisa está em jogo nas tendências que descrevi que os conservadores devem entrar na briga em cada ponto, explorando os modos pelos quais os novos mecanismos e as novas redes de contatos devem ser usados para construir uma sociedade civil e não para solapá-la. Tornou-se muito fácil utilizar a tela do computador para evitar a esfera de valor que o tempo livre, por outro lado, nos dotava, para impedir, mais do que reforçar, as associações com que "voltávamo-nos para nós mesmos". Mais uma vez, é necessário dar o exemplo, mostrar como viver de outra maneira, de modo que a tela do computador se torne um meio para as finalidades concretas, e não um fetiche insatisfatório.

O tempo livre não alienado, o ócio que "restaura o homem para si mesmo", não é uma condição oposta ou apartada do trabalho.

É contínua ao trabalho, um retroceder o trabalho que também o endossa como parte legítima de uma vida plena. Uma visão desse tipo de ócio é apresentada no Gênesis, em que somos informados de que Deus trabalhou por seis dias na criação do mundo e no sétimo dia descansou, não para se distrair do trabalho, mas, ao contrário, para desfrutar de seu feito e refletir sobre o seu valor. O tempo livre, para Deus, era um encontro com o valor intrínseco, um momento para contemplar a própria criação e ver que era boa.

A passagem do Gênesis é a fundação do respeito do judeu pelo *Shabat*, uma deferência assimilada pela civilização cristã na ideia do sábado como um dia de descanso. Um dia de descanso não significa um dia livre. Ao contrário, o sábado também é um dia de júbilo, construído em torno de um ato de adoração coletiva e de uma refeição comemorativa em que se oferece, na mesa da família, o melhor que pode ser encontrado. Não foi só na fé cristã e na judaica que essa concepção de dia santo se tornou canônica. Para os muçulmanos, o dia em questão é a sexta-feira, e os festivais pagãos na Grécia e em Roma, as origens das festividades da Igreja, foram concebidos da mesma maneira — como dias de celebração e devoção, separados dos negócios e imbuídos da própria atmosfera mágica. Esse senso de separação foi apreendido por Aristófanes em *As Tesmofórias* e pelo autor latino anônimo de *Pervigilium Veneris* [A vigília de Vênus]. Trata-se, poderíamos razoavelmente sugerir, de uma das dádivas universais da religião e que tem um efeito transformador na experiência do tempo livre.

Um componente essencial do tempo livre é, portanto, a disponibilidade para o festival. As pessoas são absorvidas pelas celebrações, libertadas das preocupações comuns e apresentadas a um sentido da condição humana como boa em si mesma. Apresentam um paradigma de valor intrínseco, ao qual não se aplicam as reclamações contemporâneas sobre o ócio e seus usos indevidos. Ao participar de alguma festividade, não estamos alienados de nós mesmos: não vemos a nós, aos outros e ao mundo que nos cerca em termos

ESFERAS DE VALOR

puramente instrumentais — todas as lamentações nada são, uma vez que participar do festival é um caminhar para a iluminação, respirar outros ares, restabelecer o seu "ser-espécie".

O festival é a afirmação coletiva de uma comunidade, um regozijo do eu e do outro, uma efusão de gratidão aos deuses. Vestígios disso sobrevivem em uma partida de futebol americano, nos festivais de música pop, nos rodeios e, claro, incrustados nos excessos materialistas, no Natal tradicional e na "Eid al-fitr".* Na festividade, as pessoas alegram-se umas com as outras, olham-se com o pensamento "que bom que tu existes" e envolvem-se em atos simbólicos que afirmam a comunidade como mais excelsa que o individual, e, além disso, algo que é compartilhado. (Muitas pessoas notaram isso nos Jogos Olímpicos de 2012 em Londres, quando o espírito de encorajamento e caridade parecia influenciar o público e todos os que assistiam a eles).

É por intermédio das festividades que compreendemos a maneira como configuramos a vida social. Elas têm um significado religioso. Refiro-me a "religioso" no sentido mais amplo do termo, para incluir todas as tentativas das comunidades humanas de racionalizar o destino, reafirmar a solidariedade e reconhecer a "presença real", entre elas, de algo que lhes é superior. Todas as verdadeiras festividades apontam para essa orientação religiosa. E quando observamos um objeto, seja uma flor ou uma obra de arte, e o vemos como intrinsecamente merecedor de atenção, estamos recuperando, em alguma medida, a cosmovisão religiosa, não importando quão solitária a emoção e quão longe estejamos de qualquer crença transcendental.

Essa reflexão aponta ainda para outra esfera de valor, que é a cultura que construímos em torno da experiência da beleza. A cultura da beleza tem um enorme valor para nós, transmitindo uma visão

---

* Celebração do fim do jejum dos muçulmanos, no primeiro dia do mês de *Shawwal*, no final do mês do Ramadã. (*N. do T.*)

230 COMO SER UM CONSERVADOR

do lar e do sentido de pertença que nos inspira nos momentos mais solitários e que lança luzes sobre as piores aflições. Entretanto, essa esfera de valor se tornou, em nossa época, tão questionada quanto as esferas da religião e da vida familiar. Por essa razão, concluirei este capítulo esboçando o que considero ser a posição conservadora natural nos atuais conflitos culturais.

Assim como os costumes emergem, ao longo do tempo, de inúmeros esforços dos seres humanos para coordenar a conduta, o mesmo acontece com as tradições, que nascem das discussões, alusões e comparações com as quais as pessoas preenchem as horas livres. Uma cultura é uma maneira de transmitir, de geração para geração, o hábito do juízo. Esse hábito de julgamento é vital para o desenvolvimento moral e é o fundamento dos ritos de passagem pelos quais os jovens deixam a fase de adolescência e assumem obrigações na vida adulta. Por isso, uma sociedade sadia requer uma cultura sadia, e assim o é, mesmo que a cultura, como a defino, não seja fruída por muitos, mas por poucos.

Alguns ficarão descontentes com essa ideia, acreditando que não existe o tal "juízo" ao qual me referi, e, caso haja, este será irremediavelmente "subjetivo", sem a capacidade inerente de enfrentar uma análise cética ou garantir a sobrevivência de nossa cultura em momentos de dúvida. Tal resposta é apresentada de várias maneiras e com propósitos variados. Em todas as variações, porém, assenta-se em uma confusão apontada há muito tempo por Kant.[8] É verdade que os juízos a respeito de objetos estéticos e obras de arte são subjetivos, visto resultarem de experiência, impressões e gostos pessoais. Isso, todavia, não quer dizer que são subjetivos, no sentido de não admitirem argumentos a favor ou de não se relacionarem a experiências e emoções importantes que podem ser testadas pela vida.

---

[8] Kant, na *Crítica da faculdade do juízo*, publicado em 1790, apresenta, pela primeira vez, o juízo estético no centro das preocupações intelectuais modernas.

ESFERAS DE VALOR

Consideremos o riso. Todos os seres racionais riem — e, talvez, somente eles riam. Todos os seres racionais se beneficiam do riso. Como resultado, surgiu uma instituição humana peculiar — a piada, uma apresentação reiterada, em palavras e gestos, concebida como um objeto de riso. Hoje, há uma grande dificuldade em dizer exatamente o que é o riso. Não é apenas um som — nem mesmo um som, pois pode ser silencioso. Nem é apenas um pensamento, como o de considerar um objeto incongruente. É uma resposta *a* algo, que também inclui um juízo acerca *dessa* coisa. Além disso, não é uma peculiaridade individual como um tique nervoso ou um espirro. A risada é uma manifestação de divertimento, e o divertimento é um estado de espírito socialmente fecundo voltado ao mundo exterior.[9] O riso começa como uma condição coletiva, como quando as crianças riem juntas por causa de alguma bobagem. Na idade adulta, a diversão continua sendo uma das maneiras com que os seres humanos desfrutam da companhia uns dos outros, conciliam as diferenças e aceitam a sorte comum. Rir ajuda a superar o isolamento e nos fortalece perante o desespero.

Isso não quer dizer que o riso seja subjetivo no sentido de que "qualquer coisa serve" ou que é acrítico em relação ao seu objeto. Ao contrário, as piadas são objeto de disputas ferozes e muitas são rejeitadas como "sem graça", de "mau gosto", "ofensivas" e assim por diante. O hábito de rir das coisas não está desvinculado do hábito de julgá-las como merecedoras de uma risada.

A diversão, muito embora seja uma efusão espontânea de emoção social, também é a modalidade de julgamento praticada com mais frequência. Rir de algo já é julgá-lo e quando nos abstemos de rir daquilo que alguém julga ser engraçado estamos, dessa maneira, demonstrando desaprovação quanto à postura daquela pessoa.

---

[9] Ver Frank Buckley. *The Morality of Laughter*. Ann Arbor: University of Michigan Press, 2003. Nesse livro, a natureza do riso é admiravelmente explicada como uma prática de formação da sociedade entre seres morais.

232 COMO SER UM CONSERVADOR

Uma piada de "mau gosto" não é apenas uma falha: é uma ofensa, e um dos aspectos mais importantes da educação moral é ensinar à criança a não cometê-la. Pensemos a esse respeito e rapidamente perceberemos que, apesar da dificuldade que possa existir para definir conceitos como os de "juízo" e "gosto", estes são absolutamente indispensáveis.

Shakespeare nos deu um exemplo revelador do que quis dizer no enredo secundário do livro *Noite de reis*. O bêbado Sir Toby Belch e seus companheiros desregrados decidem pregar uma peça em Malvolio, guardião de Olivia, a bela prima de Sir Toby, como uma vingança pela desaprovação fundamentada, mas arrogante, de Malvolio em relação ao comportamento deles. A brincadeira consistia em convencer Malvolio de que Olivia o amava e o amaria ainda mais, caso ele obedecesse às mais variadas e absurdas recomendações a respeito dos trajes e da conduta. Como consequência dessa diabrura, Malvolio é, primeiramente, humilhado e, em seguida, ferido para acabar trancafiado como louco, sendo, ao final, resgatado pelas voltas e reviravoltas de um enredo um tanto burlesco. O remorso, do tipo superficial, aflige os traquinas. O público, entretanto, que no início ria junto com eles, encontra-se agora olhando com desdém para os que pregaram a peça e para Malvolio com apreensiva piedade. Uma nuvem de desapontamento envolve o término da peça, assim como o riso que havia induzido é subitamente levado a julgamento e condenado.

Essas observações não constituem uma teoria do humor ou do "juízo do gosto" que o determinam. Apontam, todavia, para o fato de que não há nada obscuro acerca desse juízo, um elemento familiar na vida de todos, desempenhando um papel vital na consolidação da sociedade humana. Além disso, esse juízo educado é, de todo modo, moralmente relevante e inclui muitos dos instintos sociais mais profundos e mais importantes. Refletindo sobre a diversão e o humor, e sobre o espaço que ocupam em nossas vidas, encontramos uma sugestão muito clara a respeito da verdade geral

ESFERAS DE VALOR

sobre a natureza e o significado da cultura — ou seja, que a cultura é juízo e que o juízo importa.

O exemplo também nos ajuda a flexionar aquilo que vem a ser uma rotina de rejeição da cultura e de sua busca — um repúdio que começa com o ceticismo quanto ao conceito de arte. Há um século, Marcel Duchamp colocou a assinatura em um urinol, batizou-o de "Fonte" e depois exibiu-o como obra de arte. Esse gesto famoso foi, desde então, repetido *ad nauseam* e, à proporção que, hoje, os alunos aprendem qualquer coisa nas escolas de arte, esse aprendizado se baseia na capacidade de realizar tal gesto, acreditando ainda ser original — uma conquista epistemológica comparável àquela da Rainha Branca que, na juventude, conseguia acreditar em seis coisas impossíveis antes do café da manhã.* Um resultado imediato da piada de Duchamp foi precipitar uma indústria intelectual dedicada a responder à questão "O que é arte?".

A literatura dessa indústria deixou um resíduo de ceticismo que incentivou o ataque à cultura. Se qualquer coisa pode ser considerada arte, então a arte deixa de ter relevância. Tudo o que resta é o fato curioso, embora infundado, de que algumas pessoas gostam de observar certas coisas e outras gostam de olhar para outras pessoas. Em relação à sugestão de que existe um empreendimento da crítica, que busca por valores objetivos e monumentos duradouros do espírito humano, isso é descartado como algo que escapa ao controle, subordinado a uma concepção de obra de arte que foi por água abaixo na "fonte" de Duchamp.

O argumento foi repetido com maliciosa destreza por John Carey[10] e está rapidamente se transformando em ortodoxia, não apenas porque parece emancipar as pessoas do ônus da cultura,

---

* História narrada em *Através do espelho e o que Alice encontrou por lá*, de Lewis Carrol. *Alice: Edição comentada*. Rio de Janeiro: Jorge Zahar Ed., 2002. p. 192. (*N. do T.*)

[10] John Carey. *What Good Are the Arts?* Londres: Faber and Faber, 2005.

234   COMO SER UM CONSERVADOR

dizendo-lhes que todas aquelas obras-primas respeitáveis podem ser ignoradas impunemente, e que o *reality show* é "tão bom quanto" Shakespeare e que o techno-rock é igual a Brahms, pois não existe uma coisa melhor do que a outra e todas as afirmações quanto ao valor estético são vazias. O argumento, no entanto, é baseado em um equívoco elementar de pensar na arte como aquilo que Mill chamou de um "tipo natural", como a água, o carbonato de cálcio ou um tigre — em outras palavras, um tipo cuja essência é determinada, não pelos interesses humanos, mas por como são as coisas.[11] Se, ao definir a arte, tentássemos isolar alguma característica da ordem natural, a definição certamente seria insuficiente, caso não conseguíssemos delimitar o conceito. A arte, porém, não é o nome de um "tipo natural", mas de um tipo funcional. A palavra "arte" funciona como a palavra "mesa". Qualquer coisa é mesa se puder ser utilizada como as mesas o são — para apoiar as coisas aos sentarmos para trabalhar ou comer. Um caixote pode ser uma mesa; um antigo urinol pode ser uma mesa; um escravo humano pode ser uma mesa. Isso não torna o conceito arbitrário; nem nos impede de distinguir entre mesas boas e ruins.

Voltando ao exemplo das piadas. Qualquer coisa é uma piada se alguém diz que ela o é. A "piada" nomeia um tipo funcional. Uma piada é um artefato feito para divertir. Pode falhar no desempenho da função, na circunstância em que a piada malogra. Ou pode, no entanto, desempenhar sua função de maneira ofensiva, na circunstância em que a piada é de "mau gosto". Nenhuma delas, todavia, indica que a categoria de piadas é arbitrária ou que não existe distinção alguma entre piadas boas e ruins. Nem sugere, de qualquer maneira, que não existe espaço para a crítica das piadas ou para um tipo de educação moral que tenha por finalidade um senso de humor

---

[11] J. S. Mill. *A System of Logic*. 10ª ed. Londres: Longmans, 1879. Livro 1, capítulo 7, seção 4.

ESFERAS DE VALOR

digno e decente. De fato, a primeira coisa que podemos aprender em relação às piadas é que o urinol de Duchamp é uma delas.

O que tenho dito sobre piadas também pode ser facilmente aplicado às obras de arte. Qualquer coisa é arte se alguém sinceramente diz que sim, pois a arte é um tipo funcional. Uma obra de arte é algo apresentado como objeto de interesse estético. Pode falhar no desempenho da função, dado que seja esteticamente vazia. Ou pode desempenhar a sua função de maneira ofensiva, caso em que é impetuosa, vulgar, obscena ou seja lá o quê. Mas nenhuma delas sugere que a categoria da arte é arbitrária ou que não existe distinção entre a arte boa e a ruim. Tampouco sugere que não há espaço para a crítica da arte ou para um tipo de educação estética que tenha como finalidade uma compreensão da estética humana.

Não é de surpreender que piadas e obras de arte sejam tão parecidas. Algumas obras de arte consistem em verdadeiras piadas: não somente gestos atrevidos como o urinol de Duchamp, mas também, por extensão, obras de literatura como *Tristram Shandy* e *Através do espelho*.* Comédias e piadas apelam ao mesmo repertório emocional. E as piadas, assim como as obras de arte, podem ser repetidas infinitamente. Não obstante, ao definir a arte como um tipo funcional, introduzi uma ideia nova — a do "interesse estético". Estamos todos familiarizados com esse tipo de interesse, embora não saibamos necessariamente como defini-lo. Sabemos que, assim como a diversão, o interesse estético é inseparável do juízo — por isso, a tradição da crítica artística e literária, uma das conquistas mais admiráveis de nossa cultura.

Obras de arte, assim como as piadas, são objetos de percepção: o que importa é como parecem, como soam, como apelam às percepções sensoriais. No interesse estético, vemos o mundo como ele realmente parece: nas palavras de Wallace Stevens, "Que parecer

---

*O autor faz referência, respectivamente, a Laurence Sterne. *A vida e as opiniões do cavalheiro Tristram Shandy*. São Paulo: Companhia das Letras, 1998; e ao já citado livro de Lewis Carroll. (*N. do T.*)

termine em ser somente".* Então encontramos a unidade da experiência e do pensamento, uma aproximação entre o sensorial e o intelectual para os quais "imaginação" é o nome de todos os dias. Esse fato põe o significado da experiência estética fora do alcance da ciência e explica o seu valor peculiar. No momento da beleza encontramos significado na forma imediata e sensorial: somos endossados e corroborados por estarmos aqui, agora, e vivos.

O interesse estético é um interesse nas aparências. Entretanto, existem aparências que devemos evitar, embora muito nos fascinem. Em contrapartida, existem aparências que não são meramente objetos admissíveis de interesse estético, mas que recompensam tal interesse com conhecimento, compreensão e elevação emocional. Deploramos os jogos romanos, em que animais eram massacrados, prisioneiros crucificados e inocentes torturados, tudo em prol do espetáculo e de seu significado repulsivo. Deploraríamos mesmo que o sofrimento fosse simulado, como em uma reprodução cinematográfica, se pensássemos que o interesse do observador fosse apenas um fascínio alegre. Elogiamos, contudo, a tragédia grega, em que são representados mitos inescrutáveis em verso grandioso cujas mortes imaginadas acontecem longe da vista e não são apreciadas pelo público. O interesse nos jogos, supomos, é depravado; na tragédia grega, nobre. E a alta cultura visa, ou deveria visar, a preservar e intensificar experiências do segundo tipo, em que a vida humana é elevada a um nível superior — o nível da reflexão ética.

Uma cultura não abrange somente obras de arte, nem é unicamente orientada para interesses estéticos. É a dimensão dos *artefatos intrinsecamente interessantes* ligados pela faculdade de julgamento das aspirações e dos ideais. Apreciamos piadas, obras de arte,

---

* Verso do poema "O imperador do sorvete", de Wallace Stevens, extraído do livro *Poemas*. Seleção, tradução e introdução de Paulo Henriques Britto. São Paulo: Companhia das Letras, 1987. p. 23. (*N. do T.*)

ESFERAS DE VALOR

argumentos, obras de histórias e literatura, modos, vestuário, rituais e formas de comportamento. E todas essas coisas são configuradas pelo juízo. Uma cultura consiste em todas aquelas atividades e artefatos organizados pela "persecução comum do verdadeiro juízo", como disse certa vez T. S. Eliot.[12] O juízo verdadeiro traz consigo a busca pelo significado via encontro reflexivo com as coisas feitas, compostas e escritas tendo em vista tal finalidade. Algumas dessas coisas serão obras de arte voltadas ao interesse estético; outras serão trabalhos discursivos de História ou Filosofia dedicados ao interesse nas ideias. Ambos os tipos de trabalho exploram o significado do mundo e a vida da sociedade. O propósito de ambos é estimular os juízos pelos quais entendemos uns aos outros e a nós mesmos.

Tradições artísticas e filosóficas, portanto, constituem o nosso paradigma de cultura. E o princípio que estrutura uma tradição também estabelece, interiormente, o discernimento, criando um cânone de obras-primas, de monumentos-padrão, de "pedras de toque", como, certa vez, chamou Matthew Arnold, que são a baliza da educação humana para apreciar e compreender.[13] Por isso, a defesa conservadora das esferas de valor concentrar-se-á no currículo, e em manter ao alcance das mentes dos jovens as grandes obras que criaram o mundo emocional em que vivem, estejam ou não cientes disso.

O amor pela beleza é fundamental nessa empreitada. Os filósofos do Iluminismo viam a beleza como o modo pelo qual as concepções morais e espirituais duradouras adquiririam contornos sensuais. E nenhum pintor, músico ou escritor romântico negaria que a beleza era o verdadeiro objeto da arte. Mas, em algum

---

[12] T. S. Eliot. *On the Use of Poetry and the Use of Criticism*. Londres: Faber, 1933.

[13] Matthew Arnold. *Culture and Anarchy*. Londres: Smith, Elder and Co., 1869.

momento durante o rescaldo do modernismo, a beleza deixou de receber tais homenagens. A arte, cada vez mais, visava a perturbar, subverter ou transgredir as certezas morais e não era a beleza, mas a originalidade — embora atingida qualquer que fosse o custo moral —, que passou a ganhar os prêmios. Daí surgiu uma suspeita generalizada em relação à beleza, cujo herdeiro, o *kitsch* — era algo muito suave e inofensivo para ser procurado pelo artista moderno sério. Em um ensaio seminal — "Vanguarda e Kitsch",* publicado em 1939 na revista *Partisan Review* —, o crítico de arte Clement Greenberg fez uma comparação rigorosa entre a vanguarda de sua época e a arte figurativa que lhe era concorrente, rejeitando a segunda (não apenas Norman Rockwell, mas grandes artistas, como Edward Hopper) porque não era original e não tinha significado duradouro. A vanguarda, para Greenberg, promovia o perturbador e o provocador em detrimento do penetrante e do decorativo, e é por isso que deveríamos admirá-la.

O valor abstrato da arte, afirmou Greenberg, reside não na beleza, mas na *expressão*. A ênfase na expressão é um legado do movimento romântico; mas partiu da convicção de que o artista, agora, estava fora da sociedade burguesa, definida como hostil, de modo que a autoexpressão artística também é uma transgressão das normas morais ordinárias. Encontramos tal postura adotada abertamente na arte da Áustria e da Alemanha no período entre as duas guerras — por exemplo, nas pinturas e desenhos de Georg Grosz, na *Lulu* de Berg (um retrato adorável de uma mulher cujo único objetivo perceptível era o caos moral) e nos romances desleixados de Heinrich Mann. E o culto da transgressão é um dos temas principais da literatura do pós-guerra da França — dos textos de Georges Bataille, Jean Genet e Jean-Paul Sartre ao vazio desolador do *nouveau roman*.

---

* O ensaio pode ser lido em Clement Greenberg. *Arte e cultura*. São Paulo: Cosac Naify, 2013. (*N. do T.*)

ESFERAS DE VALOR

Houve grandes artistas que tentaram restaurar a beleza da ruptura observada na sociedade moderna — assim como T. S. Eliot tentou recompor nos *Quatro quartetos* os fragmentos que o afligiram em *A terra devastada*. E houve outros, especialmente nos Estados Unidos, que se recusaram a ver o sórdido e o transgressor como a *verdade* do mundo moderno. Para artistas como Edward Hopper, Samuel Barber e Wallace Stevens, a transgressão ostensiva era mero sentimentalismo, uma forma barata de excitar o público e uma traição à tarefa sagrada da arte que é exaltar a vida como ela é e revelar a sua beleza — como Stevens o fez no poema *An Ordinary Evening in New Haven* [Uma noite costumeira em New Haven] e Barber na composição *Knoxville, Summer of 1915* [Knoxville, verão de 1915]. De alguma forma, porém, esses grandes afirmadores da vida perderam a sua posição na vanguarda da cultura moderna.

Uma vez que os críticos e a cultura, de modo geral, estavam em causa, a busca pela beleza era cada vez mais empurrada para as margens da iniciativa artística. Atributos como subversão e imoralidade, que anteriormente significavam fracasso estético, tornaram-se sinais de sucesso; ao passo que a busca pela beleza passou a ser considerada um afastamento da verdadeira tarefa da criação artística que é desafiar a ortodoxia e se libertar das restrições convencionais. Esse processo foi tão regularizado que se tornou a ortodoxia crítica, levando Arthur Danto, nas palestras Paul Carus, a argumentar que a beleza era ilusória como finalidade e, de alguma maneira, avessa à missão da arte moderna.[14] A arte adquiriu outra posição e outra função social.

De fato, pode parecer que, onde quer que a beleza esteja à nossa espera, surge um desejo de antecipar o seu apelo, de sufocá-la com cenas de destruição. Por isso, muitos trabalhos de arte

---

[14] Arthur Danto. *The Abuse of Beauty*. Chicago e La Salle: Open Court, 2003.

contemporânea que dependem de golpes ministrados na nossa combalida fé na natureza humana — como a foto do crucifixo imersa em um vidro de urina, de autoria de Andres Serrano. Por essa razão, existem em abundância no cinema contemporâneo cenas de canibalismo, desmembramento e dor sem sentido, com diretores como Quentin Tarantino, que têm um repertório emocional pobre. Daí a invasão na música pop de palavras e ritmos que falam constantemente de violência, muitas vezes rejeitando a melodia, a harmonia e qualquer outro artifício que possa estabelecer uma ligação com o antigo mundo da música. E, por isso, o videoclipe, que se tornou uma forma de arte em si mesma, dedicou-se a concentrar no intervalo de tempo de uma canção pop algum novo relato assustador do caos moral.

Esses fenômenos registram um hábito de profanação, em que a vida é tanto celebrada quanto alvejada pela arte. Os artistas agora são capazes de construir suas reputações criando um quadro original em que se coloca um rosto humano na tela e lhe atiram lixo. O que fazemos em relação a isso e como encontrar o caminho de volta para aquilo de que muitas pessoas sentem saudade, que é a visão da beleza? Talvez soe um pouco sentimental falar assim de uma "visão da beleza". O que quero dizer, contudo, não é algo meloso, uma imagem de cartão de Natal da vida humana, mas formas elementares pelas quais os ideais e o decoro entram no nosso mundo e se fazem presentes, assim como o amor e a caridade na música de Mozart. Há um grande anseio pela beleza no mundo e é um desejo que a arte popular regularmente falha em reconhecer, e que muita arte séria despreza.

Só porque existem artistas, escritores e compositores que, ao longo do último meio século de negatividade, dedicaram seus trabalhos a mantê-la viva que podemos ter esperança de que a beleza aflore, um dia, da cultura tediosa de transgressão. Deveríamos certamente saudar como heróis do nosso tempo escritores como Saul

ESFERAS DE VALOR

Bellow e Seamus Heaney, compositores como Henri Dutilleux e Michael Tippett, e arquitetos como John Simpson e Quinlan Terry, que mantiveram a beleza no lugar, permitindo que ela brilhe sobre nosso mundo conturbado e aponte um caminho na escuridão. Quaisquer que fossem as opiniões políticas, esses artistas são os verdadeiros conservadores de nossa época, pois reconheceram que não poderia existir verdade artística sem a tradição que a torna possível e dedicaram suas vidas criativas a preservar, adaptar e transformar essa tradição, de modo que não morresse.

No século XVIII, quando a religião organizada e a realeza cerimonial perdiam autoridade na opinião das pessoas pensantes, quando o espírito democrático questionava as instituições hereditárias e quando, em toda parte, a ideia era de que o homem, e não Deus, criou as leis para o mundo humano, a noção de sagrado sofreu um revés. Para os pensadores do Iluminismo, acreditar que artefatos, edifícios, lugares e cerimônias possuíam um caráter sagrado parecia pouco mais do que uma superstição, mesmo quando todas essas coisas eram produtos do intento humano. A ideia de que o divino se revela em nosso mundo e busca a nossa adoração tanto parecia pouco plausível em si mesma como incompatível com a ciência.

Ao mesmo tempo, filósofos como o conde de Shaftesbury, Edmund Burke, Adam Smith e Immanuel Kant reconheceram que não examinamos o mundo somente com os olhos da ciência. Há outra postura — não de investigação científica, mas de contemplação desinteressada — que endereçamos ao mundo em busca de significado. Quando tomamos essa atitude, deixamos de lado os nossos interesses; não estamos mais ocupados com os objetivos e projetos que nos impulsionam ao longo do tempo; não estamos mais comprometidos com a explicação das coisas ou com o aumento do poder. Deixamos o mundo apresentar-se e ficar encorajado na sua representação. Essa é a origem da experiência da beleza. Talvez não

242   COMO SER UM CONSERVADOR

haja um modo de considerar essa experiência como parte da busca ordinária por poder e conhecimento. Pode ser impossível que ela seja assimilada no uso cotidiano de nossas faculdades. Mas é uma experiência que, evidentemente, existe e que é de imenso valor para aqueles que a vivenciam.

A pressa e a desordem da vida contemporânea, as formas alienadas da arquitetura moderna, o barulho e a espoliação da indústria de hoje, — essas coisas fizeram com que fosse cada vez mais raro, mais frágil e mais imprevisível ter um encontro puro com a beleza. Ainda assim, todos sabemos o que é ser subitamente transportado pelas coisas que vemos a partir do mundo habitual dos desejos até a esfera iluminada da contemplação. Isso acontece muitas vezes durante a infância, embora seja raramente interpretado dessa maneira. Acontece durante a adolescência, ao prestar-se aos anseios eróticos. E acontece de forma moderada na vida adulta, moldando secretamente nossos projetos de vida, mantendo, para nós, uma imagem de harmonia que buscamos via dias festivos, construção de casas e sonhos privados. Somos criaturas carentes e nossa maior carência é de um lar — o lugar onde encontramos proteção e amor. Conquistamos esse lar por meio de representações do próprio sentimento de pertença. Não conquistamos isso sozinhos, mas com os outros. E todas as tentativas de fazer com que os ambientes pareçam bons — pela decoração, pela organização, por criação — são tentativas de ampliar as boas-vindas para nós mesmos e para aqueles que amamos. Por essa razão, a necessidade humana de beleza não é um simples acréscimo à lista de desejos humanos. Não é algo que pode nos faltar e ainda nos realizar como pessoas. É uma necessidade derivada de nossa condição metafísica, como indivíduos livres, buscando nosso lugar no mundo objetivo. Podemos perambular por este mundo como pessoas alienadas, ressentidas, cheias de suspeita e desconfiança. Podemos encontrar aqui o nosso lar e ficar em harmonia conosco e com os outros. A experiência da beleza guia-nos ao

ESFERAS DE VALOR

longo desse segundo caminho: diz que *estamos* em casa no mundo e que o mundo já está organizado em nossas percepções como um lugar adequado às vidas de seres como nós.

Observemos qualquer pintura de um dos grandes pintores de paisagem — Nicolas Poussin, Francesco Guardi, J. M. W. Turner, Jean-Baptiste-Camille Corot, Paul Cézanne — e veremos a ideia de beleza celebrada em imagens fixas. Não é que esses pintores estejam fazendo vista grossa ao sofrimento ou à imensidão e à qualidade ameaçadora do universo, no qual ocupamos um canto tão diminuto. Longe disso. Os pintores de paisagem nos mostram a morte e a decadência no próprio âmago das coisas: a luz sobre as montanhas é uma luz desbotada; as paredes das casas estão remendadas e caindo aos pedaços, como o reboco das vilas pintadas por Guardi. As imagens, entretanto, apontam para a alegria que se encontra na decadência incipiente e para o eterno contido no transitório.

Na maioria das vezes, nossas vidas são organizadas por propósitos transitórios: as preocupações diárias de ordem econômica, a busca em pequena escala por poder e conforto, a necessidade de lazer e prazer. No entanto, só uma pequena parte disso é memorável ou nos comove. De vez em quando, porém, somos sacudidos em nossa complacência e nos sentimos na presença de algo muito mais significante do que os interesses e desejos atuais. Sentimos a veracidade de algo precioso e misterioso que se aproxima de nós, alegando, de certo modo, não ser deste mundo. Essa é a experiência da beleza. Não há absolutamente nada a ganhar dos tipos de insultos lançados a essa experiência por aqueles que não suportam observar diante de si o mistério de nossa condição. Há uma lição contida na cultura da profanação: ao tentar nos mostrar que os ideais humanos são desprezíveis, mostra-se, ela mesma, ser desprezível.

Para o conservador, portanto, é evidente que nada se conquista pela cultura da transgressão, exceto a perda que a deleita — a perda da beleza como valor e finalidade. Para elaborar uma resposta

244 COMO SER UM CONSERVADOR

completa ao hábito de profanação, precisamos redescobrir a afirmação e a verdade da vida, sem as quais a beleza artística não pode ser realizada. Não é uma tarefa fácil, como mostraram os primeiros modernistas. Se observarmos os verdadeiros apóstolos da beleza de nosso tempo, ficamos imediatamente perplexos com a imensidão do trabalho árduo, com o isolamento intencional e com a atenção ao detalhe que caracteriza o ofício. Na arte, a beleza tem de ser *alcançada* e o trabalho é sempre mais difícil, ao passo que o mero ruído da profanação — agora intensificado pela internet — abafa a voz ainda diminuta de nossa humanidade.

Uma resposta à profanação é olhar para a beleza em suas formas diversificadas e mais cotidianas — a beleza das ruas organizadas e dos rostos alegres, das formas naturais e paisagens geniais. É possível retornar às coisas comuns no espírito de Wallace Stevens e Samuel Barber — mostrar que, com eles, sentimo-nos em casa e que eles enaltecem e justificam a nossa vida. Esse é o caminho cerrado que os primeiros modernistas abriram para nós. Não há motivos para pensar que não podemos abri-lo novamente. E, nos ramos da arquitetura, no urbanismo e na conservação dos campos na zona rural, a chama da beleza ainda brilha diante de nós.

Fiz uma breve recapitulação das esferas de valor em que os conservadores têm de elaborar uma defesa, e essa justificativa servirá ao bem maior da comunidade. Não se trata de uma causa política, mas uma causa que nos convida a viver de outra maneira e de acordo com outras luzes e exemplos. Eis como a sociedade civil é restabelecida e só a sombra contínua projetada pelo socialismo na memória das pessoas modernas é que as leva a pensar que tais questões podem ser enfrentadas ou corrigidas pelo exercício dos poderes que pertencem ao Estado. Obviamente, o Estado precisa de uma política cultural, pois a legislação atinge, de múltiplos modos, o mundo do lazer. E essa política deve ser informada pelo juízo — não oferecendo apoio aos hábitos de profanação e de embotamento,

ESFERAS DE VALOR

mas ao responder com a verdadeira voz de nossa cultura. Essa voz, no entanto, não é, em si mesma, uma voz política, e só será ouvida caso os conservadores sejam ativos na criação e na defesa das esferas de valor que descrevi neste capítulo.

12

Questões práticas

Sempre haverá um clamor por outro tipo de vínculo afetivo que não é o que surge da associação voluntária e da sociedade civil. Sempre haverá os que veem a vida política como uma oportunidade para os movimentos solidários de massa, talvez com eles mesmos no comando. Em *The Uses of Pessimism* [Os usos do pessimismo] tentei expor as falácias que levam a tais posturas. Vejo surgir os movimentos de massa dedicados à solidariedade quando acaba o suprimento de razão — são lugares para os quais retornamos quando paramos de negociar, de reconhecer o outro com direito à sua alteridade, de viver sob a regra da humildade e da transigência Os movimentos de massa refletem a posição padrão da psique humana quando o medo, o ressentimento ou a raiva assumem o controle e quando nenhuma ordem social parece aceitável, caso não tenha uma unidade absoluta de propósito.

Vemos constantemente no Antigo Testamento essa posição padrão apresentada nos andrajos da guerra civil, com o Senhor dos Exércitos* se unindo, muitas vezes, ao trabalho de destruição e profetas fulminando em seu nome. E vemos isso nas revoluções dos tempos modernos, em particular, nas promovidas por comunistas e fascistas. Encontramos essa posição na linguagem de Marx e Lenin — os profetas seculares que falam ao deus da "história", que deve triunfar sobre todos os ídolos. Essa linguagem profética surge

---

* Samuel, 1:3. (*N. do T.*)

como uma névoa no atoleiro de nossos ressentimentos interiores. Os conservadores compreendem isso; desejam manter a frágil casca de civilização no lugar o maior tempo possível, sabendo que debaixo dela não se encontra o reino idílico do bom selvagem de Jean-Jacques Rousseau, mas apenas o mundo violento do caçador-coletor. Defrontados com o declínio civilizacional, ficam com Lord Salisbury, para quem "procrastinar é viver".

Meu argumento sugere que as virtudes das democracias ocidentais são inseparáveis do estado de direito secular e que o direito secular é inerentemente territorial. Somente esse direito pode acomodar as diferentes religiões, estilos de vida e etnicidades sob a forma compartilhada de obediência civil. Por isso, estamos comprometidos com o Estado-nação e as contínuas tentativas dos órgãos transnacionais de confiscar os poderes legislativos das nações soberanas devem ser combatidas. Alguns dizem que, no caso da Europa, trata-se de uma causa perdida. Isso só é assim, no entanto, porque a nossa classe política se recusou a agir nas oportunidades que apareceram, enxergando vantagens para si na faculdade de transferir todas as questões difíceis para uma comissão de burocratas sem responsabilidade na prestação de contas, alojados em alguma torre de vidro espectral na desvalida cidade de Bruxelas.

Há também outra razão pela qual nossos políticos sucumbiram aos burocratas nesse assunto, e essa é a ascensão e triunfo da economia e sua transformação da ciência do raciocínio instrumental para a ideologia da vida moderna. Por ser uma ciência, com raízes na teoria da decisão, a economia exige a aplicação válida de teoremas matemáticos incontestáveis na vida diária. Por ser uma ideologia, porém, ao descrever o comportamento do *homo oeconomicus*, sugere a *substituição* da vida cotidiana por uma caricatura mais controlável. Como sugeri nos capítulos anteriores, concebida como uma ideologia, a economia descreve um mundo em que o valor é atribuído antes das associações, em que os objetivos de vida são claros e predeterminados e a tarefa da política é simplesmente avaliar os custos

QUESTÕES PRÁTICAS

e benefícios, escolhendo a solução "ótima". Quando a economia triunfa sobre a política, os únicos "especialistas" consultados são os que prometem substituir as questões difíceis da escolha política, porque humanas, pelas questões fáceis da economia, porque matemáticas, iniciando por suposições que ninguém jamais faria caso não estivesse sob o domínio de uma obsessão por autopromoção.

Imagine uma família desejando saber a melhor forma de elaborar o orçamento para o próximo ano. Há uma mãe que não trabalha porque quer ficar com os filhos, um do quais deficiente físico. Há um pai que é eletricista qualificado, mas que prefere trabalhar lecionando Física na escola local. Têm uma casa em um lugar lindo, cercado por um lote de terra que assegura a vista. Alocam os recursos cuidadosamente, de modo a preservar o melhor que a vida lhes ofereceu até agora: o afeto que sentem um pelo outro, uma ótima casa e a rotina de uma vida que foi suficiente para mantê-los felizes juntos. O orçamento familiar é planejado de maneira que engrandeça o que conseguiram. A mãe decide trabalhar meio período, de casa, como secretária de uma empresa de vendas pelos Correios; o pai usa o tempo disponível para oferecer aos vizinhos seus serviços como eletricista; os filhos são incentivados no sentido de conciliar os vínculos domésticos com alguma ocupação gratificante. Em tudo isso, existem certas inclinações, que sãos os valores e os vínculos que surgem por estarem juntos no mesmo lugar.

O economista, ao fazer um levantamento da situação da família, ficará horrorizado porque os pais consideraram apenas uma parte ínfima do seu problema como econômico. Observemos todos os fatores que não colocaram na equação: a casa, que poderiam ter trocado por outra e obtido um lucro considerável; o terreno, sobre o qual poderiam construir três ou quatro bangalôs para alugar ou vender; a ocupação do pai, que poderia substituir pelo trabalho mais lucrativo como eletricista; o tempo da mãe com os filhos, do mesmo modo; a criança deficiente, que poderia ser colocada em um lar onde seria mais bem cuidada do que pela mãe, que, por sua vez, estaria livre para desenvolver um trabalho produtivo. Realmente, o economista diria, isso é só o começo. Poderíamos deslocar a família inteira para outra casa menor, substituir os membros por um grupo de jovens trazidos de outro lugar e que poderia aumentar a produtividade desse pequeno pedaço da terra, e compensar integralmente a família com o aluguel. Um antigo e exaurido pedaço da Inglaterra seria renovado, os que moram no lugar viveriam melhor com o novo excedente produzido pelos inquilinos e estariam aptos a buscar carreiras novas e produtivas, graças à revitalização da economia local.

Eis como a situação da Europa tem sido discutida por aqueles que não conseguiram entender que a *oikonomia* sem o *oikos* deixa de ser uma ciência prática e se torna uma ideologia, uma ideologia tão insana quanto o marxismo ou o fascismo. A velha guarda do Partido Tory, que conspirou para se livrar de Margaret Thatcher, assim o fez com base no fato de ela ter se recusado a seguir essa maneira de pensar. Agora, os liberais democratas estão repetindo os seus argumentos, insistindo que a economia britânica sofrerá se não continuarmos a substituir a nossa força de trabalho com novos membros de outros lugares e tratando com indiferença o fato de tantas escolas das cidades do interior estarem cheias de crianças que não falam inglês. Na verdade, tal mudança é bem-vinda como sinal de que o pensamento econômico triunfou sobre as formas incivilizadas de vínculos afetivos caros aos "inglesinhos" *

Existe uma questão concreta para os conservadores: como surgiu essa classe política, aparentemente tão desvinculada das lealda-

---

* No original, "Little Englander", epíteto nada positivo usado para definir os ingleses que acham que a Inglaterra deve se preocupar com os próprios assuntos, não se envolvendo em questões de outros países e impedindo a influência externa. É comumente aplicado aos que são contrários à permanência do país na União Europeia. (*N. do T.*)

QUESTÕES PRÁTICAS

des comuns?[1] No caso dos esquerdistas, o mistério não é tão difícil de desvendar. Existem vias na política de esquerda que deixam de lado todas as formas naturais de vida humana. Inicie com uma causa, filie-se a uma ONG, tente extorquir um órgão semiestatal, entre para o governo local, adquira o hábito de distribuir o dinheiro das outras pessoas e aprenda a lidar com a máquina pública. Tudo pode ser conquistado sem risco e sem jamais fazer o que outros considerariam como um dia de trabalho honesto.

Até certo ponto, também existem tais vias na política da direita: começamos com uma espécie de vazio moral polido e apresentamo-nos como consultor — em outras palavras, alguém de quem empresa alguma tinha necessidade até o sujeito aparecer para inventá-la. Quase todas as empresas modernas têm essas cracas incrustadas — consultores de gestão, consultores de relações públicas, consultores de "responsabilidade social corporativa" e assim por diante, ocupando os diretores com problemas que, de outra maneira, nunca lhes passariam pela cabeça. Daí em diante há caminhos dentro da política conservadora, pois o trabalho dos consultores é tentar influenciar em nome dos clientes. Contudo, não é necessário que esse processo deva produzir uma classe política desvinculada da humanidade como a que observamos. Deveria haver formas de fazer com que um consultor, de vez em quando, roçasse na realidade de modo a compreender que vivemos dos vínculos afetivos e ficamos perdidos quando estes são retirados.

Tanto na esquerda quanto na direita, os políticos adotaram o hábito de evitar ou ignorar as preocupações do eleitorado e dar visibilidade pública à própria posição de celebridade. Isso aconteceu na Europa e nos Estados Unidos e foi estimulado, de maneira marginal, na União Europeia, embora tenha se revelado útil ao permitir

---

[1] Para uma discussão resumida dessa questão, referente aos Estados Unidos, ver: Angelo M. Codevilla. *The Rulling Class*. Nova York: Beaufort Books, 2010.

que os políticos britânicos afirmassem, diante de cada questão séria, que está "fora de nossa alçada". A influência do "quarto Estado", como Burke qualificou a imprensa de sua época, é inevitável; mas parece que os políticos não têm mais um desejo resoluto de resistir a esse poder e estão preparados para colocar a imagem midiática à frente do interesse nacional em qualquer disputa.

Em parte, é por isso que o problema da imigração se tornou politicamente controverso, mesmo em países como os Estados Unidos e a Austrália, que têm mantido o controle das fronteiras. A imigração é um assunto em que os jornalistas de esquerda podem exibir publica e gratuitamente suas consciências e, assim, posar de defensores dos vulneráveis. Há uma pressão constante nos Estados Unidos para conceder anistia aos imigrantes ilegais — em outras palavras, aceitar como cidadãos pessoas que mostraram desrespeito pela lei. No caso da Grã-Bretanha, as questões foram muito mais longe; o Partido Trabalhista encorajou a imigração em massa independentemente da quantidade ou da qualidade, e o Tratado Europeu, de qualquer modo, cancelou a soberania nacional sobre esse assunto, a questão mais importante da política britânica. O tema tornou-se realmente tão importante que é arriscado discuti-lo agora, por temor da caça às bruxas e das perseguições que, inevitavelmente, se seguirão.

Consequentemente, há outra causa que deve ser defendida com urgência: a liberdade de expressão. Métodos modernos de censura não envolvem, de modo geral, o Estado — embora os crimes de ódio na jurisdição europeia sejam uma indicação perturbadora da direção que as coisas estão tomando. Na maioria das vezes, hoje, a censura é exercida por intimidação.

No tema que acabo de mencionar — o da proteção da integridade da sociedade civil em face da imigração descontrolada —, isso foi, durante muito tempo, o que a voz conservadora só podia mencionar em sussurros, para não atrair quem a censurasse. Igualmente, em qualquer coisa que leve à crítica de hábitos associados ao islamismo

QUESTÕES PRÁTICAS

militante, encontramos intimidação de um tipo desconhecido na Grã-Bretanha desde o século XVII. Mesmo nos Estados Unidos, adota-se uma deferência dissimulada nos assuntos que os islamitas tenham pretensão no plano político ou naqueles que o efeito maligno de suas crenças religiosas pode ser parte do problema.

A liberdade de considerar e de expressar opiniões, por mais que sejam ofensivas para alguns, foi considerada, desde Locke, condição *sine qua non* de uma sociedade livre. Essa liberdade foi consagrada na Constituição norte-americana, defendida por John Stuart Mill perante os moralistas vitorianos e acolhida, em nossa época, pelos dissidentes que viviam sob as ditaduras comunista e fascista. Tanto se tornou uma pedra de toque que os comentaristas mal conseguem distinguir liberdade de expressão e democracia e consideram ambas como posições padrão da humanidade — posições para as quais retornamos, caso sejam removidos todos os poderes opressores que nos fazem oposição. Não parece ocorrer às pessoas que, agora, a ortodoxia, a uniformidade e a perseguição aos dissidentes definem a posição padrão da humanidade ou que não há razão para pensar que as democracias sejam, a esse respeito, tão diferentes das teocracias islâmicas ou dos Estados totalitários de um único partido.

Obviamente, as opiniões que são reprimidas mudam conforme o modelo de sociedade, assim como os métodos de repressão. Devemos ter claro, todavia, que preservar a liberdade de opinião, até certo ponto, vai contra o caráter da vida social e exige que as pessoas assumam riscos que podem relutar em tomar. Ao criticar a ortodoxia, não estamos apenas questionando uma crença; estamos ameaçando a ordem social que dela surgiu. Além disso, quanto mais violência for utilizada para proteger as ortodoxias, mais vulneráveis são.

Esses dois princípios certamente são óbvios, dada a reação dos islamitas às críticas dirigidas à sua religião. Exatamente aquilo que é mais absurdo, é o mais protegido, assim como ocorreu nas guerras religiosas que assolaram a Europa no século XVII. E o crítico não é

254 COMO SER UM CONSERVADOR

tratado apenas como uma pessoa com dificuldade intelectual: é uma ameaça, um inimigo da sociedade e de Deus. Não causa surpresa, portanto, encontrar islamistas na vanguarda da censura moderna.

É óbvio, dizemos a nós mesmos, que o Iluminismo nos libertou de tudo isso. Não existem ortodoxias protegidas nas sociedades ocidentais e ninguém precisa sofrer por lhes opor. Sendo assim, há dois pontos para refletirmos a respeito: (1) não existem diferenças relevantes entre homens e mulheres quando se trata de temas como emprego, aptidão ou mandato no governo; (2) todas as culturas são iguais e nenhuma delas tem direito especial à primazia legal ou política. Essas duas ortodoxias estão consagradas nas leis legadas pela Comissão Europeia e pelos tribunais europeus. Os leitores podem, sem dúvida, pensar nas pessoas perseguidas por negar uma ou outra. Estão entre os perseguidores notórios os humanistas, os secularistas e os defensores dos direitos humanos, pois, para muitos deles, é ultrajante que pessoas com visões não ortodoxas possam ocupar posições de influência.

Os conservadores não precisam ser lembrados disso. Em regra, seus pontos de vista não são *criticados*, mas *empregados contra eles* em qualquer questão que envolva cargo público ou nomeação acadêmica. Ao longo das últimas duas décadas, foi erigida uma ordem social baseada em doutrinas esquerdistas e o temor antiquíssimo da heresia é despertado por qualquer um que mostre até mesmo as menores reservas quanto ao fato de essas doutrinas serem verdadeiras. Heresia não é para ser discutida, mas para ser extinta. O ensaio de Locke sobre a tolerância, de 1689, argumentou em favor da tolerância com relação a opiniões e modos de vida dos quais discordamos como uma das virtudes da sociedade liberal. Muitos dos que hoje se dizem liberais, todavia, parecem ter pouca compreensão do que realmente é essa virtude. Tolerância não significa renunciar a todas as opiniões que outros podem considerar ofensivas. Não significa um relativismo maleável ou uma crença de que qualquer coisa serve. Ao contrário, significa aceitar o direito dos outros de pensar e agir

QUESTÕES PRÁTICAS

de um modo que desaprovamos. Significa estar preparado para proteger as pessoas da discriminação negativa, mesmo quando odiamos o que pensam e o que sentem. No entanto, os autoproclamados progressistas de hoje em dia farão campanha para excluir pessoas do serviço público e do debate público em virtude de opiniões não ortodoxas. Atualmente, o tema icônico é a homossexualidade, que substituiu a caça à raposa e a imigração como um teste daquilo que é socialmente aceitável à mesa de jantar em Islington.* Amanhã, o assunto totêmico pode ser o cristianismo, o incesto ou até mesmo a maternidade (como em *Admirável mundo novo*, de Huxley). O que importa não é uma doutrina em particular, mas a recusa em tolerar qualquer diferença de opinião.

Tolerância significa estar preparado para aceitar opiniões pelas quais temos forte aversão. Do mesmo modo, democracia significa aceitar ser governado por pessoas por quem nutrimos repugnância profunda. Isso só é possível se mantivermos a confiança na negociação e no desejo sincero, entre os políticos, de compromisso com os adversários. Por essa razão, na Grã-Bretanha e nos Estados Unidos é necessário que os conservadores defendam a política da solução conciliatória e protejam todas as instituições e costumes que dão voz à oposição. Isso é mais importante que o processo democrático em si, pois é a precondição para qualquer tipo de ordem política que responda aos movimentos vindos das classes mais baixas e que podem chamar o governo a prestar contas.

Cada vez mais, porém, temos visto as tentativas dos governos de criar leis que serão irreversíveis, que fatalmente deixarão a oposição de mãos atadas ou que são impostas ao legislativo sem o devido respeito aos muitos argumentos compensatórios ou aos interesses concretos ou percebidos pelas minorias. A criação de um Parlamento escocês, em que os ingleses não tinham voz e que, mesmo assim,

---

* Islington integra a Grande Londres, ao norte, e é um local dominado politicamente pelo Partido Trabalhista. (*N. do T.*)

concederam dois votos aos escoceses — um para se governar e o outro para governar o inglês —, é um exemplo do tipo de procedimento ilegal para favorecer um partido e que agora ocorre com regularidade na política britânica. Como resultado dessa jogada, o Partido Trabalhista conta com uma votação em bloco dos membros de Westminster, praticamente sem responsabilidades — sem dever de prestar contas porque aqueles que os elegeram são representados de modo independente pelo Parlamento escocês e, por isso, os representantes têm pouca preocupação de lutar pelos interesses urgentes dos eleitores em Westminster. Ao fracassar a criação de um Parlamento inglês, nada senão a independência da Escócia permitirá ao inglês, que elegeu conservadores em oito das onze eleições no pós-guerra, ter o governo em que votou. Nos Estados Unidos também houve uma notável polarização política nas décadas recentes e a tentativa de usar o Poder Executivo para tornar irreversíveis as políticas da pessoa incumbida, temporariamente, da função presidencial. É notório o abuso da Suprema Corte, com juristas astutos e perspicazes, ao criar argumentos que decidem questões de matérias rejeitadas pelo Congresso eleito, ao mesmo tempo que reivindicam a autoridade de uma Constituição, à qual todos têm o dever de fidelidade. Na verdade, a Constituição tem sido usada pelos dois principais partidos para passar por cima da oposição. Se formularmos alguma questão de ordem constitucional, isso pode, então, ser decidido pela elite, sem considerar o povo como um todo. A dominação do Parlamento britânico pelo legislativo da União Europeia e pela máquina judicial tem seu equivalente na prevalência da Suprema Corte sobre o Congresso norte-americano, e a única diferença é que, no caso dos Estados Unidos, o lado vencedor representa a força interna da nação e não uma burocracia que pretende representar uma federação de poderes estrangeiros. Em nenhum dos casos, porém, os limites estão definidos.

Essas questões refletem o papel do governo em proteger a sociedade civil de invasões e os indivíduos da intimidação e da

QUESTÕES PRÁTICAS

violência. No entanto, em outros assuntos que discuti — principalmente a saúde da sociedade civil e a capacidade de desenvolver-se de modo crescente —, a ênfase principal da política conservadora, neste momento, deve ser libertar as associações autônomas da regulação adversa. Nesse aspecto, nenhuma causa é mais importante, creio, do que a da educação, que precisa ser libertada permanentemente do Estado e devolvida à sociedade. A liberdade dos cidadãos de fundar as próprias escolas, de contratar professores com conhecimento verdadeiro e de estabelecer relações voluntárias e obrigatórias com os pais é uma causa que o Partido Conservador britânico deve concordar em apoiar. Nos Estados Unidos, isso levou o movimento pelo *home schooling*, o ensino doméstico de crianças, liderado pelos Amish, a demonstrar que o povo comum tem o direito constitucional de recuperar os filhos do Estado. E o Partido Trabalhista na Grã-Bretanha está determinado a resistir a todas as medidas que concedam aos pais a liberdade de escapar do sistema despercebidamente. Entretanto, se o argumento apresentado nos capítulos anteriores estiver correto, não há reforma mais necessária do que essa, do ponto de vista conservador, pois é a que permitirá que nossas instituições autônomas mais importantes — as preocupadas com a transmissão de nosso legado — não sejam capturadas pelos inimigos.

13

Uma despedida: impedir o pranto, mas admitir a perda

Contamos histórias reconfortantes sobre a inocência dos tempos idos e acalentamos a ambição de agarrarmo-nos ao passado — mas a um passado adulterado, cujas partes ameaçadoras foram cuidadosamente extirpadas. Depois, ao despertarmos, lamentamos a perda de um sonho.

Não devemos resistir completamente a essa tendência. Em particular, devemos reconhecer as perdas da melhor maneira que pudermos suportá-las. Penso que isso é especialmente verdadeiro em relação à perda da religião. Pensadores românticos e pós-românticos contemplaram o mundo da fé de uma perspectiva externa e ouviram, com Matthew Arnold, que:

> Seu bramir afastado, extenso e melancólico,
> Voltando ao sopro do vento noturno
> Sob as vastas e lúgubres escarpas
> E estéreis seixos do universo.*

Sentiram, assim como Arnold, um súbito arrepio de apreensão, um reconhecimento de que algo vital está prestes a desaparecer e, em seu lugar, haverá um vazio perturbador.

---

* Tradução de José Lino Grünewald no livro *Grandes poetas da língua inglesa do século XIX*. Rio de Janeiro: Nova Fronteira, 1988. p. 115. (*N. do T.*)

260   COMO SER UM CONSERVADOR

Arnold escreveu *Dover Beach* em 1867 e as reflexões sobre o encolhimento da fé cristã são marcadas por uma melancolia peculiarmente inglesa, uma tentativa não muito resignada de encaixar o mundo da incredulidade e do ceticismo científico na moldura gótica da cultura anglicana. Vinte anos mais tarde,* Nietzsche, em *Humano, demasiado humano*, ao partilhar ostensivamente a sorte com os ateus instruídos, reconheceu o enorme trauma moral a que a civilização seria submetida quando a fé cristã desaparecesse. A fé não é um simples acréscimo ao repertório de opiniões comuns. É um estado de espírito transformador, uma posição em relação ao mundo enraizada em nossa natureza social e capaz de alterar todas as percepções, emoções e crenças.

A diferença entre Arnold e Nietzsche é a distinção entre dois tipos de perda. A perda da fé por Arnold ocorre em um mundo construído pela fé, em que todas as armadilhas exteriores de uma comunidade religiosa continuam no lugar. A perda da fé por Nietzsche é uma perda absoluta, não apenas da convicção interior, mas também dos símbolos exteriores da fé, que para ele eram meras bugigangas sentimentais. Nietzsche está antevendo um novo mundo, no qual as instituições humanas não serão mais amparadas por hábitos piedosos e doutrinas santas, mas reconstruídas a partir da estrutura bruta e desmedida da vontade de potência. A perda da fé por Arnold é uma tragédia pessoal a ser lamentada, além de ocultada. A perda da fé por Nietzsche é uma transfiguração existencial a ser aceita e ratificada, pois o mundo não permite mais uma escolha alternativa. O contraste entre essas duas atitudes pode ser testemunhado, atualmente, pelos otimistas científicos que se juntam a Nietzsche para saudar a nossa libertação dos grilhões do dogma e pelos pessimistas culturais que se unem a Arnold em uma lamentação derrotada.

---

* Scruton refere-se à publicação da edição em dois volumes em 1886 pelo próprio Nietzsche, apesar de o primeiro volume da obra ter sido publicado pela primeira vez em 1878. (*N. do T.*)

UMA DESPEDIDA

Qualquer que seja a nossa posição, devemos reconhecer a presciência de Arnold ao vaticinar algo que Nietzsche escondeu de si mesmo, ou seja:

E aqui ficamos como em sombria planície,
Entre loucos alarmes de luta e fuga,
Onde ignaras tropas chocam-se à noite.*

Essa é, sem dúvida, uma profecia acurada do século irreligioso que viria a seguir. Nietzsche escreveu em uma época em que a dúvida e o ceticismo ainda eram um tipo de luxo, quando a descrença não se espalhava para muito além das cabeças das pessoas verdadeiramente educadas. Em retrospecto, a adulação ao "espírito livre", ao *Übermensch*** e à vontade de potência mostra uma cegueira do que poderia acontecer caso tais coisas entrassem em cabeças menos inteligentes do que a dele.

Uma religião não é algo que nos ocorre; nem surge como a conclusão de uma investigação empírica ou de um argumento intelectual. É algo a que nos afiliamos, a que nos convertemos ou em que nascemos. Perder a fé cristã não é uma mera questão de duvidar da existência de Deus, da encarnação ou da redenção alcançada na cruz. Isso implica abandonar a comunhão, deixar de ser "irmão em Cristo", como disse São Paulo, e perder a experiência primária do lar. Todas as religiões, nisso, são parecidas e é por isso que são tão severas com a heresia: pois os hereges aspiram aos benefícios da

---

* Tradução de José Lino Grünewald no livro *Grandes poetas da língua inglesa do século XIX*. Rio de Janeiro: Nova Fronteira, 1988. p. 117. (*N. do T.*)

** A palavra alemã utilizada por Nietzsche foi traduzida no Brasil por *super-homem* e *além-do-homem*. Para uma explicação sobre a expressão na obra do autor alemão, ver: Antonio Edmilson Paschoal. "A palavra Übermensch nos escritos de Nietzsche". *Cadernos Nietzsche*, nº 23, São Paulo, 2007, p. 105-21. Disponível em: <http://www.cadernosnietzsche.unifesp.br/pt/home/item/135-a-palavra-übermensch-nos-escritos-de-nietzsche>. (*N. do T.*)

adesão a uma sociedade, embora de outras maneiras pertençam a outras comunidades.

Isso não quer dizer que não exista, para a religião, algo além do vínculo da adesão a uma sociedade. Também há a doutrina, o ritual, a adoração e a oração. Há a visão de Deus, o criador, e a busca por sinais e revelações do transcendente. Há o sentido do sagrado, do sacrossanto, do sacramento e do sacrilégio. E, em muitos casos, também existe a esperança da vida que há de vir. Tudo isso surge da experiência da pertença social e também de seu aperfeiçoamento, de modo que uma comunidade religiosa se apresenta com um *Weltanschauung* vasto, juntamente com rituais e cerimônias que ratificam sua existência como um organismo social e exigem um lugar no mundo.

Portanto, a fé não se contenta com os costumes confortáveis e os ritos necromânticos dos deuses domésticos. Avança rumo a uma explicação cósmica e a uma teodiceia definitiva. Consequentemente, é desafiada pelo desenvolvimento rival da ciência. Ainda que seja um fato social, a religião é exposta a uma refutação puramente intelectual. E a derrota da pretensão intelectual da Igreja inicia o processo de secularização que terminou com a derrota da comunidade cristã — a perda definitiva dessa experiência original de adesão a uma sociedade que moldou a civilização europeia por dois milênios e que a faz ser o que ela é.

A perda da fé, portanto, é a perda do consolo, da adesão a uma sociedade e do lar: traz consigo o exílio da comunidade que a formou e a que se deseja sempre e secretamente. Os grandes céticos vitorianos — o mais preeminente entre eles era Matthew Arnold — não estavam preparados para essa experiência. Tentaram remendar o mundo social a partir de recursos puramente humanos. E, em grande medida, foram bem-sucedidos. A perda da fé por Arnold aconteceu em um contexto de uma comunidade religiosa ainda perceptível cujos costumes tentaram não desestabilizar. Habitavam o

UMA DESPEDIDA

mesmo *Lebenswelt** dos crentes e viam o mundo como se estivesse escorado por instituições e expectativas que são o legado da santidade.

Testemunhamos isso nos textos dos secularistas do século XIX, tais como John Stuart Mill, Jules Michelet e Henry Thoreau. A visão desses homens traz a marca de uma religião compartilhada: o indivíduo livre ainda brilha no mundo com um esplendor mais que terreno e o objetivo oculto de todos os escritos é enaltecer a condição humana. Esses escritores não viveram a experiência da perda da fé como perda, pois em um sentido muito real não perderam a religião. Rejeitaram diversas ideias e doutrinas metafísicas, mas ainda habitam o mundo que a fé criou — o mundo de compromissos seguros, de casamentos, de exéquias e batismo, de presença real nas vidas comuns e de visões sublimes da arte. O mundo deles era um mundo em que o sagrado, o proibido e o sacramento eram muito reconhecidos e socialmente defendidos.

Em um breve momento em *Dover Beach*, Arnold vislumbrou o vazio por trás de uma ordem moral que sempre estava remendando. Deu-lhe as costas e recusou-se a ficar de luto pela perda de antigas certezas. Esse estado de espírito encontrou expressão idealizada no Renascimento Gótico e nos textos de seu principal e maior defensor vitoriano, John Ruskin. Ninguém sabe se Ruskin era um crente cristão residual, um simpatizante ou um ateu profundamente ligado à visão medieval de uma sociedade ordenada pela fé. Suas exortações, porém, foram expressas no estilo da Bíblia do rei James e no Livro de Oração Comum;** sua resposta à ciência e à arte da época é perpassada pelo espírito da inquisição religiosa e suas recomendações arquitetônicas são para a construção da Jerusalém Divina.

---

* Expressão traduzida para o português como *mundo vivido* e *mundo da vida* e está relacionada aos estudos da fenomenologia realizados por Edmund Husserl e, depois, entre outros, por Merleau-Ponty. (*N. do T.*)

** Em inglês, *Book of Common Prayer*, livro de orações oficial da Igreja Anglicana. (*N. do T.*)

264 COMO SER UM CONSERVADOR

O estilo gótico, como descreveu e elogiou, devia retomar o sagrado para uma era secular. Ofereceria visões de sacrifício e trabalho consagrado e, dessa maneira, combateria os produtos desalentados da máquina industrial. Seria, no meio da loucura utilitária, uma janela para o transcendente em que, mais uma vez, poderíamos pausar e admirar, e um lugar em que nossas almas seriam preenchidas pela luz dos mundos esquecidos. O Renascimento Gótico — tanto para Ruskin, para o ateu William Morris, como para o católico devoto Augustus Pugin — foi uma tentativa de reconsagrar a cidade como uma comunidade terrena construída em solo consagrado.

Esse projeto de reforçar a cosmovisão religiosa ao reproduzir seus símbolos externos foi, no início, bem-sucedido. No entanto, dependia muito de terceiros — dos padres e das professoras primárias que forneceriam os antigos ensinamentos religiosos muito tempo depois de a elite intelectual ter perdido a fé; das famílias que educariam os filhos na fé, não obstante as próprias dúvidas; e das comunidades, que reconheceriam os costumes e as cerimônias religiosas ao mesmo tempo que manteriam afastado o ceticismo. Uma pesquisa realizada em meados do século XIX com a população inglesa, antes da criação de *Dover Beach*, revelou que, já naquela época, 50% da população nas cidades haviam deixado de frequentar as igrejas. Na virada do século, os fiéis eram minoria na Inglaterra e a reação, que apenas começava a acontecer, acabaria com a perseguição dos símbolos sagrados nas ruas da cidade. A última catedral gótica verdadeira começou a ser construída em Liverpool em 1903 por Giles Gilbert Scott (mais tarde Sir Giles) aos 22 anos.[1] Um quarto de século depois, o mesmo arquiteto projetou o conciso e belo símbolo da cidade inglesa que acabou por ficar defasado no mundo moderno

---

[1] Consideremos que a ampliação da Igreja Paroquial Santo Edmundo Mártir para virar catedral, iniciada em 1960, foi realizada no estilo gótico graças a uma doação do arquiteto responsável; ao passo que a Catedral Guildford, iniciada em 1936, imitava as formas da arquitetura gótica, em tijolos vermelhos.

UMA DESPEDIDA

— a cabine telefônica K2, de contorno clássico (inspirada no túmulo neoclássico projetado para ele mesmo por Sir John Soane), fenestragem Bauhaus e um aspecto delicado de autoridade secular, a exemplo do antiquado Policial Britânico.

O Renascimento Gótico foi criticado pelos primeiros modernistas como uma espécie de desonestidade arquitetônica. Não só as formas e detalhes simulam um tipo de trabalho que não foi realmente despendido na construção; seu significado espiritual também era uma mentira — uma tentativa de negar as realidades de uma sociedade secular e de uma ordem utilitária. Todas as tentativas posteriores de retomar os estilos gótico e clássico, e de construí-los nas ruas de nossa cidade de acordo com arquétipos antigos que inicialmente os criaram, receberam críticas semelhantes. Diante disso, no entanto, a análise é superficial e pouco convincente. O mesmo argumento contrário poderia ser dirigido ao Classicismo Renascentista, ao gótico original, à arquitetura vernácula romana, ao próprio templo grego — todos originados de uma tentativa de perpetuar os contornos de um povoamento bem-sucedido e de um lugar sagrado por meio de mudanças que poderiam, de outro modo, desestabilizá-los. Os construtores vitorianos não estavam simulando produzir algo que fosse só deles; pretendiam preservar um legado espiritual. Seu trabalho era como o daquele que se esforça para preservar um afresco ao reconstruir o muro em ruínas onde foi pintado. Esse afresco era uma cidade europeia: um lugar religioso que deveria durar para sempre, mas somente na condição de que alguém, de tempos em tempos, assumisse a tarefa de repará-lo.

Matthew Arnold e John Ruskin dedicaram suas vidas a defender a cultura cristã, mesmo depois de perderem a fé no Deus cristão. E, graças a eles e a milhares de outros simpatizantes, o mundo da fé resistiu, muito depois de a fé ter escoado por entre os "estéreis seixos" de Dover Beach. Deveríamos, talvez, estar mais surpresos do que estamos com o fato de, duzentos anos depois de Hume e Kant destruírem as pretensões da teologia cristã, podermos entrar na igreja de um povoado em qualquer lugar da Europa e ainda ver pessoas cujas vidas diárias são conduzidas, sob um sol secular escaldante, pelo cultivo de seu Deus na escuridão. O Iluminismo tem estado conosco por dois ou três séculos, assim como os que lhe resistem. Há poetas que responderam ao Iluminismo como uma espécie de poluição leve, em que bolsões de escuridão devem ser salvos para que possamos ver as estrelas. Arnold foi um deles, T. S. Eliot, outro, e Rainer Maria Rilke, um terceiro. Esses artistas reconheceram a perda, mas se recusaram a ficar de luto, e fizeram o que puderam para manter as coisas no lugar, ao mesmo tempo que miravam o futuro.

Lembro-me do conservadorismo arraigado que inspirava meu pai na busca por justiça social. A arquitetura, para ele, era um símbolo valoroso dos arranjos humanos, da decência, da persistência do povo trabalhador e de sua determinação em possuir a terra. Assim como eu, Jack Scruton deplorava a interrupção desoladora da continuidade necessária. Odiava o repúdio modernista pelo passado que estava desfigurando a estrutura desgastada de nossa cidade. Compartilhava os sentimentos de Ruskin, para quem a arquitetura é um convite aos deuses que moram entre nós. Para meu pai, não havia sentido na luta por justiça social se os trabalhadores fossem recompensados, no fim das contas, por um apartamento funcional em um bloco de concreto com vista para as autoestradas barulhentas. Tinham direito a uma parcela de encanto e isso só poderia acontecer caso a beleza e a ordem fossem efetivamente conservadas.

Ao ver as coisas pelos olhos de meu pai, tornou-se óbvio para mim, desde a mais tenra idade, que a arquitetura tradicional era orientada pelo desejo de manter a cidade como um lugar onde os sinais e os símbolos da ordem eterna fossem reproduzidos continuamente e no qual a mudança estivesse submetida a um ato de consagração duradouro. Nossa civilização pôs-se em busca da Jerusalém terrena e ainda a procuramos nos centros deteriorados das cidades históricas. A peregrinação a Praga, a Veneza ou a

UMA DESPEDIDA

Florença é um acessório no *Grand Tour* do ateu moderno. Persiste, contudo, o desejo implacável de apagar a face sagrada: quase toda cidade tem, hoje, o equivalente ao Centro Pompidou em Paris, o que significa a implantação de um *playground* burlesco entre paisagens de ordem e graça. Desse centro de profanação irradia o clamor de Le Corbusier por demolição total, por um novo começo, por um novo tipo de cidade — a cidade da incredulidade, em que os significados serão publicamente satirizados no espelho. Em toda a Ásia e no Oriente Médio vemos esse novo tipo de cidade — uma cidade sem esquinas, sem sombras, sem segredos. Nós, europeus, resistimos o melhor possível a essa doença, sabendo que a perda da cidade será demasiada. E, certamente, estamos corretos: pois lutamos pelo país que amamos contra aqueles que lucram por destruí-lo.

Um sentimento semelhante dominou a evolução da Igreja Anglicana desde a Reforma, conforme as pessoas trabalhavam para conservar o que foi erigido durante a revelação cristã, permitindo, ao mesmo tempo, que a própria fé vazasse lentamente a partir dos poros ocultos da estrutura. A Igreja Anglicana resumiu o dilema enfrentado pelos conservadores ingleses no fim da Segunda Guerra Mundial. Aqui estava uma instituição que fora intencionalmente identificada com o país durante o momento de necessidade. Era óbvio que deveria ser conservada: por que mais lutamos? E, ao conservá-la, deveríamos seguir em frente — não lamentando pela antiga Catedral de Coventry, cujas ruínas do bombardeio permaneceram como um monumento aos mortos, mas construindo ao lado uma nova catedral para enfrentar o futuro dali por diante. O arquiteto escolhido foi o modernista Basil Spence, em detrimento do já envelhecido Sir Giles Gilbert Scott. E os artistas modernos da época foram aliciados como colaboradores para criar uma catedral que manifestasse a mensagem cristã a partir de formas e imagens adequadas aos tempos modernos. A catedral foi inaugurada com um réquiem de Benjamin Britten — um réquiem que diria adeus à guerra.

A Igreja Anglicana está ligada a uma cultura e a uma comunidade que necessitam da consagração religiosa. O resultado é o tipo de confusão que vemos hoje: uma igreja protestante cuja liturgia declara ser católica; uma Igreja nacional com uma congregação mundial; um repositório de santos sacramentos que é regulado por um Parlamento secular; uma comunhão apostólica cuja autoridade descende de São Pedro, mas que tem como chefe a monarquia inglesa. Visto bem de perto, tudo isso é um contrassenso formado por fragmentos que sobraram de conflitos esquecidos, tão coerentes quanto a pilha de louça quebrada que permanece depois de uma vida de brigas conjugais.

No entanto, faz parte do espírito conservador do inglês não olhar muito de perto para as coisas herdadas — afasta-se delas, como Matthew Arnold, na esperança de que possam seguir sem ele. Suas instituições, segundo acredita, são mais bem observadas à distância e através de uma neblina de outono. Assim como o Parlamento, a monarquia e o *common law*; como as antigas universidades, as velhas escolas de Direito em Londres e os regimentos militares dos condados, a Igreja Anglicana permanece na base da vida nacional, seguindo procedimentos inescrutáveis e sem nenhuma outra explicação a não ser a própria existência. Está lá porque está lá. Examinemo-la muito de perto e as credenciais se esvaem. Como podemos, então, receber conforto espiritual de uma instituição que é algo tão deste mundo? Como podemos acreditar no poder da Igreja para batizar, casar e sepultar se a vemos como uma mera solução conciliatória de conflitos territoriais que terminaram há tanto tempo?

Mas é exatamente em virtude dessa desordem criativa que, desde o fim do século XVII, quando os puritanos, por fim, se acalmaram e o clero subscreveu a tudo o que era necessário para uma vida tranquila, a Igreja Anglicana desempenha o papel de conduzir o povo inglês para o mundo moderno. Batizou, casou e sepultou o inglês, sem crer que isso fosse passar por cima dos sentimentos ou supor que pedia mais do que o mínimo exigido pela decência.

UMA DESPEDIDA

Isso evitou questões metafísicas profundas. Gradualmente, deixou de perguntar se possui um direito legítimo à santidade ou se é instituída de acordo com o discernimento da congregação. Ao contrário, desenvolve um papel menos receoso e interrogativo, avançando em ocasiões solenes com palavras e música e preenchendo a zona rural inglesa, de tempos em tempos, com o som dos sinos. E tem preservado as construções que hoje são as principais atrações turísticas em cada povoado e os mais importantes pontos de referência das cidades. Nossas igrejas são símbolos de uma Inglaterra consagrada que conhecemos por intermédio de poetas, pintores e compositores e de breves vislumbres capturados, de vez em quando, em meio à agitação da vida moderna. Os memoriais de guerra foram construídos em um estilo delas advindo e, quando invocamos os deveres sagrados da memória, o fazemos com as palavras de Lawrence Binyon, talhadas na rocha da liturgia anglicana.

O momento da presença de Deus, que os judeus chamam de *shekiná* e que é o tópico da poesia anglicana, de George Herbert a T. S. Eliot, não tem mais espaço na nossa literatura. A experiência que vislumbramos nas igrejas que existem em nossas cidades e povoados é, em grande parte, uma lembrança. Mas é uma lembrança vibrante. Sabemos que essas construções não são simples lugares nos quais pessoas irascíveis levam os conflitos a Deus para um julgamento. São lugares onde as pessoas consagram as próprias vidas e reconhecem que o amor é mais importante do que o lucro.

George Orwell escreveu, em 1941, que o "povo comum da Inglaterra não tem uma crença religiosa definida e assim tem sido há séculos. (...) E ainda que tenha mantido um matiz profundo de sentimento cristão, conquanto quase esquecendo o nome de Cristo".* Esse "matiz profundo de sentimento cristão" tinha uma fonte, e essa fonte é a Igreja Anglicana, cujas mensagens não foram berradas nos

---

* George Orwell. "England Your England". In: *A Collection of Essays*. Orlando: Harcourt Books, 1981. p. 252-279. (*N. do T.*)

ouvidos dos ingleses como as arengas dos *ranters** e dos puritanos, mas filtradas pela paisagem, pela rede de torres, pináculos e florões que costuraram da paisagem urbana até o céu, por hinos, cânticos e oratórios que tocavam em todas as assembleias, e por fragmentos do livro de orações que muitas pessoas ainda recitam a cada dia, prometendo perdoar "a quem nos tem ofendido" embora nunca tenham certeza do que a palavra "ofendido" realmente significa.

As construções que a Igreja da Inglaterra mantém não são, portanto, apenas símbolos: fazem parte da identidade nacional. Definem a nossa condição espiritual mesmo em meio ao ceticismo e à descrença. Permanecem na paisagem como uma lembrança do que somos e do que fomos; e, mesmo se as olharmos com o desencanto das pessoas modernas, só podemos fazê-lo ao reconhecer que, à própria maneira tranquila, ainda encantam. Por essa razão, os que se esforçam em preservá-las contêm muitos dos que perderam o hábito do culto cristão, até mesmo ateus como meu pai, que rejeitaram esse hábito, mas continuavam a ver as igrejas como parte de nossa "herança", assim como as ruas dos povoados que as circundam e a paisagem na qual estão estabelecidas. De fato, agora, para sobreviver, as nossas igrejas dependem muito mais da beleza do que do uso; sendo assim, comprovam a profunda utilidade da beleza.

Isso explica, no meu entender, por que o inglês foi especialmente ativo na causa da beleza — dedicando seu gênio associativo à conservação de cidades, igrejas, zonas rurais e monumentos nacionais desde a metade do século XIX. A beleza diz-lhes que estão em casa no mundo. É esse sentimento de estar em casa que incita o "matiz de sentimento cristão" a que Orwell se referiu e o espírito duradouro da caridade proveniente dele. No apelo para ajudar as vítimas do tornado recente que atingiu as Filipinas, o povo da Grã-Bretanha colaborou mais do que os outros povos de todos os países europeus

---

* Como eram chamados os primeiros metodistas. (*N. do T.*)

UMA DESPEDIDA

271

juntos, um pequeno mas eloquente lembrete do que é viver em um país cujas instituições foram construídas de modo crescente e cujas colônias são entendidas como "nossas". É exatamente esse povo — o que está em casa no mundo — que alcança um morador de rua e um desconhecido em qualquer lugar. Padrões ancestrais de propriedade e de trabalho comunicam-se conosco por meio da paisagem — padrões que foram apagados nas fazendas coletivas da Rússia, da Hungria, do território tcheco e da Eslováquia. Jack Scruton lamentou o vandalismo da zona rural, não somente pela perda da vegetação e de animais e plantas selvagens, mas também pela destruição de um monumento humano construído ao longo dos séculos pelas pessoas que marcaram as vidas no solo. A falta que ele sentia do campo não era só a carência de ar fresco e de vegetação; era a necessidade de outra experiência mais antiga de *tempo* — não o tempo da conurbação moderna, em que as coisas estão constantemente aceleradas e o ritmo é definido por estranhos ocupados, mas o tempo da terra, em que as pessoas trabalham e o ritmo é determinado pelas estações.

A conservação está relacionada à beleza; mas também está, pela mesma razão, vinculada à história e ao seu significado. Alguns têm uma concepção estática da história ao vê-la como relíquias do tempo passado que conservamos como um livro no qual lemos a respeito de coisas desaparecidas. O teste do livro é a acurácia e, uma vez considerados parte de nossa história, os objetos, paisagens e casas devem ser conservados exatamente como o são, com seus ambientes e detalhes autênticos servindo de lições para o visitante inquieto. Esse é o conceito de história que encontramos nas rotas de visitação do "patrimônio histórico" e nos marcos históricos nos Estados Unidos: o transitório meticulosamente preservado, feito de tijolo e madeira, de pé, em concreto, entre duas torres de vidro hostis.

Meu pai preferia uma concepção dinâmica, segundo a qual a história é um aspecto do presente, uma coisa viva, que influencia nossos projetos e que também muda sob a sua influência. O passado para ele não era um livro a ser lido, mas um livro a ser escrito. Ele

272 COMO SER UM CONSERVADOR

acreditava que só aprendíamos descobrindo como adequar nossas ações e modos de vida às suas páginas. É-nos valioso porque inclui pessoas sem cujo esforço e sofrimento nós mesmos não existiríamos. Construíram os contornos físicos do país; mas também criaram as instituições e as leis, e lutaram para preservá-las. Em qualquer modo de entender uma rede de obrigações sociais, temos em relação a elas um dever de memória. Não só estudamos o passado: nós o *herdamos*, e a herança traz consigo não só os direitos de propriedade, mas os deveres da tutela. As coisas pelas quais os antigos lutaram e pelas quais deram a vida não devem ser desperdiçadas em vão. São propriedade de outros que ainda estão por nascer.

O conservadorismo deve ser visto dessa maneira, como parte de uma relação dinâmica entre as gerações. As pessoas lamentam a destruição daquilo que lhes é caro porque causa um dano no padrão de tutela: a interrompe com relação aos que vieram antes e obscurece a obrigação para com os que virão depois. As terras devastadas das periferias urbanas — como as que se espraiaram, em todas as direções, a partir de Detroit por mais de 80 quilômetros — são lugares onde as gerações passadas e futuras foram ignoradas, lugares onde as vozes dos mortos e dos que ainda estão por nascer não são mais ouvidas. São lugares de impermanência vociferante, onde as gerações do presente vivem sem pertencer — onde não *existe* o sentimento de pertença, que é uma ligação com a *história*, uma relação que vincula as gerações presente e ausente e que depende da percepção do lugar como um lar.

Essa relação dinâmica entre as gerações também é o que queremos chamar, ou que deveríamos chamar, de residência. Na melhor das hipóteses, os esforços conservadores são tentativas de preservar um lugar-residência comum — um lugar que é nosso. Existe uma profunda conexão entre espaço e tempo na psique humana. Uma localidade é indicada como nossa pela escala de tempo do "nós". Ao exibir a marca das gerações anteriores, um canto da terra clama por permanência, e, ao tornar-se permanente, transforma-se em um

UMA DESPEDIDA

lugar, um lugar qualquer. Pontos de referências verdadeiros identificam lugares pelo testemunho do tempo. E os lugares nos campos da zona rural estão incluídos naquele tempo mais antigo, mais tranquilo, cotidiano, que ainda se move e está vivo na psique humana. Esses locais são arruinados quando essa antiga experiência de tempo, a partir deles, não pode mais ser recuperada. Então, deixam de ser eles mesmos, deixam de ser lugares do país e se tornam parte de um lugar nenhum onipresente. Foi contra essa consequência que meu pai lutou: e lutou em nome das pessoas comuns, herdeiras de uma beleza que lançou luz n'alma no período de necessidade do país.

Os *Upanishads* aconselham a libertarmo-nos de todos os vínculos afetivos, a ascendermos àquele estado de felicidade em que nada podemos perder, porque nada possuímos. E derivando desse conselho está uma arte e uma filosofia que aliviam o sofrimento humano e desprezam as perdas que nos oprimem neste mundo. Em contrapartida, a civilização ocidental debruçou-se sobre a perda e a converteu no tema principal de sua arte e literatura. Cenas de martírio e tristeza abundam nas pinturas e esculturas medievais; o teatro está enraizado na tragédia e a poesia lírica assume a perda do amor e o desaparecimento de seu objeto como tema principal. O épico grandioso na poesia inglesa descreve a perda do Paraíso e de todas as dádivas que nos foram concedidas. O espírito questionador e de autocrítica da civilização ocidental indica tanto o estilo das perdas quanto a maneira de lidar com elas. A resposta ocidental à perda não foi virar as costas ao mundo. Foi suportar cada perda *como* uma perda. A religião cristã nos permite fazê-lo, não porque promete compensar as perdas com algum benefício indenizatório, mas porque as vê como sacrifícios. O perdido é, desse modo, consagrado a algo mais elevado.

A perda da religião faz com que a perda concreta seja mais difícil de suportar; por essa razão, as pessoas começam a fugir da perda, tratá-la como insignificante ou expulsar de si mesmas os sentimentos que a tornam inevitável. Não agem como os *Upanishads*, que nos aconselham a realizar um trabalho espiritual imenso pelo qual nos libertamos do peso do Dharma e ascendemos lentamente ao estado abençoado de Brahma. O caminho da renúncia pressupõe, afinal, que existe algo a renunciar. Renunciar ao amor só é possível depois que aprendemos a amar. É por isso que em uma sociedade sem religião vemos surgir um tipo de insensibilidade contagiosa, uma suposição em todos os cantos de que não existe nenhuma tragédia, nenhuma aflição, nenhum pranto, pois não há nada a lamentar. Nem existe amor nem felicidade — somente diversão. Em tal circunstância, a perda da religião é a perda da perda.

Para os conservadores, todavia, isso não é o fim da questão. A civilização ocidental nos forneceu outro recurso pelo qual as nossas perdas podem ser compreendidas e aceitas. Esse recurso é a beleza. As características da civilização ocidental que fizeram da perda um aspecto central da experiência também puseram a tragédia no centro da literatura. Nossas obras de arte mais grandiosas são meditações sobre a perda — de todo tipo de perda, incluindo a do próprio Deus, como no *Crepúsculo dos deuses*, de Wagner. Tais obras de arte não apenas nos ensinam a lidar com a perda: transmitem de modo imaginativo o conceito que os mais afortunados adquiriram por intermédio das formas elementares da vida religiosa — o conceito do sagrado. Era isso o que Nietzsche tinha em mente, presumo, quando escreveu[2] — pouco antes de enlouquecer — que "nós temos a arte para não sucumbir à verdade".* O cientista pode ter visto através da verdade de nossa condição, mas esta é apenas uma parte

---

[2] O comentário está disponível na coleção póstuma conhecida como "Vontade de Poder". Ver Erich Heller. *The Importance of Nietzsche*. Chicago e Londres: University of Chicago Press, 1988, capítulo 9.

* Usei a tradução de Alexandre Filordi de Carvalho do texto de Didier Franck. "As mortes de Deus". *Cadernos Nietzsche*, nº 19, 2005, São Paulo, p. 18. Disponível em: <http://www.cadernosnietzsche.unifesp.br/pt/sociedades-nietzsche-links/encontros-nietzsche/item/download/107>. (*N. do T.*)

UMA DESPEDIDA

da verdade. O remanescente de verdade — a verdade da vida moral — deve ser restabelecido de outra maneira.

Recobramos a verdade recobrindo o vazio. O vazio que Matthew Arnold percebeu sob o mundo que estava ocupado em restaurar sempre existirá. No entanto, podemos cobri-lo com artifícios próprios, ao não fixarmos nele um olhar pesaroso até desfalecer e cair, mas ao nos afastarmos e reforçarmos as estruturas por ele ameaçadas. Devemos viver no espírito do Domingo da Lembrança,* encarando as perdas como sacrifícios que granjearam o indulto de que hoje desfrutamos. E devemos resistir aos que desejam por completo virar as costas para a perda, varrer para longe as sombras, as esquinas e os antigos e queridos umbrais e substituir a cidade por uma enorme tela de vidro sobre o abismo, que contemplaremos para todo o sempre.

---

* Cerimônia solene anual celebrada em homenagem a todos os ingleses que morreram para garantir a paz e a liberdade. É realizada sempre no domingo mais próximo ao 11 de novembro, data que marca o fim da Primeira Guerra Mundial. (*N. do T.*)

Índice

Este índice categoriza o assunto principal do conservadorismo, da cultura, das leis, da religião, da sociedade e seus valores como tópicos gerais, e em mais detalhes com outros termos.

1984 (Orwell), 89-90

A riqueza das nações (Smith), 37
Acordos de Helsinque, 26
agricultura, 156
Alcorão, 34n
Alemanha, 165
    multiculturalismo, 140
    música, 16, 140
    ordem militar, 200
Al-Zawahiri, Ayman, 66
ambientalismo, 99, 100, 149, 150-1, 153, 155-6, 157, 159
    acusações, 159
    alvos e, 155
    ativismo, 151, 158-9
    conservação, 14, 211, 270
    ecossistemas, 153
    finitude, 147
    imensidão de problemas, 145
    incentivos e, 147
    problemas econômicos e, 145, 146, 154-5, 159
    responsabilidade e, 153-4
    soluções baseadas na resiliência, 156
    superpopulação e, 61
    território e, 147-8
    tratados e, 153, 153-4
amizade, 47, 47, 197
    lazer, 197-8, 222
    liberdade e, 222-3
    presença, e 222
amor, 208-9
    dever e, 208
    perda e, 273
    perdão e, 34n
    ver também os termos individuais

278 COMO SER UM CONSERVADOR

antiautoritarismo, 131-2
Antígona (Sófocles), 106
aquiescência (ao Islã), 33-4
Aristides, 79
Aristóteles, 198
  amizade e, 197
  lazer e, 222
Arnold, Matthew, 259, 260, 262-3, 265, 275
arquitetura, 14, 264, 264n, 266-7, 269
  beleza, 270-1
  descontinuidade, 265-6
  hostilidade à, 264
  perda e, 266
arte, 194, 233, 238, 273-4
  beleza, 194, 236-7, 238-9, 244, 274
  humor, 235
  incerteza, 233
  interesse estético, 234, 235
  kitsch e, 238
  reconhecimento, 195
Ashton, baronesa Catherine, 31
asilo
  cidadania e, 177-8
  problemas econômicos, 177
assistência médica, 74
  caridade, 157
  herança e, 72
associação civil, 47-8, 50, 197
associação empresarial, 48-9, 50, 197

atonal, 15-16
autoconfiança, 223
autoconhecimento, 222
autoconsciência, 218, 223
autointeresse, 37, 147, 159
autônomo, 219
  trabalhos braçais e, 219

banimento de caça à raposa, 24
Barber, Samuel, 239
beleza, 229-30, 236, 237-8, 239, 241-5, 270
  aproveitamento, 194
  choque e, 238
  hostilidade à, 242
  perda e, 273
bem-estar social, 71, 72-3, 74, 76
  dívida do governo, 73
  herança e, 73
  riqueza e, 76
  incentivos e, 73-4
Bin Laden, Osama, 66-7
Birkbeck College, 18
Bismarck, Otto von, 166-7
boa vizinhança, 62-3
  amor e, 208-9
  histórias, 63-4
  identidade e, 59
  território e, 59
  ver também comunidade; família; lar
Bobbitt, Philip, 198
Boyle, Danny, 65

ÍNDICE

burguesia, 16
    classe, 73
    liberdade e, 16-17
Burke, Edmund, 38-9, 94, 126, 145, 205-6

cabines telefônicas, 264-5
capitalismo, 89-90
    economia de livre mercado, 90-4, 95, 95-101, 103-4, 224
    igualdade e, 77
caridade, 156-7, 270-1
    dever e, 81-2
casamento, 215-6
    controle do Estado e, 214-15, 216-17
    igualdade e, 214
Catedral de Coventry, 267-8
cidadania, 109, 125, 127-8, 197-8, 207
    estranhos e, 109
    incompatibilidade, 178n, 178-9
    integração e, 127, 128
    lazer, 198-9
    liberdade e, 107-8
classe, 186, 218-19
    igualdade e, 80-1, 186-7, 188
    lucro e, 77
    luta de classes, 12, 73
    patriotismo e, 13-14
    território e, 266
classes mais altas, 11-12
classes trabalhadores *ver* classe

clubes masculinos, 185
clubes, 182
    igualdade e, 185
Cobbett, William, 156
competição, 101-2
Comunidade Europeia do Carvão do Aço, 164
comunidade, 45, 106, 139
    controle e, 105
    cultura de repúdio e, 139
    direitos e, 115
    festivais, 229
    meio ambiente e, 149
    patriotismo e, 45
    polícia, 201
    tribo, 216
    ver também família; lar; boa vizinhança
comunismo, 16, 25, 89, 164, 213
    amizade e, 47
    classe, 73
    colapso, 25
    controle e, 47
    desumanização, 218
    economia de livre mercado, 101, 224
    genocídio e, 17
    igualdade e, 77-8, 80
    liberdade e, 14-5, 25, 223-4
    livre associação e, 182-3
    meio ambiente e, 155
    ordem militar, 200
conduta, 192

280 COMO SER UM CONSERVADOR

confissão, 33-4

conhecimento, 13-14, 40-1, 51, 91-2,
189-90
igualdade e, 52

Conselho de Desenvolvimento
Econômico Nacional (CDEN),
21

conservação, 14, 211
tempo e, 271

conservadorismo, 51-3, 181, 203-4
herança e, 272
hostilidade à, 11, 18
perda e, 274
política de compromisso, 254-5

consultoria, 251

contrato social, 41, 71, 147
gratidão e, 44
herança e, 44
liberdade, 41-2

Convenção de Genebra, 177-8

Convenção Europeia de Direitos
Humanos, 112

conversação, 190-3, 193, 195-7, 198
boas maneiras, 192

Coreia do Norte, 173
problemas econômicos, 173-4

Cradle of Liberty Council versus
Município da Filadélfia (2008),
185n

crianças
caridade, 156-7
trabalho, 156, 157, 220
ver também educação; família

Cristianismo, 32-3, 65-6, 126, 207,
208, 210, 211-12, 263, 265, 269-70
amor, 208
boa vizinhança, 208
confissão, 33
controle e, 47, 111
distância, 267
igualdade e, 184-5
império e, 211-12
incoerência, 268
lazer e, 228
liberdade e, 209
perda e, 260, 262-3, 265-6, 267,
269-70, 273
perdão, 33-4, 34n
perseguição e, 207
testemunho, 210

cultura de afirmação, 68

cultura de repúdio, 67-8, 129-30,
135, 137-9

cultura, 15, 125, 126, 229-30, 235-6,
244-5
cânone, 236
incerteza, 233-4
perda e, 273

custos
externalizar, 98-9, 146, 177
herança e, 101
interesse individual e, 146

De jure belli ac pacis (Grotius), 162

Declaração de Direitos, 111, 122

Declaração de Independência dos

ÍNDICE

Estados Unidos, 112
Declaração Universal dos Direitos Humanos, 113
Defoe, Daniel, 30
dependentes, 72
incentivos e, 71
Derrida, Jacques, 131-2
desconhecidos, 109, 271
amor e, 209
desemprego, 71
desumanização, 89-90, 94-5, 218-19
dever, 81, 106, 118, 120-1, 207
herança e, 82
igualdade e, 81
dia santo, 228
direitos humanos, 111-12, 113-15, 118-19, 123
bem-estar social e, 116
controle do Estado e, 118, 122, 124
convenções, 26, 112-13
dever e, 118, 120
inflação de direitos e, 112, 116
testemunho e, 210
direitos, 111-12, 113
livre circulação, 61
natural *ver* direitos humanos
discriminação positiva, 118
discriminação, 11, 136, 184, 185n
acusações, 29, 215
cultura de repúdio e, 129-30, 139-40
direitos e, 116

incerteza, 28-9
positivo, 118
Disraeli, Benjamin, 196-7
responsabilidade e, 100
Uma Nação, 70
dissidência, 27
dívida governamental, 72
Dover Beach (Arnold), 260, 263, 264
Duchamp, Marcel, 233
Dworkin, Ronald, 115, 121

economia de livre mercado e, 90-2, 94-5
bem-estar social, 71, 76
herança e, 38
justiça social, 69, 80-1, 82-3
nação e, 56
pobreza, 75
riqueza, 75, 78, 203
trabalho, 218
ver também comunismo
economia de livre mercado, 20-1, 91, 92, 94-5, 101-2, 102, 169-70
controle e, 170
custos, 98, 146
desumanização e, 95
honestidade e, 97
interesse individual, 37
mercantilização e, 101-4, 224
preços e, 90-1, 94
rendição e, 170-1
responsabilidade e, 37, 97-8
risco, 21-2

282 COMO SER UM CONSERVADOR

ecossistemas, 153

educação privada, 187
   classe, 187, 188
   problemas econômicos, 187-8

educação, 51
   cânone, 237
   caridade, 157
   conhecimento e, 50-1, 189
   controle e, 188
   cultura de repúdio e, 137-8
   desqualificação e, 220
   escolas públicas, 84
   etnia, 29
   financiamento privado, 186-7
   grammar schools, 81, 187-8
   igualdade e, 50, 83-4
   liberdade e, 257
   patriotismo e, 29-30
   problemas econômicos, 188
   requalificação, 221

eleições, 30-1, 109-10

Eliot, T. S.,15

emancipação, 63-4, 65

emissão de gás de efeito estufa, 153, 154

empreendedorismo, 21

escolas públicas, 186

escolas públicas, 84

Estado mercado, 198

estados párias, 174
   problemas econômicos, 174-5

Estados Unidos, 105, 127, 211
   Constituição, 43, 110, 207, 255

controle, 255

direitos, 112

discriminação e, 117-18

educação, 50-1, 257

força legítima e, 176

imigração, 251-2

livre associação, 185-6, 185n

meio ambiente e, 153-4

multiculturalismo, 142

nação e, 62

problemas econômicos, 84-5, 101

etnia
   discriminação e, 29, 117, 135, 140-1
   inclusão e, 129
   integração e, 29-30, 129-30, 131
   multiculturalismo, 140

Europa Oriental
   controle e, 47
   liberdade e, 24, 26
   amizade e, 46-7
   problemas econômicos, 31, 60-1
   eleições e, 30-1

Expedição Antártida, 64-5, 64n

expressionismo, 238

fábricas, 157, 158

família, 213
   casamento, 213-14, 216, 217
   controle do Estado e, 214
   dependentes, 72
   hostilidade à, 213

ÍNDICE

identidade e, 58
problemas econômicos, 249
ver também comunidade; lar; boa
vizinhança
famílias paquistanesas, 28-9
feminismo, 185-6
Fenomenologia do espírito (Hegel),
181
festivais, 228
fetichismo, 102-3, 224
Filipinas, 270
florestas, 151-2
"Fonte" (Duchamp), 233
Foucault, Michel, 131-2
França, 38
burguesia, 16-17
nação e, 55
perseguição e, 206
problemas econômicos, 75, 76
fronteiras, 62
dissolução, 31
identidade e, 32, 62

genocídio, 17
gerenciamento, 21, 22
governo federal, 173
governo republicano, 173
grammar schools, 81, 187
caridade, 81
destruição e, 82-3, 187-8
igualdade e, 82, 187-8
problemas econômicos, 188
gratidão, 45

Grécia, 228
interesse estético, 236
ressentimento, 78
trabalho, 76, 221-2
Green Philosophy (Scruton), 147,
150n
Greenberg, Clement, 238-9
Grócio, Hugo, 162
Grupo de Filosofia Conservadora,
24
Guia da mulher inteligente para o socialismo e o capitalismo (Shaw), 13

Hallstein, Walter, 164
Hayek, Friedrich, 90-1, 92-3, 94,
107-8
Heath, Edward, 19
Hegel, G. W. F., 181
liberdade e, 181, 223, 224
Herder, Johann Gottfried, 125
High Wycombe Royal Grammar
School, 81
High Wycombe, 14
história, 63
mitos e, 64
secular, 64
Hobbes, Thomas, 71
contrato social, 41, 147
Hobsbawn, Eric, 18
Hohfeld, Wesley Newcomb, 120
homofobia, 215
homossexualidade
casamento, 214

284 COMO SER UM CONSERVADOR

igualdade e, 185-6, 185n
honestidade, 97
Honeyford, Ray, 28-9
Hopper, Edward, 238
Humano, demasiado humano
(Nietzsche), 260
Hume, David, 94
humor, 231-3, 235
incerteza, 231, 233
Hungria
liberdade e, 27
livre associação e, 183

identidade, 32, 57, 59, 62, 161, 167
Iêmen, 67
igrejas, 263, 263n, 269
beleza, 270
perda e, 267-8
Igualdade, 50, 69, 80-1, 185-6, 214-15, 254
intimidação e, 214
conhecimento e, 51
ressentimento e, 84, 187
direitos e, 112
discriminação e, 184-5, 185n, 214
sucesso e fracasso, 77-8, 82-3, 186-7
falha, 84-5
Iluminismo, 125, 126-7, 241-2
contrato social, 41
cultura de repúdio e, 129-30, 137

hostilidade à, 266
individualismo, 125
liberdade e, 126
multiculturalismo e, 127-8, 135-6, 137, 140
razão e, 130
imagem midiática, 252
imigração, 30, 252
integração e, 165-6
superpopulação e, 61
trabalho, 61, 156
império, 211-12
imperialismo cultural, 135
inclusão, 129, 139
individualismo, 125
integração, 163, 166
centralização, 163
controle e, 168
identidade e, 166
multiculturalismo e, 28-9, 129, 141-2, 166
problemas econômicos e, 169-71
subsidiário e, 167-8
interesse estético, 235, 236
internacionalismo, 161, 163-5, 172, 173, 175-6, 178-9
asilo, 177-8
controle e, 176
convenção, 177-8
equilíbrio de poder e, 172
estados párias, 174
integração e, 163, 166-8, 170
responsabilidade e, 145

ÍNDICE

território e, 179
tratados, 161-2, 172
ver também os nomes individuais
internet, 226-7
   amizade e, 222, 223
   controle virtual e, 226-7
   liberdade e, 223-4, 225, 227
   responsabilidade e, 227
Irã, 67
Iraque, 175
irmandade, 66-7
Islamismo, 32, 134, 209, 210
   apaziguamento e, 32
   asilo, 177-8
   controle e, 111
   fraternidade, 66-7
   incerteza, 59-60
   liberdade de expressão e, 252-3
   nação e, 60, 66-7
   problemas econômicos, 97
   responsabilidade e, 33

João Paulo II, 24, 47
Jogos Olímpicos de Londres (2012), 229
   histórias, 65
jogos romanos, 236
Jones, William 136-7
judaico-cristianismo
   confissão, 34
   perdão, 34, 34n
judaísmo
   lazer, 228-9

multiculturalismo, 140
música, 140
justiça social, 69, 266-7
   classe, 80
   igualdade e, 82

Kádár, János, 183
Kant, Immanuel, 162, 172-3, 176-7, 230
kitsch, 238

Land Held Hostage, A (Scruton), 33
lar, 45-6, 213
   beleza e, 242-3, 272
   estranhos e, 272
   meio ambiente e, 145, 150-1, 157
   problemas econômicos, 249-50, 250
   rituais e costumes, 64
   ver também comunidade; família; boa vizinhança
lazer, 193-7, 221-2, 226
   conversação e, 192, 195
   festivais, 228
   prazer, 198
Le Corbusier, 267
lei de Conquest, 13-14, 14n
lei, 18, 92-4, 106, 172, 173
   bem-estar social e, 116
   colapso e, 175-6
   comum, 18-19, 107, 152-3
   controle e, 177
   direitos protegidos e, 115

força legítima, 175
natural, 111-12, 119, 121
proibição e, 192-3
Leis Fabris, 157
Líbano, 32
liberais democratas, 250
liberalismo, 105-7
direitos e, 112-15, 116-21, 123-4
eleições, 110-11
estado e, 203
igualdade e, 112-13
individualismo 125
integração e, 128
liberdade de expressão e, 254
liberdade e, 105, 107, 122
liberdade de expressão, 16, 252
intimidação e, 254-5
repressão e, 253-4
risco, 253
tolerância, 254-5
liberdade, 23, 25, 42, 57, 105, 108, 126, 181, 200, 209, 212, 224, 257, 273
3, 225, 226
autoconfiança e, 223
autoconsciência e, 223
burguesia e, 16-17
conhecimento e, 221
controle e, 23-4, 27-8, 157
controle virtual e, 226
dano e, 122-3
direitos e *ver* direitos
dissidência, 27

emancipação, 65, 66
fetichismo, 224
responsabilidade e, 224
riscos e, 222
sujeito-objeto, 224
Liga das Nações, 162, 172, 173
colapso, 176-7
Lion and the Unicorn, The (Orwell), 15
livre associação, 182, 199-200
controle e, 188
conversação, 191
educação, 186-8
exclusão e, 184
igualdade e, 184-5, 185n
supressão, 183-4
livre circulação, 31, 61
Locke, John, 111-12
lucro, 18-19
perda e, 77

Madison, James, 109
Maistre, Joseph de, 125, 205-6
Marxismo *ver* comunismo
materialismo, 102-4, 203, 229
Meaning of Conservatism, The (Scruton), 24
memoriais de guerra, 269
Mendelssohn, Felix, 40
mercantilização, 102-4, 204, 224
Michelet, Jules, 263
Mill, John Stuart
liberdade e, 122
perda e, 263

ÍNDICE

Mises, Ludwig Von, 90-1

mitos, 64

mobilidade social, 187, 188

Monnet, Jean, 163-4

moradia, 270-1

Morris, William, 218

movimentos de massa, 247

mudança climática, 154, 155-6, 158

Müller, Max, 136-7

multiculturalismo, 29, 127-8, 129, 135-6, 137, 140, 141-3, 189-90
  crenças criadas e, 132-3
  imperialismo cultural e, 135
  incompatibilidade, 140-1

multinacionais, 21-2

mundo ocidental, 11, 24, 106, 127-8, 139
  bem-estar social, 73
  cultura de repúdio e, 67-8, 135, 137, 139
  eleições, 109-10
  hostilidade à, 67, 130
  integração e, 127-8
  liberdade e, 57
  multiculturalismo e, 135, 136-7, 142-3
  perda e, 273
  razão e, 130

música
  atonal, 15-16
  beleza e, 239
  multiculturalismo e, 140-1

nação e nacionalismo, 55-6, 59, 60-1, 63, 66-7, 68, 104, 166, 177-8, 179, 248
  boa vizinhança, 59, 62, 63
  controle e, 169
  cultura de repúdio e, 67-8
  destruição e, 55
  histórias, 64
  identidade e, 62, 161
  limites e, 62
  problemas econômicos, 60

Nações Unidas (NU), 162
  direitos, 113
  força legítima e, 175
  problemas econômicos, 175

Napoleão Bonaparte, 55

Nietzsche, Friedrich, 274-5
  hostilidade à, 131

Noite de Reis (Shakespeare), 232

nostalgia, 259

Nova Direita, 22

O federalista (Madison), 109

O mundo de ontem (Zweig), 49-50

O que é o Terceiro Estado? (Sieyès), 55

O'Neill, John, 93

O'Sullivan, John, 24

Oakeshot, Michael, 94
  associação civil, 48-9

Obamacare, 74

oikophilia, 45-6
  meio ambiente e, 145, 151

problemas econômicos, 250
On Human Conduct (Oakeshott), 48-9
ordem militar, 200
Oréstia (Ésquilo), 106-7
Organização Mundial do Comércio (OMC), 149
orientação sexual
   casamento, 214
   igualdade e, 185-6, 185n
Orientalismo (Said), 135
Oriente, 135, 136
Orwell, George, 25, 86, 269
   comunidade e, 46
   desumanização e, 89-90
   patriotismo e, 15-16
Os marcos (Qutb), 66
"Os quatro quartetos" (Eliot), 15

padrão de vida, 156
Paraíso perdido (Milton), 273
Parlamento escocês, 255-6
Partido Trabalhista, 24
   caça à raposa e, 24
   classe, 12
   controle e, 27-8
   educação e, 83
   pobreza e, 74-5
   problemas econômicos, 27-8
   responsabilidade e, 256
patriotismo, 14, 19, 199-200
   classe e, 15
   comunidade e, 45
   ordem militar e, 198

redução, 29
   ver também nação e nacionalismo
perda e, 259, 260
   ressentimento e, 84
perda e, 259, 262, 273-4
perdão, 33-4
   amor e, 34n
piadas, 231-2, 234-5
   incerteza, 231, 234
Pio XI, 167
pobreza, 74-5
   relativa, 75
   mobilidade social, 187-8
polícia, 201
polis, 197-9
   lazer, 198-9
Polônia
   controle e, 47
   liberdade e, 25, 27
pornografia, 122-3, 225-6
posição de celebridade, 251
Poverty in the United Kingdom (Townsend), 74-5
pragmatismo, 132-3
   multiculturalismo e, 133-4
prazer, 194, 198
preços, 90-1, 95, 204-5
princípio feudal, 100, 101, 196
problemas de gênero, 185-6
problemas econômicos, 74, 77, 101, 145, 204, 248-9
   bem-estar social, 74

ÍNDICE

centralização e, 169, 170

conhecimento e, 90-1

consultoria, 251

controle, 27-8

custos e, 146, 177

destruição e, 39, 171

economia de livre mercado, 20-1, 37, 146, 169-70

estagnação, 19

financiamento, 154, 229-30

gerenciamento, 21, 22

herança e, 38-9

imigração, 156

interesse individual e, 159

liberdade de agir e, 31, 61

lucro, 18-19, 77

mercado de estado, 198

mercantilização, 203-4

padrão de vida, 156

pobreza e, 75-6, 188

preços e, 204-5

riqueza, 22, 84-5

sanções, 174-5

sistema bancário, 97

ver também capitalismo; comunismo; socialismo; trabalho

problemas financeiros *ver* problemas econômicos

problemas urbanos e rurais, 156-7

programa "Petróleo por Comida", 175

Protocolo de Montreal sobre Substâncias que Destroem a Camada

de Ozônio, 153

Protocolo de Quioto, 154

Proust, Marcel, 11-12

Qutb, Sayyid, 32-3, 66

raça *ver* etnia

racismo, 136

acusações, 29-30

cultura de repúdio e, 130, 140-1

direitos e, 118

incerteza, 29-30

Rawls, John, 76

contrato social, 41-2, 147

razão, 40, 130-1

Reagan, Ronald, 22

reconhecimento, 195

Reflexões sobre a revolução na França (Burke), 38

refugiados, 177

religião, 57, 205-6, 211-12, 228-9, 260

controle e, 106

dever, 107

escondido, 241

liberdade e, 211-12

Renascimento Gótico, 263, 264n

hostilidade à, 264

renúncia, 19, 170-1

responsabilidade, 34, 37-8, 96-7, 100, 153, 225, 226

derrota e, 146

falta, 31, 34-5, 40, 166, 251, 256

290   COMO SER UM CONSERVADOR

presença e, 225, 227

ressentimento, 78, 84, 187

Revel, Jean-François, 86-7

revolução *ver* socialismo

riqueza, 22

   distribuição e, 75-6, 78, 84-5, 203

   igualdade e, 84-5

risada, 231-2

   incerteza, 231

risco, 21-2, 223, 225, 253

   responsabilidade e, 225, 226

rituais e costumes, 64

   mitos, 64-5

   secular, 64

Robbins, Lionel, 204

Röpke, Wilhelm, 167

Rorty, Richard, 131-5

Ruskin, John, 152, 218

   perda e, 263, 264

   "Uma nação", 70

Rylands v. Fletcher (1865), 152

sacrifício, 37-8, 42-3

   confissão, 33-4

   perdão, 33-4

   histórias, 64-5

Saddam Hussein, 175

Said, Edward, 135

Salisbury Review, 28, 29

sanções, 174-5

   fundos e, 175

Scheler, Max, 85

Schiller, Friedrich von, 194

Schoenberg, Arnold, 15-16

Scott, Giles Gilbert, 264-5

Scruton, Jack (pai de Roger Scruton), 266, 271

   classe, 12-13

   conhecimento, 13

   conservadorismo, 13-14

   liberdade de expressão, 13

   patriotismo, 13

   tempo e, 271

   vida, 12

secularismo, 57, 64-5, 247-8

sexo, 226

   economia de livre mercado e, 95

   liberdade e, 122, 225

   responsabilidade e, 226

Shakespeare, William, 232

Sieyès, Abbé, 55

Silva, or a Discourse on Forestation (Evelyn), 152

simpósios, 191

sindicatos, 12

sindicatos, 12

Síria, 32

sistema bancário, 97-8

Smith, Adam, 37, 94, 96, 107

socialismo, 12, 17, 23, 38, 70, 73, 85, 89, 104, 244, 251

   controle, 27-8

   igualdade e, 69, 76-8

   livre associação e, 188

   meio ambiente, 159

ÍNDICE

sociedade, 37, 38-9, 42, 44, 70, 94, 107-8, 109, 141, 145, 199, 256-7
   campanhas, 156-7
   conhecimento, 38-9
   Estado e, 203
   herança e, 38-9
   igualdade e, 76-7
   liberdade e, 27-8
   negação e, 25
   progresso e, 49
soixante-huitards, 16-17
Spence, Basil, 267
Spinelli, Altiero, 164
Stephen, James Fitzjames, 211-12
Stevens, Wallace, 239
Stiglitz, Joseph, 85-6
subsidiariedade, 167-8supermercados, 100-1
Suíça, 167
superpopulação, 61

Tchecoslováquia, 30
   liberdade e, 25
tempo, 271, 272
teoria dos jogos, 92
Teoria dos sentimentos morais (Smith), 37
território e, 63
território, 59-60, 63-4, 179
   descontinuidade, 266-7
   problemas locais e nacionais, 149-50
testemunho, 210

Thatcher, Margaret, 20-1, 23
   hostilidade à, 20, 23
   patriotismo, 24
   sociedade e, 23
Thoreau, Henry, 263
tirania da maioria, 57-8, 110
tolerância, 254
Tomin, Julius, 26
Townsend, Peter, 74-5
trabalho, 61, 156, 193, 218, 221, 249, 250
   agricultura, 156
   aproveitamento, 193
   aspiração e, 220
   autoconsciência e, 218
   classe, 72, 76, 218
   companhia e, 219
   conversação, 195
   desqualificação, 219
   desumanização, 218
   empregado, 219
   falta, 70
   lazer e, 193, 196, 221, 227-8
   liberdade e, 157
   reconhecimento e, 195
   requalificação, 220-1
Tratado de Roma, 31, 61, 169-70
tratados, 169
tribos, 216

UE *ver* União Europeia
"Uma nação" (lema), 70
Uma teoria da justiça (Rawls), 76

União Europeia (UE), 31-2, 248
    constituição, 32
    controle, 169
    identidade e, 166
    limites e, 32
    nação e, 61
    problemas econômicos, 30-1, 60, 169, 249
    responsabilidade e, 30-1, 166
    subsidiário e, 168
    tratados, 31, 61, 169
União Soviética *ver* comunismo
Upanishads, 273
urbano, 272
Uses of Pessimism, The (Scruton), 247

valores, 203-4, 244
    ver também internacionalismo; patriotismo
viajantes, 117-18
vingança, 107

Wagner, Richard, 140-1
West and the Rest, The (Scruton), 33
Wilde, Oscar, 204-5

zona rural, 14
    agricultura, 156
    perda e, 270
    problemas urbanos e, 156-7
    tempo e, 270, 271
Zweig, Stefan, 49-50

Este livro foi composto na tipologia Palatino,
em corpo 11/16, e impresso em papel
off-white no Sistema Cameron da Divisão
Gráfica da Distribuidora Record.